한국 정당의 미래를 말하다

한국 정당의 미래를 말하다

Future Party Politics

조화순 엮음

한울
아카데미

머리말

이 책은 그동안 도서출판 한울을 통해 출간된 『집단지성의 정치경제』, 『소셜네트워크와 정치변동』, 『소셜 네트워크와 선거』를 잇는 네 번째 기획서이다. 2011년에 출간된 『집단지성의 정치경제』는 정보 기술의 발전으로 가능하게 된 새로운 지식의 생산과 공유, 소위 '집단지성(collective intelligence)'이라는 새로운 메커니즘을 통해 어떠한 정치적·사회적·경제적 변화가 일어나고 있는지 살펴보았다. 필자들은 참여와 공유를 통한 지식의 생산과 공유가 산업사회의 정치, 사회, 경제 구조와 제도에 미치는 복합적인 변화들에 대해 관심을 가지고 분석하려 했다. 위키피디아와 한미 FTA 반대 촛불시위와 같이 정보와 지식의 공유를 기조로 온·오프라인상에 형성되는 현상들을 보면서 필자들이 가진 문제의식은 다음의 세 가지였다. 집단지성이 대의민주주의와 정치·경제 질서에서 어떻게 작동되고 있는가? 집단지성이 산업사회적 패러다임에 기반을 둔 정치, 경제, 사회 질서의 재편 과정에 어떤 영향을 미치고 있는가? 문화 조작과 대중의 결합으로 집단지성의 부정적인 측면이 드러날 가능성은 얼마나 되며 이에 대한 해결책은 무엇인가? '집단지성'이라는 단어조차 생소했던 시기에 필자들이 가졌던 이러한 문제의식은 정보 기술의 발달과 더불어 현재 일어나는 정치적·경제적 현상의 실체를 이해하는 작업이었다는 데 의의가 있다.

2012년에 출간된 『소셜네트워크와 정치변동』은 필자들이 정치 영역에서 발생하는 권력 변동에 함께 관심을 쏟아 빚어낸 결과이다. 참여·공유·개방의 웹 2.0 기술의 등장과 스마트폰을 비롯한 정보통신기술의 발전, 더불어 이 시대 화두로 떠오른 소셜 네트워크로 인한 정치변동과 민주주의의 미래를 다루었다. 2012년 당시 소셜 네트워크는 이미 세계적으로 통용되는 보편적 소통 도구였다. 2008년 미국 대선과 2011년 튀니지·이집트 시민혁명에서 SNS가 대활약했고 트위터리안(twitterian)들이 새로운 정치 지도자까지 만들어내는 현상도 일어났다. 이러한 현상들을 보면서 필자들은 소셜 네트워크가 시민의 일상생활과 사회운동뿐 아니라 정치적 여론을 형성하고 확산시키며 권력 구조 변화의 핵심 매개체로 급부상하는 데 주목했다. 필자들이 주목한 사항은 크게 세 가지였다. 소셜 네트워크를 활용하는 이용자들은 어떠한 이념과 정체성을 만들어내는가? 소셜 네트워크가 사람들 간의 소통 메커니즘을 어떻게 바꾸고 있으며 정치적·사회적 함의는 무엇인가? 그리고 소셜 네트워크가 대의민주주의 발전에 순기능적인 영향력을 발휘할 수 있는가였다.

2013년에 발행된 『소셜 네트워크와 선거』는 소셜 네트워크가 더욱 근본적인 선거와 정치 변화의 서막을 여는 시점에서 선거운동 방식이 어떻게 변하는지를 다루었다. 올드미디어라 불리는 TV, 신문, 라디오를 이용한 선거운동과 달리, 유권자의 직접 참여와 이슈 제기가 가능한 뉴미디어[인터넷, 트위터(twitter), SNS 등]는 선거 캠페인 방식을 변화시켰으며 유권자와 후보자, 유권자와 정당 간의 간극을 급격하게 좁히고 변화시켜왔다. 필자들은 과거에 비해 정당과 후보자의 정치 캠페인, 유권자가 정보를 획득하는 방식, 정치자금을 모집하고 공론을 형성하는 방식이 어떻게 달라지는지 연구했다. 그리고 이러한 변화들이 시민 개개인의 참여를 독려하고 공정한 여론을 형성해 민주주의를 꽃피우는 통로가 될 수 있는지에 대해 다루었다. 뉴미디어의 선거 틀 짓기, 새로운 선거 캠페인의 진화, 선거 조직과 자금의 변화, 유권자의 변화를 통해 네트워크 시대 선거 방법론의 변화와 그 정치적 영향에 대해 들여다보았다.

필자들은 이러한 작업들을 통해 소셜 네트워크라는 새로운 커뮤니케이션 방식의 변화가 과연 새로운 형태의 통치를 초래할지에 관심을 가지기 시작했다. 소셜 네트워크의 발달은 정치변동의 중요한 계기가 되었으며, 인터넷 선거 전략과 캠페인은 정치인과 유권자를 연계시켜 참여 정치를 촉진시키고 있다. 그러나 과연 그 자체로 정치학의 고유 관심사인 권력과 통치의 변화라고 할 수 있을까? 소셜 네트워크로 야기되는 변화가 실질적으로 반영되기 위해서는 제도와 권력의 변화가 동시에 이루어져야만 하는데 과연 이러한 변화가 나타나고 있는가? 이러한 질문들을 통해 필자들이 관심을 가진 것은 권력의 핵심 매개체인 정당이었다. 정당은 소셜 미디어의 발달과 더불어 다양한 전략을 구사해왔다. 예컨대 한국 정치의 양대 정당인 새누리당과 새정치민주연합은 각각 뉴미디어에 맞는 전략을 취해 유권자 동원을 꾀하고 있다. 정치 행위자들은 자신들에게 맞는 미디어 전략을 선택적으로 실행하고 있으며, 그중 모바일 경선 제도는 새로운 시도의 사례로 볼 수 있다. 정당은 모바일 경선 제도를 도입해 시민을 정당정치에 흡수하려는 움직임을 보여왔다. 이것은 대표적 대의 기구인 정당이 뉴미디어의 발달과 이로 인한 정치적·사회적 변화를 제도적으로 흡수하려는 노력의 일환이다. 그러나 정당의 이러한 노력에도 불구하고 한국 정치는 대다수 국민들의 신뢰를 얻지 못하고 있으며 정당의 전략들도 그 한계를 여실히 드러내고 있다. 이 책은 2015년 한국 사회 전반에 주된 화두로 등장한 SNS와 소통의 정치라는 관점에서 정당정치 행위자들이 채택하는 새로운 미디어 전략을 행태적 차원, 제도적 맥락으로 나누어 다양한 분석을 시도한다. 한국 정당이 네트워크적 속성을 이용하는 정당으로 탈바꿈하려는 배경과 목적은 무엇일까? 소셜 네트워크라는 기술적 배경과 비판적 시민의 성장이 정당 변화의 배경이라면 이러한 변화에 정당은 어떻게 대응하고 있는가?

이러한 탐구 주제에 대한 일차적 성과는 2014년 부산에서 열린 '뉴미디어와 여론 형성, 서울시장선거'라는 학술회의에서 거둘 수 있었다. 서울시장 선거 조사 결과를 토대로 구성된 이 세미나에서 소셜 네트워크가 정치에 미치는 전반적인 영향에 대한 실증적인 연구 결과들이 발표되었고 심도 있는 토론이 이루어졌다. 이 학술 대회에서 발표와 토론, 사회를 맡은 김도종(명지대학교), 장훈(중앙대학교), 강원택(서울대학교), 강정한(연세대학교), 박근영(연세대학교), 윤성이(경희대학교), 이재묵(연세대학교), 이상신(숭실대학교), 조진만(덕성여자대학교), 한규섭(서울대학교), 한정택(연세대학교), 한정훈(숭실대학교) 교수에게 깊은 감사를 드린다.

이 책을 준비하면서 많은 분들의 도움을 받았다. 이 책은 한국연구재단의 2013년도 사회과학연구지원사업(SSK, Social Science Korea)의 지원을 받아 안정적으로 마무리될 수 있었다. 한국연구재단에 감사를 표한다. '쏠림과 불평등: 네트워크 사회의 민주주의와 사회통합(NRF-2013S1A3A2055285)'이라는 주제로 연구를 진행하는 과정에서 연구진들은 한국 정당정치의 과거와 미래를 연구할 필요성을 실감했다. 이 책은 이 주제에 관심이 있는 국내 우수한 연구진들과 연구팀이 활발한 토론을 거친 결과이다. 번거로운 공동 협업의 과정에 기꺼이 동참하고 까다로운 집필 요구들을 신속하게 반영해준 필자 선생님들에게 깊은 감사의 말씀을 전한다. 특히 대구대학교의 이소영 교수와 연세대학교의 김범수 박사는 이 프로젝트를 출발시키는 데 많은 도움을 주었다. 그리고 교정 작업을 묵묵히 도와준 연세대학교 정치학과 대학원의 함지현, 송지향, 나하정에게 고마움을 전하고 싶다. 끝으로 출판에 도움을 준 도서출판 한울의 김종수 대표, 윤순현 과장, 허유진 씨에게 감사한 마음을 전한다.

2015년 6월

조화순

차례

2부 소셜 미디어와 거버넌스

프롤로그

정당정치의 미래를 말하다

조희순

　미국의 외교 전문지인 ≪포린 폴리시(Foreign Policy)≫는 2005년 "오늘은 있지만 내일은 없는 것들(Here today gone tomorrow)"이라는 기사에서 정당이 21세기를 넘기지 못하고 소멸될 것이라고 전망했다. 사회가 다원화되면서 기존 정당이 뿌리를 내리고 있던 이념 및 계급 간의 경계가 모호해지고 있기 때문이다. 「유엔 미래보고서」 역시 정당과 그 이념적 슬로건이 더 이상 필요하지 않게 되면서 정당은 정치적 의사 결정 과정에서 배제될 것이며 개인이 직접 정부나 관계 당국에 접촉하는 '마이크로 참여주의'가 발달할 것이라고 진단했다. 첨단 과학기술의 발전에 따라 전자투표가 보편화되고 예산이나 입법 과정에서 주민의 직접 참여가 확산될 것이므로 더 이상 정당정치가 필요하지 않으리라는 것이다. 그렇다면 미래에 정당은 소멸할 것인가?

　정당은 근대 정치 발달 이후 사회 구성원의 요구를 조직화하고 공적 결정 과정에 효과적으로 반영하기 위해 필요한 매개체로 간주되었으나 점차 그 위상을 잃어가고 있다. 정당은 대표성과 전문성을 토대로 정책을 제시하고 행정부를 견제하며 소수자를 보호하는 등의 기능을 수행한다. 그런데 정당이 과거의 지위를 위협받고 유권자에게 외면당하는 징후들이 나타나고 있다. 대부분의 국가에서 당원의 수가 지속적으로 감소하고 있으며 사람들은 더 이상 전통적인 전당대회에 예전만큼 모이지 않는다. 영국 노동당의 경우 1997년에 40만 명이었던 당원이 2006년에는 20만여 명까지 줄었고, 2011년 독일 기민당과 사민당의 당원 수 역시 50만 명으로 줄어들었다. 당원의 구성 역시 50대 이상이 대다수를 차지하고 있어 기존의 당원을 잇는 젊은 세대 수가 더욱 줄어들 전망이다.

그뿐만 아니라 기존의 정당 구조를 우회하는 새로운 형태의 정치 현상이 등장하고 있다. 한 예로 한국의 총선 또는 대선 후보를 선출하는 데 여론조사가 도입된 것을 들 수 있다. 여론조사 도입으로 당원보다 일반 유권자의 선택이, 후보의 당에 대한 헌신과 정체성보다 일반 시민들의 결정이 중요한 변수가 되고 있다. 안철수와 같은 비정당인이 대통령 선거 또는 서울시장 선거의 전면에 등장했던 사건도 정당정치 변화의 조짐을 대변한다. 시민의 가치관이 급변하고 사회구조가 복잡해지면서 기존 정치 투표 단위의 유효성이 사라지고 있다. 또 사람들은 더 이상 보수와 진보라는 가치관만으로 대표될 수 없는 이해관계를 가지고 있다. 이러한 현상들은 과거 정당의 강력한 원천이었던 시민들의 지지와 정당 일체감이 약화되고 유권자가 자신의 이념이나 이해를 실현하기 위해 정당에 투표하는 대의제 민주주의의 제도적 기제가 도전받는 것을 뜻한다.

정당의 역할이 점차 줄어드는 것은 먼저 시민들의 가치관과 이해관계가 더욱 다양해졌기 때문이다. 현대 정당들이 내놓는 정책들 간의 차별성이 크지 않으며 국회의원들의 파벌 갈등과 스캔들은 광범위한 불신과 혐오를 불러일으키고 있다. 사회가 다원화되고 계층과 같은 정치적 균열이 완화되는 상황에서 선출된 소수의 대표가 시민들의 분화되는 요구와 이해를 모두 대표할 수 없다는 것은 자명한 사실이다. 대의민주주의는 대중의 직접 참여를 제한하기 위해 정치 엘리트들이 만든 것이며 루소가 말한 것처럼 인민은 선거 기간에만 자유롭고 정치적으로는 소외된다. 기성 정치 시스템에 피로감을 느낀 시민들은 점점 자신의 이해와 의지를 공적 결정 과정에 직접 투영하려는 정치적 의지(political will)를 확대해나가고 있다. 시민들은 더욱 다양한 의제를 시민사회 내로 들여왔으며 평상시에는 정치에 무관심한 것처럼 보여도 자신의 삶과 직결된 이슈들에 대해서는 적극적이고 열성적인 모습을 보인다.

특히 아직 시작에 불과한 정보혁명 시대에서 정보 기술 고도화는 인류가 발달시켜온 대의민주주의와는 또 다른 형태의 제도들을 발달시킬 가능성을 만들어냈다. 현재 보편적으로 사용되고 있는 정보 기술들이 민주주의를 가능하게 한 기존 제도들의 한계를 극복할 대안으로 주목받고 있다. 또 정보 기술로 시민들의 선호와 의지를 수집하고 체계화할 수 있어, 대의민주주의로는 파악할 수 없었던 시민들의 일반의지까지 파악할 수 있게 되었다. 정보 기술을 이용하면 선거에 의해 선출된 정치 엘리트뿐 아니라 시민 스스로도 자신의 의사를 표현하고 정책적 선호를 결정할 수 있다. 또 유권자 스스로 법을 제정하고 예산을 결정하는 시스템이 가능해지고 투표에도 인터넷과 모바일을 이용함으로써 국민들의 참여가 용이해진다. 소셜미디어의 발달은 사람들 간의 대화 방식뿐 아니라 인간의 정치적 관계를 형성하는 과정도 변화시켰다. 정치정보의 공유와 정치 참여의 기회가 제한되었던 일반 시민들은 발전된 정보 기술을 통해 단순히 정보 수요자의 차원을 넘어 공급자로서의 역할을 담당하게 되었으며 좀 더 쉽게 공통의 문제에 의견을 개진하게 되었다. 과거에는 어떤 정치적 이슈가 중요한지를 주로 정당이나 대형 언론사가 결정했다면, 이제는 시민 개개인이 능동적으로 어떤 정치적 의제가 중요한지를 결정하고 여론을 주도할 수 있게 되었다. 시민들은 정당을 통하지 않고서도 웹과 소셜 미디어를 통해 자신의 의사를 직접 표명하고 정치권에 그 해결책을 요구한다. 또 공공 정책 수립 과정에서 직접 정부나 관계 당국과 접촉하기도 한다.

새로운 커뮤니케이션 기제는 정치 참여의 물질적·심리적 비용을 경감시켜 시민이 직접 정치에 참여하는 것에 대한 거리낌을 없앴으며 정치인과 시민 간의 실시간 소통을 가능하게 했다. 이는 정치적 이념의 중재자(brokers of ideas) 역할을 하는 것이며 정당의 필요성을 약화시킨다. 인터넷 매체를 활용한 정치인들의 활동이 확대되면서 정치인에 대한 평가 기준도 변화되었다. 정당보다는 후보가 어떤 인물인가를 평가하는 방식이 부각되고 있으며 정치 커뮤니케이션도 정당 조직이 아닌 후보자 중심으로 이루어지고 있다. 이제 시민은 소셜 미디어나 블로그에서 최신 뉴스를 접한다. 그리고 정부나 정당의 대안을 기다리는 대신 인터넷을 통해 직접 의견을 표명하고 네트워크 조직을 통해 해결하려 한다. 소셜 네트워크의 발달은 정치 세력과 시민이 처한 정치적 기회 구조를 급격히 변화시키고 있다. 이러한 변화는 근대국가 이후 발달된 권력 구조, 나아가 정치 시스템의 균열을 의미한다.

정당을 통한 대의민주주의가 비효율적이라는 사실은 이미 곳곳에서 증명되었지만 현시점에서 그 소멸을 예단하기에는 섣부른 감이 있다. 그것은 첫째, 제도의 경로 의존성과 기존 집단의 이해관계로 인해 정당이 그 위기를 극복하려는 나름의 대안(alternative)을 제시하고 있기 때문이다. 즉, 기존 대의민주주의의 틀을 유지하면서 다른 유형의 제도를 도입해 변화에 적응하려는 현상이 일어나고 있다. 유럽의 녹색당, 해적당과 같이 기존 시스템을 거부하는 반체제 정당이나 이슈 정당이 등장한 것, 그리고 유권자의 흥미와 감성을 자극하는 것 등이 그 예이다. 해적당은 인터넷이 활성화되면서 야기된 저작권 문제에 관해 사회 구성원들이 보인 의견을 반영하려는 취지에서 출범했다. 미국에도 범성애평화당(Pansexual Peace Party), 이성당(Reasonable Party), 트랜스휴머니스트당(Transhumanist Party), 미래당(Futurist Party) 등 온라인 정당들이 등장했다. 이들은 주로 소셜 미디어를 통해 젊은이들의 지지를 얻었으며 선거에 후보도 내놓고 있다. 이러한 정당들은 대개 단일 쟁점을 중심으로 형성되었으며 인터넷을 이용해 사회 구성원의 의견에 효과적으로 대응하려고 시도한다. 이러한 형태의 정당들은 인터넷을 활용함으로써 조직 유지에 소모되는 비용을 줄이고 일반 사회 구성원의 정치 참여를 활성화시킬 수 있어 효과적이다. 둘째, 기존 정당들은 소셜 미디어를 정당제 내부로 들여와 시민들의 변화에 적응하기위한 다양한 전략들을 펼치고 있다. 예를 들어 새누리당과 새정치민주연합은 뉴미디어에 맞는 전략으로 유권자를 동원하려 한다. 또 다른 새로운 시도로 모바일 경선 제도 역시 들 수 있는데, 이는 뉴미디어를 이용해 시민을 정당정치로 끌어들이려는 적극적 노력의 일환이다. 정당정치를 보완하려는 이러한 장치들이 능동적이고 적극적인 시민들의 요구를 반영하고 민주주의의 이상을 실현할 것인지는 그 추이를 지켜보아야 할 것이다.

대의민주주의에서 정당은 사회적 요구와 지지를 공적 결정 과정에 투입 (input)하는 역할만 하는 것이 아니다. 따라서 대의제의 핵심인 정당이 위기에 처했다는 것은 국가와 시민사회를 연결하고 시민들의 정치적 이해를 취합하는 기능뿐 아니라 책임자, 중재자로서의 역할이 쇠퇴됨을 의미한다. 만일 시민이 자신의 선호와 이해관계를 표출하고 이것을 집합적으로 처리한다면 기존의 정당정치와 같은 책임성이 어떻게 확보될 것인지가 숙제로 남는다. 정부나 정당은 잘못된 정책을 펼 경우 다음 선거에서 시민들의 심판을 받지만, 여론이나 시민사회가 정책을 결정할 경우에는 사후에 그 책임을 어떻게 물을 것인지가 심각한 문제가 될 것이다. 또한 정당은 다양한 사회적 요구를 조화시키는 중재자(mediator)인데 정당 대신 이러한 중재를 누가, 어떻게 마련할 것인지도 중요한 이슈다. 자원이 한정되어 있는 대부분의 사회에서 모든 사회 구성원의 요구가 정책에 반영될 수는 없기 때문에 갈등을 중재하고 타협하는 역할이 더욱 중요해질 것이다.

오늘날의 정당은 국민의 요구를 흡수하지 못하고 국가의 지원금에 의존하는 카르텔(cartel) 정당의 양상을 보이고 있다. 일반 유권자의 정당정치 참여는 줄어든 반면 정당의 예산은 오히려 늘고 있으며 그마저도 대부분 소수 기부자에 의존하는 경향이 나타나고 있다. 영국의 경우에도 1960년대에 비해 1990년대에 정당 직원 수가 56% 줄어든 반면, 모금액은 거꾸로 42%나 늘었다. 미국도 매케인·페인골드법(McCain-Feingold Act)의 제정에도 불구하고 2004년 대통령 선거 당시 12억 달러라는 사상 최대의 돈을 썼다는 기록이 있다. 즉, 시민사회 내에서 존립의 기반을 찾아야 할 정당이 점차 국가의 보조금과 외부의 지원에 의존하고 있는 것이다. 이는 정당과 유권자 간의 심리적 거리를 확대시키고 정당 일체감을 약화시켜 결과적으로 시민들의 정치 참여가 후퇴되는 결과를 초래한다. 정당이 민의를 반영하지 못하고 사회 구성원의 신뢰를 받지 못하는 상황이 지속될 경우, 정당은 개혁의 대상으로서 논의될 운명에 처할 것이다.

이 책은 2015년 한국 사회 전반에서 주된 화두로 등장한 정당정치 변화를 행태적 차원, 제도적 맥락으로 나누어 다양한 분석을 시도하고 있다. 그동안 정보 기술의 발달이 한국 사회의 정치적 구조와 행위자를 어떻게 변화시켰는지에 대해 거시적인 논의를 했다면, 이제는 근대 정치 이후 인류가 발전시켜온 대의민주주의의 핵심 제도들을 구체적으로 살펴볼 시점이다. 특히 이 책은 선거, 정당, 입법부, 행정부, 사법부와 같은 제도들 중 정당이라는 특정한 정치제도에 일어나고 있는 변화에 대해 구체적으로 살펴보고 있다. 정당이 기능을 수행하는 데 정보 기술 발달이 어떠한 영향을 미치고 있는가? 그 과정에서 정당은 어떠한 현실적 한계를 지니는가? 정당과 같은 대의민주주의 제도와 그 운영 방식이 어떻게 변하고 있는가? 정당이 소멸될 가능성은 있는가? 이러한 질문에 답하기 위해 정보사회로의 패러다임적 전환 속에서 이루어지는 정당정치의 현주소를 진단하고 이에 따라 발생한 한국 정당정치의 문제들을 파악했다. 이는 한국 정치의 미래를 알기 위해 꼭 필요한 작업이다.

조화순과 송지향은 수준 높은 기술적 조건과 소통의 가능성에도 불구하고 한국 정치에서 양극화 현상이 심각하게 나타나는 현상에 주목해 그 구조와 원인을 규명하려 한다. 한국 정치는 정치 엘리트들에 의해 더욱 양극화되어왔다. 정치 엘리트들은 진보와 보수라는 기존의 이분법적 이념 구도 아래 각각 유리한 지역적 토대를 가지고 있었다. 그 때문에 지역적·이념적 갈등을 조정하기보다 오히려 갈등을 증폭시키는 결과를 초래했다.

즉, 이들은 승자 독식 구조의 선거에서 승리하고 집권하기 위해 양극화의 프레임을 사용한 것이다. 이러한 상황에서 소셜 미디어는 정치적 소통과 참여의 창구로 기능하기보다 선택적 노출과 혐오의 표출 도구로 사용되고 있으며, 다수의 중도층은 소통에 좌절을 느끼고 국회를 불신하게 되면서 스스로를 정치과정에서 소외시켜왔다.

필자들은 네트워크 매체의 발달에도 불구하고 한국 정치 사회가 양극화를 벗어나기 쉽지 않다고 평가한다. 기존의 지역주의와 이념 균열의 잔존, 시민사회의 분화를 제대로 반영하지 못하고 있는 정당, 소외되고 있는 중도층, 협력적 문화의 부재 등 복합적 요인들이 서로 결부되어 있기 때문이다. 양극화의 가장 큰 문제가 소통의 거부 및 단절이라는 점에 비추어보았을 때 필자들은 SNS가 정당의 양극화를 완화시키는 창구로 기능하기 위해서 제도적·정치 문화적 노력이 필요하다고 주장한다. 정당이 사회의 다양한 이슈를 반영하고 진정한 쌍방향 소통의 네트워크를 형성해서 정당과 유권자, 정당과 정당의 소통과 협력의 기제를 제도화시킬 때 미래에 걸맞은 민주주의가 발전할 수 있을 것이다.

금혜성은 정치적 대표 기관인 의회나 정당 또는 정치인이 시민과 원활한 소통과 합리적인 정책 결정을 하기 위해 디지털 미디어를 어떻게 사용하고 있는지에 관심을 가진다. 디지털 민주주의의 현황을 살펴보기 위해 정치 영역에서 뛰어난 디지털 활용 기술을 가진 미국과 영국, 그리고 한국을 비교했다. 그에 따르면 인터넷과 같이 지극히 개인적인 관계와 미디어적 속성을 기반으로 한 디지털 미디어는 사람들의 정치적 소통을 좀 더 용이하게 하는 것 외에도 다양한 형태의 긍정적 효과를 수반한다. 소셜 미디어를 포함한 보다 발전된 형태의 개인 미디어가 가진 정치적 기능은 다음의 세 가지이다. 첫째, 정치 관련 정보를 공유함으로써 의제 설정의 권리와 여론의 민주화를 도모한다. 둘째, 대화를 통해 유사한 정치적 지향성을 가진 사람들의 연계와 집합을 이끌어내고 정치 학습의 매개로 활용한다. 셋째, 투명성·신속성·관계성을 바탕으로 다양한 수준의 정치 참여를 활성화한다.

이소영은 한국처럼 미디어의 정치적 입장 차이가 뚜렷한 상황에서 특정 정당을 선호하는 유권자들이 어떻게 미디어를 선택하는지, 그리고 그 정치적 결과가 어떻게 나타나는지를 구체적으로 논의한다. 사람들은 지지 정당에 따라 미디어와 정보를 선택적으로 접하는 경향이 있기 때문에 기존의 정치적 입장은 더욱 견고해지고 정치적으로 다른 생각을 가진 사람들 간의 입장 차이는 더욱 커진다고 보았다. 그는 2014년 서울시장 선거에서 중요한 이슈가 되었던 세월호 참사, 서울 지하철 2호선, 농약 급식, 정몽준 후보 아들의 SNS 멘션 등 유권자들이 쉽게 인지할 수 있는 몇 가지 이슈들을 통해 후보자 및 정당 간 이념적·정책적 차이와 미디어의 영향을 살펴보았다. 2014년 서울시장 선거에서 후보자에 대한 언론사들의 호불호가 명확했고, 유권자들이 각자 지지하는 정당에 따라 선택적으로 정보를 취하는 선택적 미디어 노출이 매우 용이했다. 보수 성향의 미디어와 진보 성향의 미디어는 동일한 이슈에 대해서도 전혀 다른 시각으로 접근하는 경향을 보였으며, 이는 선거 캠페인 과정에 영향을 미쳤다. 미디어의 편향적 보도는 새누리당 지지자들과 야당 지지자들 간의 태도의 차이를 더욱 확대시키는 주요 요인이 되었다. 저자는 미디어 보도가 선거에 미치는 영향을 통해 이러한 경향이 한국 민주주의에 어떠한 함의를 가지는지 논의한다.

김범수는 1987년부터 2012년까지 지난 25년간 한국 정당의 대통령 후보 선정 방식이 어떻게 변화했는지를 다루었다. 특히 다수의 후보가 경쟁하고 다수의 선거인단이 투표하는 상향식 국민참여경선을 도입한 것에 대해 1987년 이후 한국 사회에서 강하게 나타난 상향식 민주화에 대한 국민적 요구와 3김 시대 이후 새로운 지도자로 나서려는 새로운 정치인들 사이의 경쟁에서 기인했다고 평가한다. 다수가 참여하는 국민참여경선이 인터넷의 발달로 가능하게 되었으며 대통령 후보 선정 방식에 결정적인 영향을 미치고 있다. 2002년 새천년민주당 경선에서 190만 명의 국민들이 선거인단으로 신청했으며, 2007년 대통합신당 경선에서는 100만 명의 선거인단과 24만 명의 모바일 투표 선거인단이 참여했다. 그리고 2012년에는 민주통합당이 108만 명의 선거인단을 구성해 국민참여경선이 확대되는 계기가 마련되었다. 그러나 이러한 역사에서 정당은 선거인단을 모집하고 접수하는 정치적 동원의 도구로 홈페이지를 사용했을 뿐, 후보의 정책에 대해 서로 소통하고 토론하는 공론장으로 연결 짓지는 못했다.

저자는 인터넷이라는 기술적 요인이 국민의 참여를 확대시킨 중요한 원인이었다고 평가한다. 인터넷은 정치정보를 쉽고 편리하게 제공하고 정당과 국민이 소통하면서 토론하고 의사 결정할 수 있는 창구로서의 잠재력을 갖고 있다. 그는 정당이 인터넷을 활용해 정당 민주화를 실현한다면 정당의 위기가 극복될 수 있다고 보았다. 정당이 인터넷 홈페이지와 소셜 미디어, 그리고 모바일 기술을 이용해 국민과 소통하고 토론해서 정당의 권력 구조를 민주화할 때 인터넷은 정당의 위기를 극복하는 도구로서 능력을 발휘할 수 있을 것이다.

장우영은 모바일 투표와 정당정치의 만남이 지속되어야 하는지에 의문을 던진다. 그리고 결론적으로 모바일 투표가 정당정치를 부흥시키기보다 저해하고 있다고 평가한다. 흥행 몰이식 경선 관행과 당원 표심의 주변부화, 투표상의 기술적 오류, 취약한 선거 관리 능력, 갈등의 정치 문화, 부정적 여론 등이 그것이다. 따라서 적어도 현시점에서 모바일 투표를 유보해야 한다는 것이 그의 주장인데, 그것은 모바일 투표가 빛보다 그림자를 훨씬 더 짙게 드리우기 때문이다. 또한 모바일 투표는 민주 선거의 4대 원칙과도 부합하지 않는다.

장우영은 모바일 투표 시행 자체에 얽매이기보다 전자투표 정책을 개선하는 논의가 먼저 이루어져야 한다고 본다. 한국은 공직 선거에서 초보적 단계인 터치스크린 투표조차 도입하지 못하고 있는 반면, 정당의 공직 후보 선출에서는 급진적인 모바일 투표 실험이 이루어지는 실정이다. 이러한 딜레마를 타개하기 위해서는 세 가지 측면의 전제를 충족시켜야 한다. 첫째, 정당의 이해타산을 극복하는 것이 가장 중요하다. 정치적 유불리를 떠나 '투표율 제고·투개표 효율성 증대·선거 관리 현대화'의 관점에서 전자투표 정책을 검토해야 한다. 둘째, 갈등의 정치 문화를 개선해야 한다. 민주통합당의 모바일 투표 파행이나 대선에서의 전자 개표 불복 시비는 한국 사회의 정치적 관용 수준을 여실히 보여주는 사건들이다. 마지막으로 모바일 투표의 취지와 순기능을 살려나가는 지혜가 필요하다. 그동안의 모바일 투표 문제점을 면밀하게 보완하고 기관의 의사 결정이나 주주총회 등에서 안정성을 검증한 뒤, 비로소 정당 사무에 재도입하는 방안을 검토할 수 있을 것이다.

송경재는 정당의 정보통신기술(ICT) 활용이 민주적으로 변화될 가능성에 주목하고 정당 내 민주화에 ICT가 어떤 역할을 수행하고 있는지에 관심을 가진다. 세부적으로는 정당의 민주화 부분에 주목해서 ICT로 야기된 정당의 운영 및 조직 체계, 그리고 캠페인 방식의 변화를 살펴보았다. 그는 한국의 양대 정당이라고 할 수 있는 새누리당과 새정치민주연합의 주요 ICT 채널 사례를 분석한 뒤 그 특징을 짚어냈다. 한국의 경우 민주주의 강화론에서 확인된 것처럼 실제 소셜 미디어 등을 적용한 정당이 장기적으로 볼 때 당내 민주화를 가져올 가능성과 잠재력이 더 크다고 보았다. 이때 당원들의 정치 참여가 안정적으로 일상화되고 제도화될 수 있도록 정당이 정보 기술을 활용할 수 있는 방안이 고안될 필요가 있다. 또한 보다 장기적이고 단계적인 적용이 필요하다. 특히 한국은 전반적인 정보화 수준은 높아도 여전히 정보로부터 소외된 계층이 존재하기 때문이다. 또한 정당이 정보 기술을 활용할 때는 제도적 측면도 고려해야 한다. 현재 새누리당과 새정치민주연합은 당헌·당규에서 정보 기술의 활용을 주장하고 있다. 그러나 정보 기술이 전략적으로 정당 전반의 운영에 녹아들 수 있도록 하는 제도적인 보장이 아직 미비한 상태다. 따라서 정당은 정보 기술을 단순히 선거 캠페인의 도구로 생각할 것이 아니라 네트워크를 통해 연계된 당원들과 지지자 집단, 나아가 시민들과의 활발한 토론과 논쟁의 공간을 만들 필요가 있다. 당원과 시민들이 모든 의사 결정에 참여할 수는 없겠지만 주요한 의사 결정에 ICT를 활용한다면 보다 상향식 의사 수렴이 가능할 것이다. 또 이러한 노력이 ICT를 활용한 정당의 민주화에 어느 정도 기여할 것이다.

1부

소셜 미디어와
한국 정치의 현주소

1장
네트워크 시대의
정당정치와 양극화

조화순·송지향

1. 한국의 정치 갈등

한 사회의 갈등이 표출되는 정도는 그 사회의 정치발전 정도를 평가하는 중요한 기준이 될 수 있다. 사회가 발전하고 복잡해질수록 다양한 가치가 충돌하게 되는데 정치는 바로 그 갈등을 조정하기 위한 과정이기 때문이다. 그러나 이러한 기준에서 볼 때 한국 사회의 정치발전 정도는 매우 낮은 수준이며 정치가 제 기능을 수행하지 못하는 것이 분명하다. 2012년 7월 리서치앤리서치에서 조사한 결과에 따르면, 한국 사회의 갈등이 심각하다는 여론이 무려 84.7%에 달했다. 갈등의 원인으로 빈부 격차, 이념 갈등, 지역 갈등 등이 지적되었으나 무엇보다 가장 큰 원인은 '다양한 의견을 조정하는 정치의 실종'일 것이다. 한 예로 무상 급식과 관련한 담론은 한국 사회에 내재한 갈등의 정도와 정치의 한계를 보여준다. 2011년에는 무상 급식 이슈에 대해 '단계적 실시'를 내세운 오세훈 전 서울시장 측과 '전면 실시'를 내세운 야당 측이 전면적으로 대립했다. 무상 급식과 관련한 여당과 야당의 대립은 오세훈 전 서울시장이 투표에서 패배해 시장직에서 사퇴하면서 종결되었다. 당시 미디어리서치의 여론조사 결과 '무상 급식 단계적 실시' 58.8%, '무상 급식 전면적 실시' 39.1%로 단계적 실시가 전체 의견의 과반수를 차지했다. 그러나 대립과 갈등의 한국 정치는 일반 시민들의 의견을 반영해 학생들의 복지에 대한 타협안을 마련하기보다 서울시장 사퇴와 재선거라는 결과로 이어졌다.

소셜 네트워크 서비스(Social Network Service, 이하 SNS)의 발달과 확산은 개인과 집단 간의 대화를 촉진시키고 공론의 장을 형성함으로써 민주주의 발달에 기여할 것으로 기대되었다. 즉, 소셜 네트워크는 빠르고 유연하며 자유로운 의사소통을 촉진하기 때문에 기존의 특정 시민단체나 정당과 같은 매개 집단을 거치지 않고도 자유로운 정치적 문제 제기와 연대를 가능하게 할 것으로 기대되었다.

그러나 참여와 소통의 기제가 발달한 한국에서도 정치적 갈등, 정치의 폐쇄성, 타 집단에 대한 호전적 배타주의는 여전히 개선되지 못하고 있다. 16대, 17대, 18대 국회의원들의 이념 성향과 분포를 보면 중도 성향의 비율이 지속적으로 감소해온 것을 알 수 있다. 이는 양대 정당의 의원들 간에 이념적 거리가 점점 더 멀어지고 있다는 것을 의미한다. 이러한 현상은 온라인에서도 마찬가지다. 트위터에서 정치인을 팔로우(follow)하는 사람들은 정치사회적 문제에 대해 극단적으로 양극화된 의견 경향을 보이며 정당 간의 갈등도 매우 심각하고 폭력적인 양상으로 나타난다. 2008년 촛불집회를 전후로 인터넷상에 '광우병 괴담'이 떠돌았으며 이후 '좌좀', '깨 시민', '홍어'와 같이 상대 후보의 지지자나 그 지지 기반이 되는 지역을 조롱하는 자극적인 단어들이 확산되었다. 시민들은 자신들이 지지하는 정당과 정치 엘리트를 중심으로 제각기 뭉쳐서 상대 지지자들과 감정적 반목을 거듭했다. 이러한 현상들의 뿌리에는 양대 정당의 이념 갈등 및 지역 갈등, 북한에 대한 각 정당의 입장 차이가 있다. 한국 정치에서 정당과 지지자들 간의 갈등은 중도에 있는 다수의 목소리를 소외시키고 심도 깊은 논의와 설득, 타협의 정치를 방해한다.

정치의 양극화 현상이 한국에서만 나타나는 것은 아니다. 미국에서도 버락 오바마(Barack Obama) 정부하의 민주당과 공화당이 극한 대립을 보여 정부 예산안이 의회에서 통과되지 못하고 정부가 문을 닫는 사태가 발생하기도 했다. 또 2015년에는 공화당과 민주당이 오바마 정부의 중동 외교정책에 대해 노골적으로 상반된 입장을 취하기도 했다. 집권 정당은 달라도 정부의 외교정책에 대해 통일된 입장을 견지해왔던 공화당은 오바마 정부와 이란의 핵협상에 반대하는 입장을 분명히 했으며 이란에 서한을 보내 '이란과의 핵협상은 다음 정권에서 폐기될 수 있다'는 의견을 밝혔다. 그뿐만 아니라 공화당은 이스라엘의 보수 강경파 총리인 베냐민 네타냐후(Benjamin Netanyahu)를 지지하며 이란과의 핵협상을 강력하게 반대해왔는데, 이는 국내 정치적 입장 차이를 외국 정부에 노골적으로 드러낼 정도로 갈등이 표면화되었음을 뜻한다.

미국과 한국에서 정당 간의 갈등과 대립이 이렇게 양극단으로 나타나는 이유가 무엇일까? 또 사람 간의 소통을 활발하게 하는 매체와 환경의 발달에도 불구하고 이러한 양극화가 해결되지 못하는 원인은 무엇일까? 소통 미디어가 발달한 이 시대에 한국 정당정치에 나타나는 갈등 구조와 행태는 어떠한지 이 장에서 살펴보고, 이러한 갈등 속에서 정당정치 참여자들에게 영향을 미치는 요인들이 무엇인지 고찰해보려 한다. 이를 통해 한국 정당정치의 문제를 해결하기 위한 방안이 무엇인지도 다루어볼 것이다.

2. 정치 양극화와 국회 파행

정당은 근대 정치에서 중요한 역할을 수행해왔다. 근대 정치가 발달된 이후 민주주의를 채택한 국가들은 정당 체제를 구축해왔는데, 이것은 정당 체제가 정치적 문제들을 효율적으로 처리할 수 있는 제도라 믿었기 때문이다. 다수결을 기본 원칙으로 하는 민주주의 제도에서 상대적 소수와 약자를 지속적으로 보호하기 위해서는 다양한 이념을 가진 정당 간의 경쟁과 협력이 필수적이다.

그러나 한국 정치에서 정당이 다양한 계층의 이해와 선호를 반영하는 정치를 실현하고 있다고 평가하기는 어렵다. 한국 정당 간의 갈등은 크게 보수와 진보의 갈등으로 표면화되는데, 이는 군소 정당을 제외한 여당과 야당, 양 정당을 지칭하는 의미로도 사용된다. 흔히 새누리당을 보수정당으로, 새정치민주연합을 진보정당으로 지칭하나 양당의 이념적 차이는 일관적이지 않고 정책도 차별화되어 있지 않다. 한국 사회에서 '진보'와 '보수'는 단지 선거를 치르는 과정에서 승리하기 위해 사용되는 개념적 성격이 강하며 진보 진영은 보수를 '완고하고 부패한 집단'으로, 보수 진영은 진보를 '대안 없는 무능한 집단'이라고 공격하는 경향이 강하다(김인영, 2014). 한국 정치에서 사용되는 '진보'와 '보수'의 개념은 앨런 웨어(Alan

Ware)를 비롯한 서구 정치학자들이 설명한 이념 정당과 다소 차이가 있다 (Ware, 1996). 웨어는 미국 정당의 이데올로기를 국가·시장 관계와 국가·개인의 권리 관계라는 두 가지 축으로 나누어 진보와 보수의 스펙트럼을 살펴보았다. 첫째, 국가·시장의 관계 측면에서 국유화를 통한 국가의 시장 개입이나 국가를 통한 분배에 찬성하는 측은 상대적으로 진보에 해당하며, 사유재산의 보장 및 시장방임주의(laissez-faire)를 주장하는 측은 보수에 해당한다. 둘째, 국가·개인의 권리 관계 측면에서 보면 시민의 법적·정치적 권리를 확대하자고 주장하는 측은 진보이며, 개인의 권리를 소극적으로 해석하고 국가의 역할을 강조하는 측은 보수이다.

이러한 분류에 따르면 한국 정치에서 보수정당인 새누리당과 진보정당인 새정치민주연합의 이념적 지향성이 일관적인 차이를 보인다고 판단하기는 어렵다. 웨어의 기준에서 진보로 분류되는 '복지' 이슈에 새누리당과 새정치민주연합 둘 다 많은 관심을 기울이고 있기 때문이다. 2012년 대선에서 박근혜 새누리당 후보는 모든 65세 이상 노인에게 기초연금 20만 원을 지급하겠다고 약속했고, 문재인 민주통합당(옛 민주당) 후보 역시 65세 이상 노인 80%에게 단계적으로 월 20만 원까지 지급하겠다고 공약한 바 있다. 양 정당이 대선이나 총선에서 기초연금 확대를 공약한 것은 뚜렷한 정책적·이념적 지향성에서 비롯된 것이라기보다 선거에서의 승리나 정치적 입장에 따른 선택이었다고 할 수 있다. 또 다른 예로 노무현 정부와 이명박 정부 때의 한미 FTA를 들 수 있다. 노무현 정권 당시 한미 FTA에 대해 적극적이었던 민주통합당은 이명박 정부 때 야당이 되자, FTA를 반대하며 극렬하게 국회 통과를 저지했다. 이 과정에서 국회 파행이 극단적으로 나타난 것은 물론이다. 한미 FTA처럼 정당이 국가의 미래 정치적·경제적 환경을 변화시키는 국가적 사안에 대해 신중하고 일관된 정책을 추진하는 것이 아니라 정파적 입장에 따라 의견을 뒤집는 것이 쉽게 이해되지 않는다.

집단 내에서 다양한 의견 교환과 대립이 나타나는 것은 자연스러운 과정이다. 선스타인(Cass Sunstein)은 미국 정치에서 민주당과 공화당, 양 정당이 18세기 미국의 독립운동이나 20세기 중반의 인권 운동 과정에서 발생한 이념적 대립을 토대로 발전했다고 평가했다. 지배적인 정치적 담론에 반하는 새로운 의견이 대두되고 이에 대한 정책적 논쟁이 심화되어야 비로소 사회발전을 기대할 수 있을 것이다. 정당정치에서 나타나는 이념 갈등의 격화, 입법 지연과 같은 현상 역시 사회 균열 또는 사회적 안정과 밀접한 관련이 있다. 사회가 극단적으로 분열되면 다수결에 의한 정치제도로 인해 지속적으로 소외된 사람들이 양산되고, 이들의 불만이 누적되면 결국 사회 안정이 저해된다(Lijphart, 1977). 반대로 협의와 타협에 의한 정치는 분열된 사회에 지속 가능한 민주주의 체제를 가져다준다.

그런데 한국의 정당정치는 타협이 거의 불가능할 만큼 양당의 경쟁이 극단적이고 공격적이라는 데 문제가 있다. 제도적 정치의 장인 국회에서 양 정당은 서로에 대한 비난을 멈추지 않고 있으며 갈등을 조정하고 협의하는 정책 조정 노력도 찾아보기 어렵다. 특히 입법 과정에서 타협을 하지 않는 정치적 대립이 눈에 띄게 드러난다. 한 예로 한국의 미디어법 처리 과정은 영국과 매우 대조적이었다. 영국에서 미디어법은 의회 내의 원활한 의사소통 및 합의를 통해 타협적으로 처리된 반면, 한국에서는 여당과 야당이 미디어법을 두고 극렬하게 대립했다. 그 결과, 직권 상정과 같은 매우 갈등적이고 파행적인 방법으로 법안이 처리되었다. 국민 의견 수렴

〈표 1-1〉 18대 국회 정기 회기별 본회의 개의 일수 및 회의 시간

회별	회기	개의 일수	총 회의 시간
제278회	100일	17일	53시간 12분
제284회	100일	14일	54시간 29분
제294회	100일	15일	56시간 56분
제303회	100일	13일	48시간 29분

자료: 대한민국국회(2014)에서 재구성.

을 위해 미디어발전국민위원회가 발족되었으나 '일자리 창출과 경제적 효과'와 관련된 여당의 자료가 왜곡·조작되었다는 논란이 일면서 여야가 대립했고, 끝내 국회에서 몸싸움과 함께 법안이 처리되었다. 이러한 논란의 과정에서 양 정당의 지지자들도 미디어법의 정책 방향보다 자신들이 지지하는 정당에 따라 정책을 지지하거나 비난하는 데에만 초점을 두었다.

그뿐만 아니라 한국 정당의 대립과 파행적 운영은 만성적으로 일어난다. 이명박 전 대통령 재임 때의 18대 국회를 보면 정상적인 국회 운영이 매우 드문 것을 볼 수 있다. 18대 국회에서 각 100일에 해당하는 총 4회의 정기총회 중 개의 일수는 각각 15일 전후, 회기당 개의 시간은 50시간 전후에 불과한 것으로 나타난다(〈표 1-1〉 참조). 정기 회기 중 개의 일수가 적은 것은 특정 정책을 두고 양 정당이 대립하면서 정책 현안들에 대해 충분한 토론과 협의를 거치지 못했음을 의미한다. 회기 자체가 짧은 임시 회기에서도 같은 문제점을 찾아볼 수 있다. 총 4회에 걸쳐 임시회가 개최될 동안 교섭단체들은 의사일정 합의조차 이루지 못해 국회는 공전을 거듭해야 했다. 여당과 야당이 국회 내에서 벌이는 극단적인 갈등은 이미 만성화되어 있으며 국회는 본연의 임무를 제대로 수행하지 못하고 있다.

18대 국회에서 처리된 법안들도 심도 있는 논의를 통해 처리되었다고

평가하기 어렵다. 그 예로서 2008년 미국산 쇠고기 수입과 관련해 보수정당과 진보정당이 대립하고 야당인 민주당 의원들이 개원을 거부해 한 달이 넘도록 본회의 개최가 지연된 것을 들 수 있다. 또 2009년에는 여당이 일방적으로 한미 FTA 비준 동의안을 상정하자 야당이 사과를 요구하면서 파행으로 치달았다. 2010년과 2011년 4대강 예산 문제, 2012년 한미 FTA 법안 모두 여야가 첨예한 입장의 차이를 보이면서 의결이 지연되었고 극한의 대립 끝에 여당 단독으로 처리되었다.

18대 국회(2008~2012년)에서의 입법 교착 사례

◆ 외교통상통일위원회, 한미 FTA

국회 외교통상통일위원회에 박진 위원장 등 한나라당 소속 의원만 참가한 가운데, 여당은 회의장 문을 걸어 잠그고 전체 회의를 열어 한미 자유무역협정(FTA) 비준 동의안 상정을 강행 처리했다. 단 1분 만에 개의부터 FTA 비준 동의안 상정까지 모든 절차가 끝났고, 민주당 등 야당은 상정을 저지하기 위해 안에서 잠긴 회의장 출입문을 해머와 전기톱을 동원해 부쉈다. 이 과정에서 여야 의원과 보좌진이 뒤엉켜 몸싸움을 벌이면서 국회는 난장판이 되었다.

(≪미디어오늘≫, 2008년 12월 18일 자)

◆ 본회의, 미디어법

야당 의원들의 격렬한 저지가 몸싸움으로 이어지면서 일부 의원들이 표결에 참여할 수 없게 되었다. 혼란 가운데 '대리투표' 및 '재투표'가 벌어졌다는 논란이 일어 헌법재판소 권한쟁의심판으로 이어졌다.

(≪한겨레신문≫, 2009년 7월 22일 자)

◆ **국토해양위원회, 4대강 예산**

국회 국토해양위원회에서 2009년 12월 8일, 4대강 예산을 강행 처리하자
야당은 재심의를 요구하며 오후 본회의에 불참했다.

(≪연합뉴스≫, 2009년 12월 8일 자)

◆ **본회의, 예산 심사**

한미 FTA 추가 협상 결과와 4대강 예산 심사를 놓고 여야의 공방이 가열된
가운데 여야가 충돌했고 손학규 민주당 대표의 본회의장 점거와 국회 파행
사태로 이어졌다.

(≪머니투데이≫, 2010년 12월 8일 자)

◆ **본회의, 한미 FTA**

국회 본회의에서 정의화 부의장이 한미 FTA 비준안 통과를 선언하자 김선
동 민주노동당 의원 등 야당 의원들이 의장석을 에워싼 채 항의하며 '무효'
를 주장했다. 김선동 의원은 비준안 강행 처리를 저지하기 위해 본회의장
발언대에 올라가 의장석에 앉아 있던 정의화 국회부의장을 향해 사과탄으
로 알려진 최루탄을 터뜨렸다. 야(野) 5당은 한나라당이 한미 FTA 비준동
의안을 강행 처리한 것에 반발해 박희태 당시 국회의장의 사퇴를 요구했
다. 향후 모든 국회 일정이 중단되었으며 이로 인해 새해 예산안 심사가 전
면 중단되었다.

(≪연합뉴스≫, 2011년 11월 22일 자)

주: 위 기사들의 내용을 일부 수정함.

　한국 국회의 입법 과정은 다수의 전제를 견제하고 다양한 시민사회의
갈등을 조정·통합하는 기능을 수행하기보다 오히려 갈등을 증폭시키고
있다. 2012년 4월 민주당 강기정 의원이 제출한 자료에 따르면 18대 국회
에서 여당인 새누리당은 총 107건의 안건을 다섯 차례에 걸쳐 단독으로 처

다수의 전제

알렉시스 드 토크빌(Alexis de Tocqueville)은 그의 저서 『미국의 민주주의(la democratie en Amerique)』에서 민주정치는 다수결의 정치이며 다수의 절대 권력이 때로 횡포나 위협이 될 수 있다고 진단했다. 일례로 1812년 볼티모어에서는 전쟁을 반대하는 소수 의견을 가진 신문사가 전쟁을 지지하는 다수의 군중들에게 습격당하는 사건이 발생했다. 편집인 중 한 명은 살해되고 나머지는 구타로 인한 심한 부상을 입었으나 재판의 배심원들은 가해자들을 사면시켰다. 이는 원칙을 가지는 법률과 소수 의견을 드러낼 수 있는 제도적 창구가 부재할 경우, 다수파의 집단행동이 얼마나 폭력적으로 나타날 수 있는지를 보여준 단적인 사례다.

리했다. 국회의장이 여야 합의 없이 직권 상정한 안건의 수도 99건에 달했다(≪한겨레신문≫, 2012.4.25). 이명박 정부 재임 기간에 정부 예산안도 네 번 중 세 차례나 국회의장 직권 상정을 통해 처리되어야 했다. 직권 상정을 통한 법안 처리는 쟁점 법안을 둘러싼 원내 갈등으로 인해 입법 과정이 교착상태에 빠졌을 때 시도된다. 이는 효율적인 국정 처리를 위해 마련된 제도이지만, 다수당이 의회 내 다른 정당들과 합의하지 않고도 법안을 처리할 수 있기 때문에 직권 상정된 법안의 수는 높은 원내 갈등을 보여주는 하나의 지표이기도 하다. 18대 국회에서 직권 상정을 통해 처리된 대표적인 법안들은 2009년 '신문 등의 자유와 기능 보장에 관한 법률 전부 개정안', '방송법 개정안', '인터넷 멀티미디어 방송사업법 개정안' 등 일명 미디어 관련 법과 '친수구역 활용에 관한 특별법안', '하천법 개정안' 등 4대강 관련 법 등이다. 이들 모두 처리 과정에서 정당 간 입장 차이가 첨예하게 드러나 설득과 합의의 과정이 생략되었다. 다시 말해 직권 상정으로 처리된 법안들은 타협을 모르는 한국 정치의 민낯이다. 이러한 국회의 갈등과 법안 처리 관행은 자칫하면 '다수의 전제'를 고착화시킬 수도 있다.

정당 간의 극단적인 갈등은 18대 국회뿐 아니라 다른 국회에서도 마찬가지로 나타났다. 17대 국회에서도 종합부동산세법이나 사립학교법, 과거사 청산법 등 대통령과 집권 여당이 주도한 정책 의제들이 국회의장의 직권 상정이라는 예외적인 수단에 의해 처리되었다. 쟁점 법안일수록 국회에서 충분한 토론과 숙의를 거쳐서 쟁점을 둘러싼 갈등을 조정하고 해결해나가야 하는데 국회가 그러한 역할을 수행하지 못하고 있는 것이다.

3. 누가 더 양극화되어 있나? 정치 엘리트인가, 유권자인가?

일반적으로 한국 정당정치에서 정치 엘리트의 양극화는 일반 시민의 양극화보다 심각하다. 한국 사회의 이념 갈등을 진단한 '2014 정치사회 엘리트 이념 인식 조사'(국민대통합위원회, 2014)에서 정치 엘리트의 이념 인식과 일반 국민의 인식에 차이가 있는 것으로 드러났다. 국회의원실, 언론, 시민단체, 학계로 구성된 정치 엘리트와 일반 국민을 대상으로 주관적 이념 성향과 객관적 이념 성향을 측정한 결과, 정치 엘리트의 이념적 양극화가 더 뚜렷하게 나타났다.

정치 엘리트의 경우 진보·보수 간 이념적 양극화가 일반 국민보다 첨예하게 나타난다. 〈그림 1-2〉에서 국회의원실, 언론, 시민단체, 학계로 대표되는 네 개 집단에 소속된 정치 엘리트들의 주관적 이념 성향과 일반 국민

〈그림 1-1〉 집단별 주관적 이념 성향

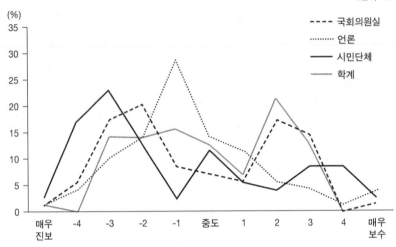

자료: 국민대통합위원회(2014).

〈그림 1-2〉 일반 국민과의 주관적 이념 성향 분포 비교

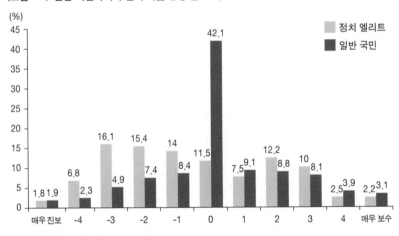

자료: 국민대통합위원회(2014).

들의 주관적 이념 성향 분포는 분명한 차이를 보인다. 특히 〈그림 1-1〉에
서 보듯이 정치 엘리트들, 특히 국회의원과 시민단체의 주관적 이념 성향

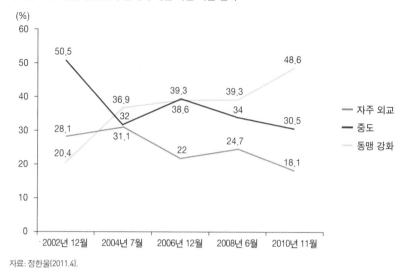

〈그림 1-3〉 바람직한 한미 관계에 대한 국민 여론 변화

자료: 정한울(2011.4).

은 뚜렷한 M 자형 모양의 분포를 보이는 데 비해 일반 국민들의 이념 인식은 중도에 집중되어 있다.

정치 엘리트에 비해 시민들의 이념적 지향성이 뚜렷하지 않은 것은 다른 조사에서도 나타난다. 한국에서 극단적인 이념 갈등이 나타나는 '북한에 대한 인식' 및 '한미 동맹'에 대한 여론을 살펴보면 정치 엘리트의 양극화 정도가 일반 국민의 양극화 정도보다 심한 것을 알 수 있다. 노무현 정부와 이명박 정부 집권 시기의 정치 엘리트들은 대북 정책 및 한미 관계에 대해 각각 '북한에 대한 친화적인 정책과 자주 외교', '북한에 대한 적대적정책과 미국과의 동맹 강화'로 보면서 극명하게 의견이 갈렸다. 반면 〈그림 1-3〉의 2002~2010년 한미 관계에 대한 여론조사를 살펴보면 시민들이한미 관계에 대해 일관된 입장을 보이지 않았으며 한반도 안보 정세에 따라 상이한 태도를 보였음을 알 수 있다. 즉, 한반도의 안보 여건 변화에 따

〈표 1-2〉 차기 정치·사회 분야 8대 핵심 국정 어젠다와 주요 34개 쟁점 이슈

향후 핵심 국정 어젠다	어젠다별 핵심 쟁점
일자리 창출과 정부의 역할	• 청년 취업·정년 단축인가? 고령 취업·정년 연장인가? • 정부의 기업 규제 강화인가? 기업의 자율성 확대인가? • 노동권 보호인가? 노동 유연성 확대인가? • 정부 주도의 일자리 창출인가? 기업 지원인가? • 공기업 경쟁력 강화를 위해 정부 규제할 것인가? 민영화할 것인가?
양극화 해소와 복지사회	• 보편적 복지·증세인가? 선별적 복지·감세인가? • 재산세 과세율 인상해야 하나? 인하해야 하나? • 저소득층 사회복지 급여 확대인가? 취업 교육 확대인가? • 복지비 확충에 있어 운영의 효율화인가? 보험료 인상·지급감축인가? • 육아·보육 지원 우선인가? 출산 장려 우선인가?
교육과 인적 자원 개발	• 교육 시장 개방인가? 억제인가? • 대학의 학생 선발권 보장인가? 현행 유지인가? • 특목고·특수고를 제한해야 하나? 확대해야 하나? • 고교 평준화 기조를 유지해야 하나? 폐지해야 하나? • 학생 인권 보호가 우선인가? 교권 강화가 우선인가?
지속 가능한 발전	• 환경 보전인가? 개발 우선인가? • 균형 발전인가? 수도권 집중 개발인가? • 국토 개발에 있어 부동산 규제해야 하나? 완화해야 하나? • 차세대 육성 산업인 생명공학의 윤리성인가? 경쟁력인가?
한국 사회의 개방성과 다문화주의	• 경제 개방에 있어 쌀 농가 보호인가? 쌀 시장 전면 개방인가? • 이주 노동자 확대해야 하나? 제한해야 하나? • 민족·인종 다양화인가? 단일민족 보존인가?
정치적 자유와 공공질서의 조화	• 생존권·국민 정서 고려한 법 집행인가? 엄정한 법질서 확립인가? • 집회 시위의 자유인가? 공공질서 유지인가? • 온라인 자유인가? 규제인가?
민주주의와 효율적 거버넌스	• 지방분권 전면 확대인가? 수용력 고려한 점진적 분권화인가? • 행정구역 유지하나? 개편하나? • 고위직 인선 기준 도덕성 우선인가? 전문성 우선인가? • 정책 결정 과정 민간 참여 확대인가? 정부 구심력 강화인가?
정치제도의 개혁 과제	• 호헌인가? 개헌인가? • 대통령 중심제인가? 내각제 개편인가? • 연방제인가? 단방제인가? • 소선거구제인가? 중대선거구제인가? • 비례제 확대해야 하나? 축소해야 하나?

자료: 정한울·이곤수(2011.6).

〈그림 1-4〉 이슈별 정책 선호 지형 분석자료

	2 ↑ 보수 정책 선호
제2사분면 x⟨1.5, y⟩1.5 신 이념 균열	제1사분면 x⟩1.5, y⟩1.5 보수 정책으로 수렴
1 ← 진보 정책 선호 제3사분면 x⟨1.5, y⟨1.5 진보 정책으로 수렴	1.5(균형) 보수 정책 선호→ 제4사분면 x⟩1.5, y⟨1.5 전통적 이념 갈등
	1 ↓ 진보 정책 선호

주: 2차원의 정책 선호 공간을 보여준다. 이 공간에 이슈별로 한나라당 지지 국민·정치 엘리트의 선호 평균 점수를 X 축,
민주당 지지 국민·엘리트의 선호 평균 점수를 Y 축으로 놓고 (X, Y)에 나타내면, 어젠다별로 균열이 어떻게 나타나는
지를 관찰할 수 있다.
자료: 정한울·이곤수(2011.6).

라 '자주 외교' 노선과 '동맹 강화' 노선 사이에서 유동적인 입장을 보인 것

이다. 정치적 환경 변화에 따라 이념 성향이 크게 변화하고 특정 정책에

대한 선호도 바뀐다는 것은 한국 사회에서 시민들의 대북한 인식이 극명

하게 갈리기보다 광범위한 중도 성향을 띠는 것을 의미한다.

일반 국민이 이념적 수렴 현상을 보이는 것과 달리 정당 간의 정책 경쟁

은 기존의 이념적 경계를 뛰어넘는 현상들을 제대로 반영하지 못할 정도

로 심각한 수준이다(정한울·이곤수, 2011.6). 정치 엘리트와 유권자 두 그룹

간에 나타나는 이념 갈등 경향을 주요 이슈별로 살펴보면 일반 국민들의

의견이 진보적 또는 보수적 입장으로 수렴되는 것을 알 수 있다.

즉, 〈그림 1-5〉와 같이 일반 국민들은 34개 중요 이슈들(〈표 1-2〉)에 대

해 현실적인 입장을 취하고 있으며 어떤 이슈에 대해서는 보수적인 선택

을, 어떤 이슈에서는 진보적인 선택을 취하고 있다. 이와 달리 한국 여당

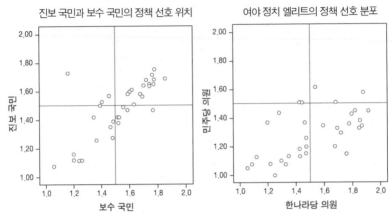

〈그림 1-5〉 일반 국민과 정치 엘리트의 34개 이슈 영역에 대한 정책 선호 분포 비교

(단위: %)

진보 국민과 보수 국민의 정책 선호 위치

여야 정치 엘리트의 정책 선호 분포

자료: 정한울·이곤수(2011.6).

과 야당의 정치 엘리트들은 조사된 이슈들에서 여전히 이념적 균열을 보인다. '정치 개혁'과 '사회 개방성'이라는 이슈를 포함해 14개 주요 이슈에 대해 여전히 전통적인 이념 갈등이 나타난다. 다시 말해 정치 엘리트들은 주요 이슈들에 대해 여전히 이념적·정책적 균열을 보이는 반면, 유권자들은 기존의 진보·보수의 스펙트럼보다 유연한 정책 선호도를 보인다. 이는 정당과 정치 엘리트들이 유권자들과 유리된 채 기존의 이분법적 이념 구도 아래 경쟁하는 한국 정당정치의 한계가 뚜렷하게 드러난 것이다.

한국 정치 엘리트의 양극화는 이들의 소셜 네트워크에서도 그대로 드러난다. 〈그림 1-6〉의 정당별 트위터 팔로우 네트워크를 살펴보면 정당 내 계파 또는 집단을 연결하는 노드가 존재하기는 하지만, 대체로 특정 개인과 계파를 중심으로 끼리끼리 뭉쳐 있는 것을 볼 수 있다. 국회의원들은 트위터상에서 같은 정당끼리 강한 응집성을 가지는 동시에 정당 간 강한 이념적 극화를 보인다(한규섭 외, 2013). 국회의원들의 표결 행위와 비교해

〈그림 1-6〉 18대 국회의원의 소셜 네트워크 양극화

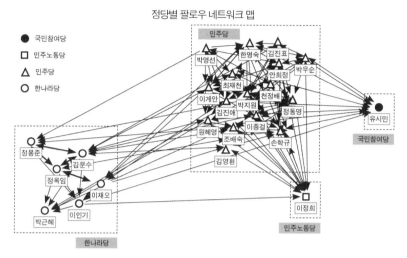

정당별 팔로우 네트워크 맵

● 국민참여당
□ 민주노동당
△ 민주당
○ 한나라당

주: 민주당 의원들이 주로 팔로우하는 한나라당 의원은 김문수와 이재오 의원이다. 이 둘을 팔로우하는 의원은 이계안·
　　김진애·이종걸·원혜영·조배숙·김영환·김진표 의원이다.
자료: ≪시사저널≫(2011.7.20).

볼 때 의원들은 네트워크상에서 실제 이념적 성향보다 더 집단적이며 양
극화된 성향을 보인다. 트위터를 사용하는 양상은 국회에서 의안을 공동
발의하거나 법안에 대한 표결을 할 때보다 더 당파적이고 양극화된 형태
로 나타난다.

　팔로우 네트워크와 리트윗 네트워크를 조사한 결과에서도 정당 내 집단
화는 활발하지만 자신의 정당을 뛰어넘는 소통은 비교적 활발하지 않았다
(≪시사저널≫, 2011.7.20). 정당 간의 팔로우 네트워크는 많은 양이 관찰되
었지만 질적인 차원을 보여주는 리트윗 네트워크 맵에서는 유효한 데이터
수가 대폭 줄었다. 네트워크 간의 리트윗 맵이 적다는 것은 정당 간, 이질
적인 집단 간의 소통이 적고 정당 간에 단절이 있음을 의미한다. 즉, 주로
같은 정당의 의원끼리 소통하는 유유상종 현상이 두드러지며 성향을 달리

〈그림 1-7〉 18대 국회의원 소셜 네트워크 양상의 시각화

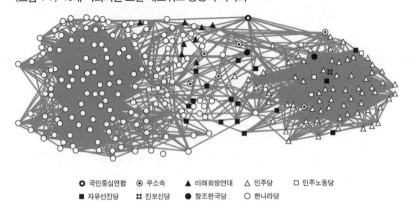

● 국민중심연합   ◉ 무소속   ▲ 미래희망연대   △ 민주당   □ 민주노동당
■ 자유선진당   ⦂ 진보신당   ● 창조한국당   ○ 한나라당

자료: 온병원 외(2012.1).

〈그림 1-8〉 SNS 사용 여부에 따른 한국 유권자들의 이념 분포

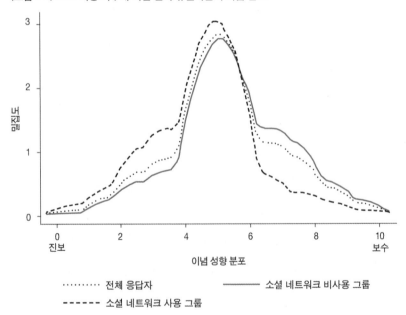

········· 전체 응답자   ──── 소셜 네트워크 비사용 그룹
----- 소셜 네트워크 사용 그룹

자료: 조화순 외(2014.8).

하는 정치인들 간의 소통이 거의 이루어지지 않음을 보여준다.

적극적인 정치 엘리트와 유권자들은 소셜 네트워크를 더욱 활발하게 사용하고 이를 통해 자신의 정치적 입장을 드러낸다. 진보 성향의 지지자들은 트위터를 더 많이 사용하며 민주당의 정치 엘리트들과 연결되어 있다. 〈그림 1-8〉은 SNS를 사용하는 그룹과 사용하지 않는 그룹 간의 이념 성향을 비교한 것이다. 소셜 미디어 사용 그룹의 그래프가 전체 응답자에 비해 왼쪽으로 치우쳐 있는 것은 소셜 네트워크를 사용하는 그룹이 소수임에도 불구하고 사용하지 않는 그룹에 비해 과대 대표되어 있다는 것을 의미한다. 국민들은 상대적으로 더 많이 노출되는 정보를 학습하게 되는데, 이를 고려할 때 소셜 미디어 정보에 노출되는 이용자들이 상대적으로 진보적인 성향으로 극화될 개연성이 높다. 자유롭고 유연한 소통이 가능한 SNS 시대의 정치 엘리트들이 유권자의 이념적 성향보다 더 극화된 양상을 보일 뿐 아니라 오히려 양극화를 조장한다는 사실이 한국 정치의 미래를 암울하게 만든다.

4. 양극화의 결과: 국회에 대한 시민의 불신

여당과 야당의 대립과 갈등이 반복되면서 국회와 정당에 대한 시민의 불신과 피로감이 증가하고 있다. 최루탄과 망치, 톱, 멱살잡이와 같은 국회 내 폭력적인 모습들이 빠르게 전파되면서 국회는 정치적 의견을 수렴하는 제도적인 공간으로서의 권위와 신뢰를 상실하고 있다. 2009년 상반기 국회 의정 활동에 대한 일반 국민의 평가는 100점 만점에 평균 40.7점

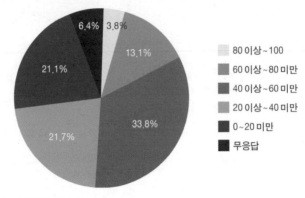

〈그림 1-9〉 2009년 상반기 일반 국민의 국회 의정 활동 평가 점수

6.4% 3.8%
13.1%
21.1%
33.8%
21.7%

- 80 이상~100
- 60 이상~80 미만
- 40 이상~60 미만
- 20 이상~40 미만
- 0~20 미만
- 무응답

자료: 전국경제인연합회(2009.7.14)에서 재편집.

으로 매우 낮게 나타났다(〈그림 1-9〉). 국회의 지속된 파행 원인으로 응답자의 47.2%가 '당리당략 우선 행태'라고 답했으며, '국회의원의 자질 부족'이라는 응답이 28.8%, '여야 당내 지도부의 리더십 부족'이라는 응답이 15.1%로 국회에 대한 전반적인 신뢰도가 낮게 나타났다. 비정규직법 개정 협상이 결렬된 책임이 어디에 있느냐는 질문에는 '민주당의 비정규직 현실 인식 부족과 발목잡기식 행태'(28.9%)라는 응답과 '한나라당의 리더십 부재'(26.5%)가 높은 비율을 차지했다.

한국 정당정치에서 정당과 유권자들 간의 괴리, 즉 정치 엘리트의 담론과 유권자의 인식 차이 역시 한국 정치에 상당한 문제를 가져오고 있다. 유권자들은 기존 정당이 자신들의 관심과 이해관계를 반영하지 못하고 있다고 본다. ≪동아일보≫가 2011년 12월에 실시한 국회와 정당에 관한 신뢰도 조사에서 유권자들이 국회와 정당을 신뢰하지 못한다는 결과가 나왔다. 국회를 신뢰한다고 응답한 사람은 7%, 정당을 신뢰한다고 응답한 사람은 9%, 양쪽 모두를 신뢰한다는 응답자는 4%에 불과했다(≪동아일보≫,

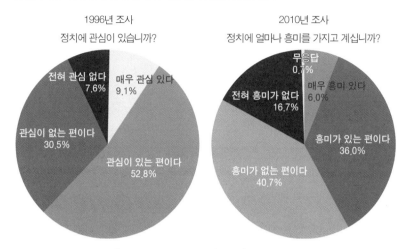

〈그림 1-10〉 1996년과 2010년에 실시된 정치 관심도 설문 조사

1996년 조사
정치에 관심이 있습니까?

전혀 관심 없다
7.6%
매우 관심 있다
9.1%
관심이 없는 편이다
30.5%
관심이 있는 편이다
52.8%

2010년 조사
정치에 얼마나 흥미를 가지고 계십니까?

무응답
0.7%
매우 흥미 있다
6.0%
전혀 흥미가 없다
16.7%
흥미가 있는 편이다
36.0%
흥미가 없는 편이다
40.7%

자료: World Value Survey, http://www.worldvaluessurvey.org/wvs.jsp(1996년, 2010년 조사 결과 재편집).

2011.12.3). 또한 ≪중앙일보≫가 2012년 4월에 실시한 비슷한 조사에서도 4·11 총선에서 후보 선택 기준으로 '정당'을 꼽은 유권자의 비율은 19%에 불과한 것으로 드러났다. 정당 지지율 조사에서도 '지지 정당이 없다'고 응답한 유권자의 비율이 30%에 달했다(≪중앙일보≫, 2012.4.9).

이러한 국회 신뢰도 하락은 정치에 대한 무관심으로 이어진다. 〈그림 1-10〉과 같이 1996년에 실시된 설문 조사에서는 과반수의 사람들이 정치에 관심이 있다고 한 반면, 2010년 설문에서는 과반수의 사람들이 정치에 흥미가 없다고 응답했다. 2010년에 수행된 '한국인의 삶과 가치 변화에 관한 연구' 조사에 따르면 'ㅇㅇ님께서는 정치에 얼마나 흥미를 갖고 계십니까?'라는 질문에 57.4%의 사람들이 대체로 흥미가 없거나 전혀 없다고 답했다. 1996년 과반수의 사람들이 대체적으로 정치를 중요한 것으로 인식했던 것과 비교하면 이는 매우 우려되는 결과다.

정치 파행은 시민사회의 요구가 거대 담론에서 생활 이슈로 옮겨가고 있는 경향과도 떼어놓고 생각할 수 없다. 각자가 선호하는 이슈가 다양해지고 이념이나 지역과 같은 갈등 요인이 과거에 비해 중요성을 잃어가고 있다. 한국 정당정치에서 대다수의 유권자는 자신의 개인적인 일상을 살아가기에 바쁘다. 높은 비율을 차지하는 '중도' 유권자들은 정치적 무관심 속에서 스스로를 소외시키고 있다. 한국의 경우 젊은 세대의 정치적 무관심이 더욱 두드러지는데, SNS의 주 이용자층이 젊은 세대인 것을 고려하면 한국 정치의 미래는 어두워 보인다.

정당 일체감과 충성도 하락은 정당을 통하지 않고 자신의 이슈를 직접 제기하고 참여하려는 시민들의 동기를 유발한다. 국민연금이나 2011년 서울시의 무상 급식 이슈가 정치적 어젠다로 급부상하게 되었던 데에도 이러한 배경이 있었다. 기존에 정치 영역을 지배하던 거대 담론과 이념들은 점차 부차적인 것으로 취급되고 있으며, 반면 일상과 밀착된 생활 이슈들이 부상하고 있다. 과거에 민주화, 이념, 세대, 지역 등의 담론들을 논했던 것에 비해 현재는 그 어느 때보다도 생활 이슈가 정치적으로 중요하게 되었다. 무상 급식, 반값 등록금, 무상 보육, 노령연금, 연금 개혁, 그리고 연말정산까지 대부분이 실생활과 밀착된 생활 이슈들이다. 사람들은 지인들과 함께 일상의 이야기를 나누는 공간에서 정치적 이야기도 나누고 있으며, 특정 생활 이슈들을 중심으로 정치 공동체들이 조직되고 있다.

반면 정당은 여전히 이념 갈등 및 지역주의 프레임에 머물러 있다. 더 많은 사람의 지지를 얻고 선거에서 승리하려는 정치 엘리트들 입장에서는 여러 생활 이슈에서 세분화된 이익을 대표하는 것으로는 부족하다. 특히 양당제하에서 상대 당은 포괄적인 거대 담론을 통해 많은 지지자를 확보한 반면, 자신의 당은 특정 소수의 의견만을 반영한다면 선거에서 패배할 확률이 더욱 높아지기 때문이다. 이렇게 되면 양당 모두 구시대의 유물인 이념과 지역적 대립에서 탈피하지 못하고, 시민사회의 무관심을 만회하기 위해 더 자극적이고 원색적인 방법으로 자신의 구호를 외치게 된다.

지난 2012년 18대 대선에서 1, 2위 후보가 각각 51.55%, 48.02%의 득표로 당락이 결정되었다. 어느 쪽이든 상대를 포용하지 못한다면 '반쪽짜리' 대통령이라는 오명을 벗기 어려울 것이며 상대편을 지지한 국민들의 의견을 정치에 반영해 타협의 정치를 이루어나가기도 어려울 것이다. 따라서 정치적 양극화 현상을 진단하고 극복하는 것은 한국 정치에서 가장 어렵고 큰 숙제 중 하나다. 정당이 유권자의 의견과 관심사를 적절히 반영하고 의회가 정치 엘리트들의 협의의 장으로 작동할 때 비로소 한국 사회의 극단적인 정치 엘리트 갈등이 해소될 수 있을 것이다.

5. 네트워크 시대 양극화의 원인은 무엇인가?

다양한 갈등은 사회 발달과 더불어 충분히 일어날 수 있는 현상이지만 의견 교환이 제대로 이루어지지 않는 상태, 즉 소통의 거부와 단절은 문제가 될 수 있다.

정치권에서 양극화가 발생하는 데에는 여러 가지 원인이 있다. 먼저 경제적인 불평등과 갈등이 양극화를 조장했고 이렇게 양극화된 시민이 각각 다른 정당을 지지하면서 정당의 양극화가 야기되었다고 볼 수 있다. 또는 정치적인 의제를 통제하는 양당 정당 지도부의 역할, 선거구 구획의 문제,

양당에 유리한 선거 자금 제도와 같은 제도적 요인들이 정당으로 하여금 양극화된 행태를 조장한다고 볼 수 있다. 예를 들어 한국 정당의 중앙집권적 구조는 국회가 갈등 조정 시스템으로서 제대로 작동하지 못하게 된 원인이다. 한국은 공직 선거 후보의 추천, 선거 자금, 당직 임명 등과 같은 중요한 정치적 자원을 당 지도부가 독점하고 있기 때문에 비교적 당 지도부가 영향력을 행사하기 쉬운 구조다. 당 지도부의 의지가 반영된 소위 당론이 개인 의원의 의견보다 중시되면서 정당이 사회의 다원적인 의견을 반영하기보다 중앙당의 선거 전략에 동원되고 있다. 당론이 경직되어 유연한 협의가 불가능해지면 국회는 파행을 맞고 인기영합주의적인 선거 전략이 만들어진다. 결국 의회는 유권자를 제대로 대표하지 못하고 토론과 합의를 통해 합리적으로 정책을 결정해나가는 구조를 갖지 못하게 된다.

한편 유권자에 비해 정치 엘리트의 양극화가 극심하다는 것은 무엇보다 정치 엘리트들이 자신들의 집권을 위해 양극화의 구조적 틀을 사용하고 있다는 사실을 의미하기도 한다. 선거는 정당 중 어느 한쪽에만 투표하는 것이며 결국 필연적으로 한 정당만이 승리하는 구조다. 이 과정에서 한국 정당은 이념이나 정책의 차별성에 기초해 유권자의 관심을 끌기보다 선거에서 승리하기 위해 더 자극적이고 원색적인 표현과 행동을 반복한다. 피오리나(Morris P. Fiorina), 에이브럼스(Samuel J. Abrams), 포프(Jeremy Pope)는 미국 정당의 양극화 원인이 정치 엘리트들의 정치적 목적에 있다고 보았다(Fiorina, Abrams and Pope, 2006). 즉, 정당이 오히려 정치의 양극화를 주도했다는 것이다. 이러한 주장에 따르면 미국 사회가 양극화된 것처럼 보이는 것은 양당 중 어느 한쪽만 승리하게 되는 구조, 소수의 활동가들이 눈에 띄는 것, 언론의 편견 등에서 기인한 것이다. 특히 미국의 온라인상에서 티파티(Tea Party)를 위시한 보수적 공화당 지지자들의 규모가 증가하고 있는데, 이는 공화당 의원들이 민주당 의원들에 비해 상대적으로 더 극화된 모습을 보이는 현상과 연관된다. 많은 유권자가 부동층인 상황에서 극단적인 소수 정치 행동가의 언행은 정치 엘리트 집단 내의 이념적 결속을 더욱 강화하는 동시에 유권자들에게 양자택일의 입장을 택하도록 유도하는 데 기여할 수 있다.

소셜 네트워크의 발달은 정치 엘리트들이 계층이나 인종과 같은 구조를 반영해 정치적 이익과 이슈를 선점하고 이용하는 데 유리한 환경을 조성한다. 인터넷 미디어는 새로운 소통의 창이 될 것으로 기대되었으나 오히려 양극화를 더욱 심화시키고 있다. 소셜 네트워크가 정치적 소통과 참여의 창구로 기능하기보다 선택적 노출과 혐오의 표출 도구로 사용되는 것을 의미한다. 트위터 사용자들은 자신과 동질적인 의견을 가진 사람의 의견에 동조하며 반대 의견을 가진 사람과의 대화 및 토론에서는 서로 반박하는 경향이 있다. 다시 말해 동류 집단에게는 사회적 지지와 감정적 회복을 얻고 이질적인 대화를 통해서는 감정적으로 극화되는 경향을 보인다. 즉, 온라인 미디어를 통해 유유상종하면서 상호 간 이해를 위한 대화와 타협이 아닌 감정적인 대화가 이루어진다.

네트워크 시대의 양극화는 개인, 집단, 제도적 수준에서 살펴볼 수 있다. 먼저 개인 수준에서 소셜 네트워크는 정보에 대한 개인의 선택적 노출을 강화시킨다. 개인은 새로운 정보를 접하는 과정에서 이미 가지고 있는 의견이나 이념과 일치하는 정보를 선별적으로 접하고 기존의 의견을 강화해 나간다. 정보의 홍수 속에서 인간이 인지할 수 있는 정보에는 한계가 있으므로 인간은 자신이 선호하는 정보를 우선적으로 취하게 된다. 인간은 정보의 풍요 속에서 선호하지 않는 것들을 회피하려는 '인지적 구두쇠(cognitive miser)'로서 상호작용의 양식에 선택적으로 노출되고자 한다. 개인은 자신의 이념 성향과 비슷한 성향을 가진 미디어를 고르고 자신의 정향에 맞는 정보에만 노출되고자 한다. 또 온라인 공간의 의사소통 과정에서 나와 다른 관점, 다른 의견을 가진 사람보다 같은 의견을 가진 사람과 대화하려 한다. 소셜 네트워크, 특히 트위터의 플랫폼은 네트워크의 형성과 단절을 손쉽게 만들기 때문에 이용자가 스스로 노출되고 싶은 정보를 선택할 수 있다. 이에 따라 비슷한 의견을 가진 사람들끼리 더욱 응집하고 그렇지 않은 사람들과는 소통의 단절이 일어나는 결과가 발생할 수 있다.

브루스 빔버(Bruce Bimber)는 정보화가 진전됨에 따라 집단행동을 조직하는 데 드는 비용이 줄어들고 조직 간 경계가 약해지지만 동시에 칩톡 효과(cheap-talk effect)와 같은 한계가 나타난다고 지적했다. 즉, 정보와 커뮤니케이션의 전체량이 증가함에 따라 정보나 커뮤니케이션의 가치 있는 의미 전달 효과가 오히려 감소한다는 것이다. 소셜 네트워크는 숙의민주주의(deliberative democracy)의 핵심인 정치적 토론, 정치 참여, 정치적 관용을 촉진하는 데에도 한계가 있다. 소셜 네트워크상에서는 다양한 의제가 경쟁한다. 더 가볍고 오락적인 화제가 무겁고 진중한 토론보다 선호되는 경향이 있는데, 이는 이미 정치적 견해를 확립한 소수만이 정치 토론에 참여하기 때문이다.

또 소셜 네트워크를 활용해 의견과 이념이 같은 집단끼리 정보를 공유·교환하려는 성향이 강화된다. 이는 누구에게나 개방된 공간으로 여겨지던 초기의 인터넷과 달리, SNS가 오프라인 공간의 친구 관계를 답습한 플랫폼으로 전환된 것에 맥을 같이한다. 집단은 편향된 정보환경에 노출되며 집단 구성원으로부터 사회적 지지와 연대감을 얻으려 한다. 그리고 이를 통해 해당 집단에 속한 개인들의 의견이 일방적인 의견으로 강화된다. 예를 들어 특정 온라인 커뮤니티 내에서 한 방향에 치우친 의견과 정보가 공유되었는데 그러한 의견을 가진 지지자가 늘어나고 그렇지 않은 사람이 배척되는 분위기가 조성된다면, 완전히 같은 의견을 갖지 않았던 사람들도 점차 더 극화된 의견을 지지하게 된다. 선스타인(Sunstein, 2007)은 온라인 공간에서 유사한 의견을 공유한 사람들과만 소통하려는 고립된 집단들의 커뮤니케이션 행태를 설명하고자 '고립된 숙의(enclave deliberation)'라는 용어를 사용했다. 또 그는 인터넷상의 선택적 노출이 사회적인 파편화를 야기할 뿐 아니라 집단 간 분극화와 극단주의를 확장시키는 기반이 되고 있다고 지적했다. 온라인상에서 중도적 입장을 가진 사람들의 의견은 잘 드러나지 않으며 중도적 입장을 가진 사람들마저 양 갈래 길에서 선택을 강요받고 있다. 어느 한쪽을 선택한 다음에는 자신과 유사한 입장의 사람들과 활발히 접촉하면서 점점 더 극단적인 방향으로 자신의 입장을 정하게 된다. 사람들은 자신과 반대되는 의견을 아에 접하지 않을 가능성이 크며, 인터넷은 사람들이 자신과 같은 견해를 표명한 글만 찾아 읽고 또 그 글에 '링크'를 걸어 다른 사람들에게 손쉽게 알리는 것을 가능하게 해 이른바 '파편화된 공론장'을 형성한다. 이렇게 심화된 양극화는 합의를 끌어낼 잠재적 가능성마저 심각하게 저해하며 결론적으로 사회의 안정을 이끄는 민주주의를 위협한다.

특정 집단 내 막말이 오가는 것은 정보를 전달하거나 표현하는 기능보다 소속 집단을 강화하고 타자를 주변화시켜 배신자를 미연에 차단하는 역할을 한다. 이는 동시에 타자가 반박, 항의, 호소 등 교섭을 위해 말문을 여는 것 자체를 막는 행위이기도 하다. 막말을 들은 사람의 일반적인 반응은 '소통에 대한 좌절'이며 이렇게 집단적 좌절을 맛본 사람들은 다시는 상대방과 소통하지 않을 것을 다짐하거나, 같은 수준의 막말로 대응하는 과정을 되풀이한다. 이는 더 좋은 주장과 논리가 발전되고 나아가 합의를 도출할 수 있는 기회 자체를 막아버리는 행위다. 2013년 겨울 대학가에서 이루어진 '안녕들하십니까' 운동에 대해 한 사이트 이용자들이 보인 반응이 이를 잘 설명해준다. '안녕들하십니까'는 대자보라는 형식을 빌려 개인의 안녕과 함께 정치적 의제가 개인의 삶에 어떻게 영향을 미쳤는지를 자유롭게 토론하고 개진하려는 취지에서 시작된 운동이다. 그런데 이 사이트 이용자들이 밤에 몰래 상대의 대자보를 찢고 인증 사진을 찍어 사이트에 올리기 시작했다. 낮에 게재한 대자보가 다음 날 아침에 찢긴 채로 발견되고 그 위에 다시 대자보가 붙는 일이 반복되었다. 시간이 지나면서 좌절과 피로감이 누적되자 대자보를 통한 소통 자체가 거의 소멸해버렸다. 해당 사이트의 이용자들이 보여준 반달리즘(vandalism)적 행위는 단순히 자신과 다른 의견에 대한 반박이 아닌 커뮤니케이션에 대한 거부와 소통의 요구를 강하게 조롱하는 의미가 담겨 있다.

한국의 강한 집단주의 전통은 집단적 양극화를 심화시키는 요인이 된다. 사람들은 자신과 비슷한 성향의 집단을 형성하거나 찾아내고 그 안에서 소속감과 자신의 정체성을 찾는다. 그리고 그 과정에서 타자를 공격하거나 소외시킨다. 인터넷상에서 소위 '개념 없는' 발언이나 행동을 한 사람들은 익명의 대중에게 돌팔매를 맞고 그것이 실제 삶에 영향을 미치기도 한다. 대중은 특정 대상의 실수를 용납하지 않고 그를 처벌하기를 원한다. 누구든지 소위 인터넷 '조리돌림'의 타깃이 될 수 있으며 마치 하나의 집단

인터넷 조리돌림

조리돌림이란 죄인의 죄목을 명기하고 대중이 구경하도록 공개함으로써 죄인의 수치심을 극대화하는 형벌을 가리킨다. ≪뉴욕타임스(New York Times)≫에 실린 칼럼 "How One Stupid Tweet Blew Up Justine Sacco's Life"이 "트위터 조리돌림이 어떻게 한 사람의 삶을 망쳐놨는가"로 번역되면서 인터넷상에서 개인에 대해 집단적으로 이루어지는 '조리돌림'이 얼마나 위험한지에 대한 경각심을 불러일으켰다.

유희처럼 일어난다. 이는 소셜 네트워크가 안면부지의 사람들에게 인정받으려는 사람들의 욕망을 충족시키기에 최적화된 구조이기 때문이다. 이러한 집단적 경향은 정당과 그 극단적 지지자들 사이의 편 가르기를 조장하며 양극화를 더욱 심각하게 만들고 있다.

제도 수준의 양극화는 개인이나 집단 수준의 양극화가 제도적 정치과정에 반영되거나 개인이나 집단의 다양성을 제도 정치가 충분히 반영하지 못할 경우에 발생한다. 개인과 집단의 극단적 갈등도 문제가 되지만 제도 수준에서의 양극화는 더 심각한 문제를 가져올 수 있다. 의회, 정당, 그리고 정부와 같은 정치적 대표 기구가 정책의 다양성을 확보하지 못하고 정치과정에서 극단적으로 한쪽에 치우친 선택을 할 가능성이 높아지기 때문이다. 이 경우에 의회는 국민을 대표하는 의결 기구라는 그 상징적 의미를 잃게 되며 정책 형성 과정에서 소외된 사람들은 불만을 가지고 정책에 협력하지 않게 된다. 이러한 사회는 안정성을 잃고 불만과 불안에 쉽게 흔들린다.

한국의 정당은 이익 집약과 표출, 사회 통합 및 정치 사회화라는 본래의 기능을 수행하지 못하고 오히려 유권자들에게 기존의 지역 균열 및 이념 갈등을 강요해왔다. 이 구도가 끝없는 반목과 갈등을 반복하면서 지금까지도 해소되지 못하고 있는 것이다. 한국에서 정당과 정치인에 대한 유권자들의 신뢰도가 매우 낮고, 사실상 양당제에 가까운 시스템이 진보와 보수의 이름으로 유지되고 있는 데에는 그 뿌리에 지역 균열과 지역감정의 구도가 있기 때문이다.

6. 양극화 극복의 대안은 있는가?

정당은 국익을 증진시키고 파벌(political faction)의 부정적 요소를 제어하기 위한 방안으로 등장했다. 정당이 한 사회의 갈등을 관리하는 데 성공하면 공공 이익이 증진되는 반면, 실패했을 경우 갈등과 극단적 대립이 발생할 수 있다.

경제적·정치적으로 매우 성공적인 발전을 이룩해온 한국은 이제 극심한 사회 갈등과 양극화에 직면해 있다. 한국 사회의 양극화는 실질적으로 유권자의 의견을 반영한 것이라기보다 정치권의 전략과 정당의 지역주의 구도에 기인한 바가 크다. 극단적인 행동가들은 정당과 수직적으로 연결되어 있으며 정치권은 상대 진영의 정책을 비난하고 무력화하는 데 열중하고 있다. 이러한 과정에서 한국 정치는 지역 갈등과 이념 균열을 제대로 해소하기는커녕 오히려 조장하고 있다. 한국 정치는 중도에 있는 다수의 의견을 소외시키고 있으며 다수의 유권자들은 정치에 무관심한 채 정치적 공방에 극심한 피로를 느끼고 있다. 문제는 이러한 갈등이 소셜 미디어를 통해 더욱 강화되고 있어서 한국 정치가 양극화된 갈등 구도를 벗어나기 쉽지 않다는 것이다. 그럼에도 양극화를 완화하기 위한 몇 가지 시도를 제시해보려 한다.

1) 다양한 정당의 등장

먼저 다양한 시민사회의 요구와 이념을 반영할 수 있도록 다양한 이념성을 가진 정당이 발달될 필요가 있다. 경제적 안정과 교육 기회의 증대, 교육 수준의 향상은 정보화와 더불어 시민의 정치 참여 능력을 향상시켰다. 또한 환경보호, 소비자 보호 등 다양한 가치에 기반을 둔 정치적 쟁점을 부상시켰다. 비르노(Paolo Virno)는 이렇듯 개인적이고 다원적인 정체성을 가진 시민을 가리켜 '다중(multitude)'이라 불렀다. 다중은 이제 일관적인 이념 성향에 기반을 두고 정당의 정책을 선택하기보다 중도적이고 실용적인 관점에서의 정책을 선호한다. 시민의 요구는 이미 거대 이념이 아닌 세부적인 생활 문제와 관련되어 있다. 이렇듯 다양한 시민사회의 요구와 변화를 반영할 수 있도록 보다 다양한 이념 성향을 가진 정당이 발달될 필요가 있다.

시민사회의 변화, 나아가 유권자와 정당의 근간이 되는 당원의 파편화에 대응해 정당이 대처할 수 있는 길을 크게 두 가지로 나누어 생각해볼 수 있다. 하나는 이슈에 따라 다양한 정당이 수립되어 다당제로 나아가는 길이다. 독일은 2009년 이후 이러한 노정을 걷고 있다. 여덟 차례의 선거 결과, 기존의 기민당과 자민당의 세가 기울었고 환경 이슈에 집중한 녹색당이나 저작권 이슈에 집중한 해적당이 의회에 입성한 것이 그 예이다.

2012년 미국 대선에서 활약한 '아메리칸스 일렉트(Americans Elect)' 정당의 탄생 역시, 민주당과 공화당의 폐쇄적인 양당제를 뛰어넘어 의제를 설정하고 후보를 결정하려는 시민들의 의지에 의한 것이었다. 이는 일종의 사이버 정당으로 기존의 정당을 우회해 직접적으로 유권자의 뜻을 전달하려는 시도이다. 다른 하나는 거대 정당이 중심이 되어 모든 이슈에 관여하는 '포괄정당(catch-all-party)화'이다. 그런데 실질적으로 양당제 구조하에서 양당이 포괄정당화될 경우 사사건건 두 정당이 대립하면서 양극화를 심화시킬 개연성이 커진다.

한국에서는 노무현 정부하에 민주노동당이 국회에 진출하면서 (비록 탈산업 사회의 새로운 가치나 이슈는 아니지만) '노동'이라는 하나의 이슈에 입각한 정당의 성공 가능성을 보여준 바 있다. 또한 원내에 진출하지는 못했으나 세금 개혁, 복지, 청년 일자리, 육아 및 보육 이슈에 관한 군소 사이버 정당들이 생성되기도 했다. 그러나 이러한 정당들은 광범위한 지지를 얻지 못하고 시민의 무관심 속에서 잊혀져갔다. 반면 기존의 양 거대 정당은 유권자의 관심에 호소하기 위해 극단적인 네거티브 캠페인과 이념적 편파성을 동원한 전략을 사용해왔다. 자극적이고 편파적인 전략은 극화된 유권자를 동원하는 동시에 중도에 위치한 유권자들에게 정치적 혐오감을 불러일으켰다. 정치적 혐오로 인해 정책에 대한 시민들의 무관심이 팽배해지면 정당은 더 자극적으로 관심을 추구하게 되는 악순환이 끝없이 거듭된다. 다양한 이슈 정당들이 필요한 시점인 것이다.

소셜 미디어는 개인이 정당을 통하지 않고 직접 의견을 표출할 수 있는 매체이기도 하지만, 동시에 시민이 기존 정당에 이슈를 제기하거나 새로운 정당을 조직할 수 있는 가능성의 공간이기도 하다. 다시 말해 이를 어떻게 사용하는가에 따라 정당정치 시스템이 약화될 수도 있고 정당정치의 내부 의사소통 과정을 개혁함으로서 새롭고 더욱 강력한 정당정치 시스템을 구성해나갈 수도 있다. 당원의 정당 충성심이나 정당 일체감에 의존하던 기존의 대중정당과 비교해 이슈에 따라 대중의 관심을 유도하고 이들의 의견을 반영하는 새로운 플랫폼의 정당이 늘어난다면 한국 정치의 미래가 어둡지만은 않을 것이다.

2) 진지한 소통의 네트워크 형성

무엇보다 정치권과 유권자 간에 더욱 진지한 소통이 이루어지도록 네트워크를 전환하는 것이 필요하다. 정당의 기반이 되는 당원들의 정당 일체감이 약화되는 상황에서 소셜 미디어는 단절된 국가와 시민의 관계를 회복하는 데 유용한 도구가 될 수 있다. 소셜 미디어를 이용하면 특정 정책을 지지하거나 새로운 이슈를 제시하는 유권자들의 목소리를 직접적으로 들을 수 있기 때문이다.

소셜 미디어가 대중화되면서 정치인들은 이를 선거운동에 활용하기 위한 다양한 방안을 모색하고 있다. 정치인들은 자신의 이미지를 홍보하고 광범위한 대중의 참여를 독려하는 전략에 소셜 미디어를 활발하게 이용한다. 정당보다 후보자 개인의 인기도나 역량이 중요해지면서 정치인들은 유명 연예인과 함께 캠페인을 진행하거나 음악 콘서트에 참여해 연설하는 방식을 동원해 선전하고 있다. 정치 엘리트들의 소셜 미디어 사용이 급증한 것은 고무적인 현상이다. 그러나 그 이용 형태를 살펴보면 일반 유권자와 대화를 나누고 의견을 수렴하기보다 선거 캠페인이나 정책 홍보에 치중하고 있다는 점이 문제로 지적된다. 유권자와의 소통은 일방적인 홍보만으로 완성되는 것이 아니며 의견 경청이 첫걸음이라는 것을 잊지 말아야 한다.

소셜 미디어를 활용한 선거 전략은 빅데이터를 활용한 미국 오바마의 선거 캠페인이 성공하면서 화제가 되었다. 오바마의 초선 및 재선 선거 캠페인에서 공식 웹사이트인 '마이보(MyBO)'는 사이트 방문자들이 자신들의 커뮤니티나 블로그에 이 사이트를 연결해 관계를 맺을 수 있도록 했다. 이는 온라인에서의 관계 맺기와 연대가 오프라인에서의 지지 조직으로 발전할 수 있도록 하는 동시에 유권자들 간의 상호작용을 데이터베이스화할 수 있는 기반이 되었다. 오바마 캠프는 유권자에 대한 세세한 프로파일을 데이터베이스화하고 이를 토대로 오바마를 지지할 가능성이 있는 거의 모든 사람들에게 적절히 접촉할 수 있었다. 2012년 대선에서는 유권자의 소셜 미디어 정보를 바탕으로 관심 분야와 정책을 세분화해서 타깃이 되는 소그룹마다 다른 메시지와 정치정보를 제공하는 마이크로타깃팅(micro-targeting) 전략을 보여주었다. 이러한 선거 전략은 빅데이터를 활용해 유권자들의 요구를 읽어내고 적절한 유권자들에게 접촉했다는 데 의미가 있다. 물론 마이크로타깃팅은 대상이 되는 유권자가 선호할 만한 정책을 선거 캠프가 가지고 있을 때 가능하다. 정당은 시민사회와 소통하되 당내 민주화 및 정당 간의 협력적인 의사소통 기제를 제도화하고 이를 통해 적절한 정책을 마련함으로써 정당 본래의 기능을 회복하고 갈등을 해소할 수 있을 것이다.

한국의 정당은 소셜 미디어를 통해 유권자와의 소통을 활성화하려는 움직임을 보여왔다. 정당은 발달된 모바일 서비스를 공직 선출 과정에 활용

오픈 프라이머리

선거를 앞둔 정당들이 그들의 공식적인 후보를 선출하는 과정에서 당원 이외 일반 시민들이 참여할 수 있도록 하는 방식을 지칭한다. 1970년대 전후 미국 대통령 선거에서 예비선거제가 도입되면서 발전했으며 한국에서는 2002년 대선을 앞두고 처음으로 등장했다.

함으로써 일반 유권자를 참여시켰고 대중적인 지지 기반을 확보하려 했다. 2012년 초에 있었던 민주당 지도부 경선에서 투표에 참여한 당원들의 수가 12만 명이었던 것에 비해, 당원이 아님에도 투표에 참여한 일반 시민의 수는 60만여 명에 달했다. 이를 통해 경선 과정에 당원이 아닌 정당 지지자들까지 참여시킴으로써 정당이 극단적인 소수를 대표하는 상황에서 벗어나 여론을 대표할 수 있으리라는 전망이 가능해진다. 또한 새누리당은 공천 심사 기준에 'SNS 역량 지수'를 포함시켰으며 민주당은 기존의 비례대표 후보군에 청년 비례대표를 추가하기도 했다.

　그러나 정당정치에서 유권자의 참여 및 대표성을 확보하려는 노력이 제도적으로 정착하지 못할 경우 오히려 정당의 신뢰를 하락시키는 결과가 초래될 수 있다. 한 예로 '오픈 프라이머리(open primary)'는 여러 번 시도되었지만 안정적으로 제도화되지 못한 방식이다. 2002년 대선에서 민주당의 국민참여 경선이 노무현 후보의 당선이라는 이변을 일으킨 이후, 양 정당 모두 경선 참여를 신청한 일반 유권자들을 후보 선출 과정에 포함시키려 노력했다. 그러나 정당마다 일반 유권자들의 모집 방식이나 비율, 절차상에 차이가 있었고 오픈 프라이머리 방식이 선거 때마다 정당의 선거 전략에 의해 바뀐다는 점이 더 큰 문제가 되었다. 따라서 오픈 프라이머리가 의미 있는 제도로 정착하기 위해서는 안정적인 제도화가 먼저 이루어져야 할 것이다.

3) 타협과 설득이 제도화된 정치

일반 대중의 지지 기반을 확보하고 이들과의 소통을 제도화하는 것만큼 중요한 것은 정당 간에 관용과 협력적인 소통이 이루어지도록 제도화하는 것이다. 2011년 1월 8일 미국 애리조나 주 투손(Tucson)에서 끔찍한 총기 난사 사건이 발생했다. 이 사건으로 개브리엘 기퍼즈(Gabrielle Giffords) 민주당 하원 의원이 크게 다치고 유권자들 중 6명이 즉사했다. 민주당과 공화당은 독설을 주고받으며 책임 공방을 벌였고 미국 언론과 평론가들은 증오와 분노를 부추기는 정치 문화의 문제점을 지적했다. 사망자 추모식에서 오바마 대통령은 자신과 다른 생각을 가진 사람들에게 모든 고통의 원인을 돌리는 문화를 청산하자며 "우리의 논쟁은 너무 극단적으로 대립되고 있다. 때로 우리의 토론이 과연 상처를 치유하는 방식인지 아니면 더 상처를 주는 것인지 점검하기 위해 잠시 토론을 중단할 필요도 있다. 이번 사건을 정치적으로 이용해서 상대를 비난하지 말고 상대의 이야기를 더 신중히 듣고 대안을 찾는 도덕적 지혜를 기르자. 이 비극은 현재 우리의 시민 의식이 부족하다는 사실이 아니라 더 높은 시민 의식과 공공 담론을 갖춘다면 아무리 어려운 난관이라도 극복할 수 있다는 사실을 가르쳐주고 있다"고 말했다. 오바마의 발언은 양극화의 원인과 그 극복의 핵심이 어디에 있는지 명확하게 가리키고 있다. 세월호 사건 이후 1년이 지났지만 정치권은 여전히 책임 소재를 따지고 있고 국민들은 정치적 공방에 시달리며 두 진영으로 갈렸다. 이제는 세월호와 같은 사건이 발생하지 않도록 제도를 마련하고 국민의 화합을 합리적으로 이끌어내려는 노력이 필요하다.

연립정부를 구성하는 등 여당과 야당이 협력할 수 있는 제도화가 이루어진다면 양극화의 완화를 기대할 수 있을 것이다. 최근 그리스에서는 급진 좌파 연합인 시리자(Syriza)가 우파 정당인 그리스독립당을 연립정부의 파트너로 선택해 이변을 보여주었다. 구제 금융에 따른 긴축 반대 외에 모든 정책에서 상반된 입장을 취하고 있는 시리자와 그리스독립당이 연립정부를 구성한 것은 정당정치 시스템을 결정하는 주요 변수가 '이념'이라기보다 '이슈'가 될 수 있음을 보여준 사례다. 물론 정당의 연합이나 연립정부가 정권 획득의 수단으로 사용될 경우, 다양한 정치적 의견을 수렴해 사회적 갈등을 해소하는 정당의 기능이 왜곡될 수도 있어 논란의 소지가 있다. 이념을 초월한 연립정부는 어디까지나 서로의 의견을 나누고 합의를 도출할 수 있을 때 성공할 수 있는 것이다.

참고문헌

국민대통합위원회. 2014. 「2014 정치사회 엘리트 이념 인식 조사」. http://www.pcnc.go.kr/content.do?cmsid=55&mode=view&page=&cid=4079.

김인영. 2014. 「한국에서 보수-진보의 개념과 한계, 그리고 미래」. 일송기념사업회 발표문. 송호근·양일모·권용립·김상조·김인영 지음. 『좌·우파에서 보수와 진보로: 보수·진보의 개념과 역사적 전개』. 푸른역사.

대한민국국회. 2014. 『제18대 국회사』. http://www.assembly.go.kr.

온병원 외. 2012.1. 「Link structure based community detection 알고리즘의 제안과 소셜 네트워크 분석 및 비주얼라이제이션을 위한 사례 연구」. 한국 HCI 학회 학술대회, http://dslab.snu.ac.kr/download/on-hci12.pdf.

이준웅. 2014. 「한국사회 양극화 담론의 극복」. 국민대통합위원회 제2회 '갈등관리 포럼: 미디어로 인한 사회갈등, 진단과 해소방안' 자료집(2014.6.13).

전국경제인연합회. 2009.7.14. "상반기 국회 의정 활동, 100점 만점에 40.7점." http://www.fki.or.kr/FkiAct/Promotion/Report/View.aspx?content_id=633b8fdb-0861-4446-8c0d-c2f89daf1fec

정한울. 2011.4. 「한국사회 이념 무드의 변동과 정치적 함의」. ≪EAI 오피니언 리뷰≫, 14권(No. 201104-01), 1~13쪽. 재단법인 동아시아연구원(http://www.eai.or.kr/).

정한울·이곤수. 2011.6. 「한국 정치사회어젠다의 정책선호 지형: 국민여론과 정치엘리트의 선택」. ≪EAI 오피니언 리뷰≫, 17권(No.201106-01), 1~32쪽. 재단법인 동아시아연구원.

조화순 외. 2014.8. 「Ideological Bias on polarized Twitter network in South Korea?」. 한국정치학회 하계학술대회, http://www.kpsa.or.kr/AsaBoard/data/ideologicalbias.pdf.

한규섭 외. 2013. 「트위터 팔로잉 관계에 대한 대표성과 양극화에 대한 논의 검증: 한국과 미국의 의회구성원들의 트위터 팔로워들 네트워크 비교 연구」. ≪사이버커뮤니케이션학보≫, 30권 1호.

≪동아일보≫. 2011.12.3. "2012 민주주의 대공황을 넘자, <3> 한국 정치 뭐가 문제기에? 정당학회 회원 21명의 진단과 분석." http://news.donga.com/3/all/20111203/42330583/1.

≪머니투데이≫. 2010.12.8. "눈 내리던 8일, 국회는 폭력의 먼지로 자욱했다".

≪미디어오늘≫. 2008.12.18. "국회 외통위, 언론취재 원천봉쇄".

≪시사저널≫. 2011.7.20. "'잠룡들의 트윗', 민주당이 한 수 위".

≪연합뉴스≫. 2009.12.8. "'4대강 예산' 강행 처리, 본회의 파행".

_____. 2011.11.22. "한미FTA비준, 김선동 '국회도 눈물흘려야'".

≪중앙일보≫. 2012.4.9. "정당 보고 뽑겠다. 4년 전 41% 올해는 19%".

≪한겨레신문≫. 2009.7.22. "날치기 방송법, 대리·재투표 흠집 '법정행'".

_____. 2012.4.25. "날치기만 107건 '최다' 18대 국회 부끄러운 기록".

Bimber, Bruce. 2003. *Information and American Democracy: Technology in the Evolution of Political Power*. Cambridge: Cambridge University Press.

Fiorina, Morris P., Samuel J. Abrams and Jeremy C. Pope. 2006. *Culture war?: The myth of a polarized America*, 2nd ed. New York: Pearson Education.

Lijphart, Arend. 1977. *Democracy in Plural Societies: A Comparative Exploration*. New Haven: Yale University Press.

Sunstein, Cass R. 2007. *Republic.com 2.0*. Princeton: Princeton University Press.

_____. 2009. *Going to extremes: How like minds unite and divide*. Oxford: Oxford University Press.

Virno, Paolo. 2004. *A Grammar of the Multitude: For an Analysis of Contemporary Forms of Life*. translated from the Italian, Isabella Bertoletti et al. Los Angeles, CA: Semiotext(e).

Ware, Alan. 1996. "Parties and Ideology." *Political Parties and Party Systems*. Oxford: Oxford University Press.

World Value Survey, http://www.worldvaluessurvey.org/wvs.jsp.

2장

정치는 시민과
어떻게 소통하고 있는가

금혜성

1. 길을 잃은 정치, 길을 찾는 사람들

한국 사회의 갈등 수준은 심각하다. 국민의 85%가 한국의 갈등 수준이 위험 단계에 이르렀다고 생각한다니 말이다. 뉴스에 하루도 거르지 않고 보도되는 싸움에 가까운 야당과 여당의 정치적 갈등이 그러하고, 각종 정책과 사회문제를 두고 첨예하게 대립하는 보수와 진보의 갈등이 그러하다. 이념과 정책을 두고 각을 세우는 정치적 갈등은 국가 운영과 전체 국민의 행복을 추구하기 위한 균형적 시각을 갖기 위함이니 그나마 괜찮다.

● 이 장은 의회 용역 과제로서 연구한 「뉴미디어 시대의 국민 의회 인식 개선 방안」(2013)과 ≪21세기 정치학회보≫ 24집 1호(2014) 121~143쪽에 실린 「18대 대통령 후보들의 뉴미디어 선거전략 평가」를 수정·재집필한 내용을 포함하고 있다.

그러나 병역면제, 세금 탈루 등 유난히 사회 지도층에 만연한 자기 이익 추구와 이해할 수 없는 수준의 갑질 논란, 연이어 터져 나오는 대형 사고에 대한 정부의 미숙한 대응 등 국가와 국가 리더십에 대한 국민의 불만을 해소할 길이 없다.

이를 극명하게 보여준 것이 바로 세월호 참사다. 세월호 참사가 발생하고 난 뒤 이를 수습하는 과정에서 드러난 정치권의 무능함은 사회적 혼란과 국민의 불신을 회복 불가능한 수준까지 몰아갔다. 잘못된 정보가 언론을 통해 전달되면서 불과 몇 시간 만에 손도 제대로 써보지 못한 채 300명 이상의 학생들과 시민들이 수장되고 마는 것을 온 국민이 지켜봐야 했다. 현장 대응, 정보 수집, 사고 후 처리 등 위기 상황에 우왕좌왕 대처하는 정부의 모습에 우리는 과연 정부에 대한 인내와 신뢰를 지속해나가야 하는가라는 심각한 고민까지 하게 되었다. 그리고 사람들이 움직이기 시작했다. 이미 포화 상태를 넘은 갈등의 마그마가 폭발을 코앞에 두고 터져 나오기 시작한 것이다.

1) 디지털 미디어와 공적 내러티브(public narrative) 형성

소셜 미디어와 인터넷 커뮤니티 이용자들은 학생들이 세월호 참사 현장에서 카카오톡(KakaoTalk) 등을 통해 보냈던 현장 정보들을 함께 공유하면서 위기 상황에서 드러난 리더십의 부재에 공분했다. 특정한 사건이 일반 시민들에게 공감을 얻고 공유되는 공적 내러티브가 형성된 것이다. 공적 내러티브는 공유된 가치와 경험으로 구성되며 감성적 공감으로 시민들 간의 소통이 일어날 때 형성된다. 이는 지난 2008년 촛불집회 이후 한국 사회의 근본적인 변화를 요구하는 목소리와 함께 재등장했다. 그동안 크고 작은 사고들이 많았지만 그중에서도 최근 세월호 사건은 특히 더 주목할 만하다. 세월호 사건의 가장 큰 정치적 의미는 이전의 대형 사고들과 달리 많은 시민들이 일상 속에서 함께 사건을 목도하면서 체험을 공유했고, 그 체험을 나누는 과정에서 제도적 해법에 대한 한계와 공분을 느꼈다는 데 있다. 또 이 때문에 적극적으로 행동하고 참여해 문제를 해결하려는 움직임을 보였다는 것이다. 시민들은 인터넷 커뮤니티와 블로그, 트위터와 페이스북(Facebook) 등 다양한 소셜 미디어를 통해 사고의 경위와 문제점, 제도적인 해결 방법에 대한 정보 전달과 여론을 형성했고 동시에 오프라인 집회와 크고 작은 규모의 모임들에 참여하고 있다. 그러나 이 같은 전 국민적인 여론에 대해 금방이라도 해결책을 제시할 것처럼 행동하던 대통령과 정당, 의회를 포함한 제도권은 여전히 지지부진한 모습으로 의견 차이를 좁히지 못하고 있다. 입법 과정에서도 극히 제한적인 시민 참여를 허용하면서 또다시 대의민주주의의 한계를 드러내고 실망을 안겨주었다.

그러나 그 과정에서 소셜 미디어를 비롯한 개인 미디어의 영향력이 다시 한 번 그 진가를 발휘했다. 언론보다 신속하고 정확한 정보를 실어 나르던 소셜 미디어는 사람들이 관련 정보를 구하고 정치 개혁을 위한 의견을 공유하는 데 우선적으로 선택하는 가장 중요한 미디어가 되었다. 또한 디지털 미디어의 기본 속성인 연결성과 참여성을 바탕으로 집단에 매몰되지 않는 개인의 역량과 가치를 부각시켜 참여의 범위를 크게 확장시켰다. 결과적으로 기존의 대중 미디어와 달리, 정보에 대한 거의 무제한적 접근과 쌍방향(interaction)적 소통이 가능한 개인 디지털 미디어의 발달은 개인으로 하여금 이슈 제기나 그에 대한 논쟁을 가능하게 했으며 다수의 공통된 의견을 형성해서 공적 내러티브를 만들어냈다. 나아가 정책 결정 과정에 대한 참여를 촉진시키고 있다. 개인이 국가에 기대하는 가치를 더 이상 제도에만 의존하는 것이 아니라 스스로 행동하고 성취하는 적극적인 민주주의를 만들어내고 있는 것이다.

2) 인터넷, 풀뿌리 민주주의를 촉발하다

흔히 사람들은 인터넷이 정치 영역에서 어떤 변화를 가져왔고 그것이 갖는 의미가 무엇인가를 묻는다. 사실 이 질문에 대한 답은 간단하지도 않고 모두가 하나의 결론에 동의하지도 않는다. 그러나 정도의 차이는 있어도 인터넷이 인간의 소통 방식에 근본적인 변화를 가져왔으며, 이를 통해 시민들의 잠재되어 있던 정치 참여 욕구가 적극적인 행동으로 표출되는 데 기여한다는 점에서 그 의미를 인정받고 있다. 예를 들어보자.

1992년에 미국에서 시작된 청년 정치 운동 단체인 '이끌어라, 못하겠으면 떠나라(Lead or Leave, 이하 LOL)'는 롭 넬슨(Rob Nelson)과 존 카원(Jon Cowan)이라는 두 젊은이가 만든 PC 통신 모임에서 시작되었다. X세대의 정치 참여를 외치며 발족된 LOL은 불과 2년 만에 미국 50개 주 전역에 걸쳐 지부가 설치되었고 100만여 명의 회원을 가진 거대 단체로 급성장했다. 기성세대에 대한 냉소와 정치적 무관심을 그만두고 구체적인 실천을 통해 공동의 미래를 향한 분명한 태도를 수립해야 한다는 넬슨의 호소에 수많은 젊은이들이 동참한 것이다. 청년층이 당면한 문제를 해결해주지 못하는 정치 세력과 젊은이들이 기성세대에게 실망하고 무관심해지는 것은 사실 어느 시대에나 나타나는 현상이다. 그러나 새롭게 등장한 PC 통

> ### 풀뿌리 민주주의
>
> 1935년 미국 공화당의 전당대회에서 사용하기 시작한 용어이다. 직접 정
> 치에 참여하는 참여민주주의의 한 형태로 대중적인 민주주의를 뜻한다.

신은 젊은이들이 그들의 고민과 관심을 서로 공유하고 이해할 수 있도록
도왔고 그 해결을 위해 스스로 일어나 동참할 수 있는 계기를 마련해주었
다. LOL은 젊은이들의 요구와 바람을 담아 정치권에 전달하는 창구 역할
을 수행했고 동시에 공적 이익을 추구하지 않고 부패한 정치인에 대해서
는 낙선 운동을 주도하기도 했다.

한국에서도 PC 통신을 활용한 젊은이들의 정치 참여 붐이 일기 시작했
다. 정치적·사회적 이슈와 이념에 대한 토론과 정보를 나누고 나름대로
기준을 세워 기성 정치인에 대한 자질 검증을 실시했으며 그 결과를 공유
함으로써 정치 영역에 대한 관심의 밀도를 높여갔다. 그 결과 1995년 6·
27 지방선거에서 야당이 승리했고 젊은 세대들이 대거 지방의회에 진출하
는 첫 계기를 맞이했다. 2000년에는 참여연대, 환경운동연합, 여성단체연
합을 비롯한 시민단체들이 총선 시민운동을 통해 부패 행위, 선거법 위반,
반인권 전력, 불성실한 의정 활동 등 일곱 가지 기준에 위배되는 현역 의
원 및 출마 예상자들에 대해 낙천, 낙선 운동을 펼쳤다. 그 결과 낙선률이
68.6%에 육박하기도 했다.

3) 적극적 일상 민주주의의 도입과 체화

인터넷으로 대표되는 디지털 미디어는 지극히 개인적인 속성과 전달 매

체적 속성을 기반으로 하기 때문에 이를 통한 정치인과 시민의 만남 또한 좀 더 수월하고 빈번하게 이루어질 수 있다. 많은 사람들은 이 같은 온라인상의 대면 현상이 정치 영역에서 다양한 형태의 긍정적 효과를 수반한다고 믿고 관심과 기대를 가지고 있다. 물론 일부에서는 이런 인터넷의 정치적 효과를 보다 제한적으로 고찰해야 한다고 주장하기도 하지만, 이들 역시 인터넷이 정보 공유와 확산, 정치 참여 양상의 변화 등의 기능을 한다는 사실은 부인하지 않는다. 그리고 한층 발전된 형태인 소셜 미디어의 등장은 이러한 기대를 더욱 높이고 있다. 이렇게 볼 때 소셜 미디어를 포함한 발전된 형태의 개인 미디어가 가진 정치적 기능은 다음과 같다. 첫째, 정치 관련 정보를 공유함으로써 의제 설정의 권리와 여론의 민주화를 도모한다. 둘째, 대화를 통해 유사한 정치적 지향성을 가진 사람들의 연계와 집합을 촉매하고 정치 학습의 매개로 활용한다. 셋째, 투명성·신속성·관계성을 바탕으로 다양한 수준의 정치 참여를 활성화한다.

대의민주주의의 틀 안에서만 그 존재의 정당성을 인정받을 수 있는 정당이 제도권에서 이렇게 소통에 최적화되고 시민들이 보편적으로 즐겨 사용하는 뉴미디어(다소 이견이 있을 수 있지만 대중 미디어와 구별하는 차원에서 인터넷과 소셜 미디어를 통칭한다)에 관심을 갖는 것은 어쩌면 너무나 당연하고 꼭 필요한 일이다. 이 장에서는 정치적 대표 기관인 의회나 정당, 정치인들이 시민과의 원활한 소통과 합리적인 정책 결정을 위해 의견을 수렴하고, 나아가 현대 민주주의의 핵심인 숙의민주주의를 달성하기 위해 뉴미디어를 어떻게 사용하고 있는지 알아보려 한다.

2. 정치, 시민에 다가서다

우리가 흔히 소통이 부족하다고 말할 때는 두 가지 경우다. 첫 번째 경우는 상대방이 내 말을 듣지 않거나 들으려 하지 않을 때이고, 두 번째는 상대방이 하는 말을 내가 들으려 하지 않거나 상대방이 말하는 바를 내가 모르고 있을 때이다. 결국 서로가 하려는 말을 오해 없이 이해하고 합의점을 찾아나가기 위해 필요한 것은 서로에 대해 잘 아는 것뿐이다. 정치도 마찬가지다. 정당이나 의회와 같은 정치집단들은 우리가 살고 있는 민주주의를 유지하고 개인의 삶을 풍요롭게 하며 국가 업무를 효율적으로 하기 위해 만들어진 집단이다. 따라서 이 집단들은 국민인 '우리'가 원하는 것을 잘 이해할 필요가 있는 동시에 그들이 '우리'를 위해 무슨 일을 어떻게 하는지 우리에게 투명하게 알려줄 의무가 있다. 이때 우리가 잘 알고 있는 인터넷이 중요한 역할을 한다.

우리는 궁금한 것이나 잘 모르는 문제에 대한 답을 구하기 위해 구글(Google)이나 네이버(Naver) 같은 검색 툴을 이용한다. 이와 유사하게 국가기관인 정부나 의회에 관한 궁금증을 해결하기 위해서는 각 행정부나 의회의 홈페이지에 접속해 정보를 구하면 된다. 1990년대 초반까지만 하더라도 일부 이익단체나 집회에 참여하는 등 매우 적극적인 활동을 하지 않고서는 국가가 무슨 일을 하는지 알 기회가 별로 없었다. 개별 국민이 알 수 있는 것은 신문과 TV, 라디오 등 대중매체를 통한 정보가 전부였다. 그러나 이것은 소통이 아닌 일방적 정보 전달에 그치는 경우가 많았고, 정부는 국민이 정부에 무엇을 원하는지 알 수 없었다. 국민 또한 정부가 하는 일에 대해 무지와 오해를 갖는 경우가 많았다.

3. 의회, 웹으로 말하다

새로운 미디어 환경에서는 정부 기관이나 의회가 대중 미디어의 일방적 보도에서 벗어나 더욱 적극적으로 기관의 기능과 역할을 투명하게 표출할 수 있다. 또한 능동적으로 국민과의 소통을 전개함으로써 한층 수준 높은 의회 서비스를 제공할 수 있게 되었다. 사회는 빠른 속도로 네트워크화되고 있으며 국민의 제도적 감시와 권리 신장 요구는 나날이 높아지고 있다. 그에 따라 국민의 바람에 귀 기울이는 소통형 의회가 요구되고 있으며, 올바른 의정 활동의 투명한 공개와 소통 의지는 의회에 대한 국민의 신뢰와 긍정적 이미지를 구축하는 데 필수 불가결한 조건이 되었다. 정보 획득과 커뮤니케이션이 보다 활발하게 이루어질 수 있는 인터넷 환경이 발달될수록 정부 기관 역시 온라인을 통한 국민과의 커뮤니케이션 활동에 적극적으로 나서는 것이 당연하다. 의회를 예로 들어보자. 실제로 온라인 활동이 기존의 의회가 갖는 본연의 역할과 책임을 좀 더 원활하게 수행하는 데 큰 기여를 하고 있다는 것은 국제의회연맹(Inter-Parliamentary Union: IPU)의 가이드라인에서도 분명하게 나타나고 있다. 국제의회연맹에 따르면 의회의 홈페이지 및 소셜 미디어 활용은 의회 정보에 대한 국민의 접근성을 보장하고 다양한 의안의 결정 과정을 투명하게 개방함으로써 국민의 알 권리와 의회에 대한 신뢰를 회복하는 데 중요한 역할을 한다.

그렇다면 각 나라의 의회들과 국회의원들은 국민과의 소통을 위해 어떤 활동들을 하고 있을까? 시민 참여 정도와 수준이 높아진 디지털 미디어 시대에서 대의민주주의와 숙의민주주의의 발현을 이해하기 위해서는 각 나라의 전자정부 상황을 살펴보고 이해하는 것이 필요하다. 이를 위해 먼저

웹 2.0

누구나 인터넷 정보를 손쉽게 접근, 생산, 공유할 수 있도록 한 사용자 중심의 개방형 인터넷 환경을 의미하며 그 핵심적 특징은 개방, 참여, 공유이다.

웹 2.0이라는 개념을 이해해야 한다. 웹 2.0은 우리가 경험하고 있는 네트워크 환경이다. 인터넷이 처음 등장했을 때 우리는 주로 정보를 검색하고 획득하기 위해 인터넷을 활용했는데 이처럼 한쪽이 다른 한쪽에게 정보를 제공하는 데 중점을 둔 초기의 인터넷 환경이 웹 1.0이다. 그러나 지금은 정보를 검색하는 것에서 나아가 내가 알고 있는 정보나 콘텐츠를 웹에 올려 다른 사람과 공유하기도 한다. 페이스북을 생각해보자. 페이스북을 통해 내 친구들이 올린 글을 볼 수도 있지만 내가 오늘 다녀온 음식점에 대한 품평글이 다른 사람들에게는 훌륭한 맛집 정보가 되기도 한다. 이처럼 누구나 정보를 생산하고 공유할 수 있는 사용자 참여 중심의 인터넷 환경을 웹 2.0이라고 하며, 이런 웹 2.0을 개방, 참여, 공유로 간단하게 특징짓기도 한다.

1) 미국 의회와 의원들의 웹 2.0 활동

(1) 미국의 전자 의회

미국의 엘 고어(Al Gore) 전 부통령은 1993년 정보고속도로(Information Super Highway)를 주창하면서 인터넷 혁명의 이론적 토대와 국가기관의 첨단 정보화의 단초를 제공했다. 이는 국가기관의 적극적인 전자정부 추진으로 이어졌다. 전자정부, 즉 더욱 효율적이고 고객 응답적인 과정을 통해 국민이 국가기관으로부터 필요로 하는 정보와 서비스를 효과적으로 얻게 해주는 공공 기관 인터넷 서비스가 각 정부 기관에서 우선적으로 행해졌다. 미국 의회 홈페이지도 이런 차원에서 마련된 것이다. 잘 알다시피 미국 의회는 양원제로서 상원(senators)과 하원(representatives)으로 구성되며, 상원은 각 주에서 두 명씩 상원 의원을 선출한다. 상원 의원은 6년 임기로 활동하면서 주로 외교, 국방, 고위 관리의 임명 동의안 대통령 탄핵 심판권을 갖는다. 이에 비해 하원은 각 주 인구수에 비례해 의석수를 배정받으며 2년 임기의 하원 의원을 선출한다. 하원 의원은 예산이 소요되는 안건의 선의결권과 탄핵소추권을 행사한다. 상원과 하원은 합동위원회, 특별위원회, 양원협의회 등을 통해 함께 일하는 경우도 많지만 각각의 상임위원회를 통해 법안의 기초, 수정을 거쳐 본회의에 정식 법안으로 제출하는 방식으로 업무를 처리한다. 이처럼 상·하원에 따라 행사할 수 있는 역할과 책임에 차이가 있기 때문에 홈페이지도 상원(www.senate.gov)과 하원(www.house.gov)으로 나뉘어 개별적으로 관리되고 있다.

(2) 국민의 알 권리를 보장하는 의회 홈페이지

미국은 세계에서 가장 먼저 전자정부 시스템을 도입한 만큼 의회 홈페이지도 웹 서비스의 주요 네 가지 기능인 정보 제공(정보에 대한 접근성), 투명성, 국민과의 연계 및 소통, 그리고 의회의 서비스 제공 측면에서 매우 높은 수준을 보여준다. 다양한 위원회 활동과 의원들의 일거수일투족을 초 단위로 기록하고 이를 '의회 활동' 코너에서 공개한다. 따라서 어떤 의원이 어떤 의안에 대해 무슨 멘트를 남겼고 현재 진행되고 있는 회의 분위기가 어떠한지를 실시간 텍스트 형태로 파악할 수 있다. 이렇게 실시간으로 의회 활동이 공개되기 때문에 의정 활동의 투명성이 보장되며 이 과정에서 회의 내용의 은폐나 조작의 가능성은 찾아보기 매우 어렵다. 또한 모든 의회 활동 내용이 웹 캐스팅과 방송으로 동시에 중계되어 다양한 방법의 접근이 가능하다. 그리고 모든 의원들은 각자의 홈페이지 안에 '투표 기록(voting record)' 또는 '지지 법안(sponsored bill)' 섹션을 갖추고 있다. 여기에 의원에 대한 모든 의회 활동이 전부 기록되기 때문에 법안이나 의원의 활동 기록을 살펴보면 특정 법안에 대한 해당 의원의 지지·반대 여부에 대한 일관성을 확인할 수 있다. 이를 통해 유권자들은 의원들의 정치적 신념을 확인하고 그들을 계속 지지할 것인가를 결정할 수 있다. 사람들이 알고 싶어 하는 정보를 제공하는 것이 미국 의회 홈페이지의 기본 모토이다.

의원들의 의정 활동 정보 외에도 하원의 경우 '열린 정치(Open Government)' 코너를 통해 의원들의 로비 활동, 후원금과 지출 내역, 의회 예·결산 과정과 입안되는 모든 의안에 대한 관련 자료, 의회 내에서 집행되는 회의에 대한 비디오 자료 등을 상세하게 공개하도록 되어 있어 투명성 확보에도 심혈을 기울인다. 특히 '일반인 공개(public disclose)'와 '사무비(office expenses)'를 통해 활동 경비의 지출 내역을 공개해야 하는데, 이는 '연방 선거 캠페인 법률(Federal Election Campaign Act), 자금 공개 법률[Public Financial Disclosure(상원법 제34호, 하원 발의 25)]', '로비 공개법(Lobby Disclosure Act)' 등 다양한 법률에 의한 규제를 받기 때문이다. 로비 활동과 지출 내역에는 로비 활동 과정에서 발생한 수입과 지출 내역, 여행 경비, 우편이나 소포 발송 내역, 법률 자문 비용, 선물 내역과 지출 내역 등 상당히 상세하고 방대한 범위의 내용이 포함되어 있다. 각각의 내역에 대한 세부 규제가 따로 있어 의원들의 금전 내역이 비교적 투명하게 관리되고 있다고 할 수 있다. 이렇게 지출 내역을 공개함으로써 홈페이지 이용자들이 국민의 세금 및 후원금이 어떻게 지출되고 있는지 언제든 볼 수 있다.

국민과의 연계 및 소통은 대의민주주의 본연의 책무이자 근간이 되는 기능으로 의회가 국민과의 소통에 얼마나 능동적이고 실질적으로 대응하는지, 국민 여론과 소수 의견에 의미 있는 반응을 보이는지를 증명할 수 있는 지표이다. '입법 활동(Legislative Activity)' 섹션에서 공개하고 있는 의정 스케줄과 이제까지 진행된 공청회(hearing)에 관한 자료들, '하원' 또는 '상원' 코너를 통해 연결된 각각의 의원 홈페이지는 거의 대부분 의원들의 뉴스레터를 직접 받아볼 수 있도록 방문자에게 이메일 주소와 우편번호를 묻고 있다. 한편 미국 의원들의 홈페이지에는 '게시판'과 같은 기능이 없다. 보통 의원과 방문자 간의 소통은 이메일이라는 비공개 수단을 통해 이루어지며 게시판과 같은 공개 커뮤니케이션을 활용할 경우에는 페이스북이나 트위터 등 소셜 미디어가 사용된다. 의원에 따라 다소의 차이는 있지만 대개 페이스북을 통해 정책, 정치 현안, 논쟁 등 국민들과의 소통의 장이 마련되는 편이다. 그 외에도 플리커(Fliker)와 유튜브(Youtube)가 홍보 수단으로 활용된다. 이처럼 미국 의회는 국민이 의회의 국정 임무 수행을 신뢰하고 따를 수 있도록 의회 활동의 아주 세밀한 부분까지 투명하게 공개하고 국민의 의견을 수렴하기 위해 분주히 움직이고 있다. 완벽하게는 아니더라도 의회 홈페이지에서 제공하고 있는 다양한 정보가 국가에 대한 불신의 수준을 낮추는 데 기여하는 것은 부인할 수 없다.

(3) 소셜 미디어를 사랑하는 의원들

미국의 연방 정부와 지방 정부, 그리고 크고 작은 정부 기관들은 국민과의 효율적인 상호 관계 및 원활한 소통을 위해 다양한 온라인 장치를 마련해두고 있다. 반면 대다수 국가의 의회는 공식 SNS를 갖추고 있기는 하나 활용도는 낮으며 의원들이 자신의 SNS를 통해 주로 국민과 소통한다. 거의 모든 의원들이 홈페이지에 페이스북, 트위터, 유튜브, RSS(Really Simple Syndication)를 연동해놓았으며 최근에는 인스타그램(Instragram)이나 구글플러스(Google+), 플리커 등을 연결해 언제 어디서든 소통할 수 있도록 기회를 마련해두고 있다.

이미 잘 알려진 것처럼 트위터는 매우 정치적인 소통 기제다. 미국 역시 예외는 아니며 미국 의원들도 트위터를 가장 활발하게 사용하는 편이다. 그들의 트위터에서 눈에 띄는 특징은 현재 의회에서 추진 중인 정책에 대한 짧은 소견과 함께 국민들에게 의사를 묻는 형태의 트윗(tweet)이 다수를 차지한다는 점이다. 현재 자신이 추진 중이거나 동참한 의안을 제목으로 한 해시태그(hashtag)를 이용해 의안의 추진 배경, 당내 의원들의 입장, 현재 의안의 추진 상황 등을 수시로 알리면서 해당 법안의 통과에 대한 정당성을 피력하는 데 주력한다. 동시에 국민들에게 의안에 대한 생각을 묻거나 반론을 제기하면서 상세한 자료를 첨부해 적극적인 설득을 하는 등 대부분의 의원들이 트위터를 통해 적극적인 정책 토론을 나눈다. 또 감정적 의견 대립이 아닌 근거를 제시하면서 논리적인 토론을 유도하는 것도 미국 의원들의 트위터에서 보이는 특징이다.

그러나 트위터나 페이스북 같은 온라인 공간에서 민주당과 공화당 의원 간의 정책 논쟁이 늘 빈번하게 이루어지는 것은 아니다. 의원들은 온라인 공간에서 자신이 주도하거나 뜻을 같이하는 정책에 대해 자신의 입장과 정당성을 밝히고, 사람들을 설득하는 데 집중하는 편이며 공화당 의원이 민주당 의원을, 민주당 의원이 공화당 의원을 직접 거론하면서 비난의 목소리를 내는 경우는 흔치 않다. 다만 공화당 의원이 민주당 정책을 반대하거나 논쟁의 주제로 삼을 때에는 오바마 대통령의 이름을 거론하는 경우가 흔하다. 특히 '오바마 케어(Obama Care)'라고 불리는 건강보험법에 대해서는 여전히 오바마 대통령에 대한 비난과 함께 건강보험 정책에 대한 신랄한 비판과 반대 여론 몰이가 공화당 의원들을 중심으로 온라인상에서 끊임없이 확산·강화되고 있다. 그러나 이 같은 경우에도 정책의 부당성을 입증하고 정책 실행 시 발생할 수 있는 사회적·경제적 부담에 대한 다양한 자료를 링크해 명확한 근거를 제시하거나 가능한 많은 사람들이 논쟁에 참여하도록 해서 의견을 수렴하려는 태도가 밑바탕에 있다.

트위터가 '정치적 이야기'를 하기 위한 수단으로 쓰인다면 페이스북은 정치인들이 자신에게 관심을 갖는 국민들과 '관계 맺기'를 하기 위한 수단으로 활용되는 경향이 강하다. 글을 남긴 국민들의 이름을 언급하고 그들이 남긴 글에서 알 수 있는 개인적인 일들에 관심을 표하면서 국민과 개인적인 친밀성을 도모하는 경우가 매우 일반적이다. 따라서 페이스북을 활발하게 사용하는 의원의 경우, 의원에 대한 국민들(방문자)의 충성심과 신뢰도가 매우 두텁게 나타난다. 의원들의 웹 2.0 활동은 정치인들에 대한 긍정적인 이미지를 갖게 하는 데 매우 유용하게 작용한다. 실제 어느 조사에 따르면 미국의 유권자들은 정치인들의 온라인 활동을 보면서 정치에 대한 신뢰감이 상승했다고 답하기도 했다.

앞서 살펴본 바와 같이 미국은 일찍부터 의회가 웹 2.0 활동을 시작했기 때문에 홈페이지를 통한 다양한 정보 제공과 국민과의 소통 정도가 상당히 발전된 상태다. 특히 2008년 오바마 대통령 당선 이후 소셜 미디어를

〈표 2-1〉 미국 의회의 웹 2.0 활용 현황

	미국 의회 홈페이지 및 소셜 미디어 활용의 특징
정보 접근성 (accessibility)	• 가상 참고 부서(Virtual Reference Desk): 모든 의회 관련 정보를 총망라 • 투표 기록(voting record), 후원 법안(sponsored bill): 입안된 법안·법령 에 대한 의원들의 찬반 관련 정보, 히스토리 제공
업무 과정의 투명성 (transparency)	• 정보 공개(public disclosure): 예·결산 과정 및 의회·의원들의 지출 내 역 공개
연계와 소통 (communicating)	• 홈페이지는 정보 제공의 목적이 주를 이룸 • 페이스북, 트위터, 유튜브 등을 통해 의원들 개인이 소통의 장을 마련함 • 의원들은 유튜브, 플리커 등을 통해 자신의 활동을 홍보하려는 목적이 강함
서비스 활동 (service)	① 이용자 맞춤형 서비스, ② 입법 서비스, ③ 관람 및 자료 제공 서비스, ④ 정책·문화 서비스, ⑤ 대면 서비스, ⑥ 의원 서비스

비롯한 온라인 매체의 정치적 효율성, 소통 제고의 효과성이 입증되면서
모든 정부의 웹 2.0 활동이 크게 활발해졌다. 이제 대다수 국민들에게 정
부와의 소통을 위한 일차적인 도구는 기관의 홈페이지가 되었으며, 정부
기관의 온라인 활동은 더 이상 부차적인 것으로 여겨지지 않게 되었다. 해
마다 발표되는 정부 사이트 평가 기준이 지속적으로 까다로워지고 있는
것처럼 의회 및 정부 기관은 끊임없이 증폭되는 국민들의 요구에 맞춰 더
풍부하고 활발한 온라인 상호작용을 강화해나가고 있다.

2) 영국 의회와 의원들의 웹 2.0 활동

(1) 세계 최고의 수준을 자랑하는 영국 의회 홈페이지

영국의 의회 역시 상원(house of lords)과 하원(house of commons, Mem-
bers of Parliament: MPs)으로 구성된다. 국민의 투표에 의해 선출된 650명의
하원은 발의된 모든 법안에 대한 권한을 가지고 있으며 정부에 대한 압력

을 행사하기 때문에 상원보다 훨씬 강력한 권한을 갖는다. 반면 상원은 국민에 의한 선출이 아닌 세습이나 국가에 대한 봉사를 인정받아 임명되기 때문에 발의된 법안에 대해 개정할 수 있는 권한이 제한되어 있다. 영국 의회의 홈페이지는 국제의회연맹에서 제시하는 기준에서 볼 때 세계 최고의 수준을 자랑한다. 다양한 목적을 갖고 방문하는 국민들에게 백과사전의 A~Z처럼 의회에 대한 모든 자료를 적절한 수준에서 방대하게 제공하고 있다. 홈페이지의 디자인 역시 원하는 정보를 찾아가기 쉽도록 주요 키워드와 텍스트, 명확한 사진을 사용해 사용자 친화적으로 만들었으며 자료 검색을 할 때의 혼돈을 최소화했다. 사이트의 전반적인 구조는 상원과 하원이 하나의 홈페이지를 사용한다는 특징을 제외하면 의원과 위원회의 및 의회 활동 소개, 의회에서 제공하는 체험 서비스 및 교육 서비스에 국민들이 참여할 수 있는 다양한 참여 기회 제공, 의회의 역할과 의회에서 진행되는 의안 결의 과정에 대한 정보 제공 등이 명시되어 있다는 점에서 미국의 하원 홈페이지와 유사하다.

국제의회연맹 홈페이지의 가이드라인에서 제시하고 있는 조건들의 충족 정도를 알아보기 위해 정보의 접근성 측면을 살펴보면 다음과 같다. 먼저 '의회 업무(parliamentary business)' 코너에서는 상원과 하원에서 이행하는 차별적인 역할과 기능이 게시되어 있으며 현재 논의 중인 의안들의 진행 상황 및 이미 입안 또는 입안되지 않은 법안들에 관련된 정보가 올라와 있다. 또한 98개에 달하는 위원회에 관련한 정보와 상·하원의 역사, 관련 법안에 관한 자료, 그리고 의회 업무에 관한 영상, 오디오 및 자료 데이터 베이스 등이 소개되어 있다. 또한 모든 주요 이슈들을 A부터 Z까지 알파벳 순서로 나열해 정리해두어서 검색이 용이하며 검색어 위에 있는 이메일을 통해 도움을 요청할 수도 있다. 이에 대한 답변은 보통 24시간 내에 이루어진다(관심 있으면 한번 해보는 것도 좋다). 흥미로운 점은 투표 결과의 투명성이다. 각 하원 의원에 대한 정보를 검색하면 의원이 선거에서 어떤 지역에서 누구와 경쟁했고 몇 표를 얻었는지까지 공개된다.

(2) 과오로부터 배우다

영국 의회의 투명성을 가장 잘 보여주는 것은 '비용 지출에 대한 내역 공개'이다. '의원 수당(member's allowances)'과 '표준 및 재정적 권익(standards and financial interests)' 코너를 보면 알 수 있다. 미국과 마찬가지로 영국의 의원들 역시 업무 수행에서 발생하는 경비를 매우 상세한 지침에 따라 지출해야 하며 지출 내역도 보고해야 한다. 그러나 이들은 미국 의원들보다 엄격한 기준에 따라야 하며 개인적인 후원이나 사적인 경비를 사용할 때에도 의원의 위엄과 품위를 저해하지 않도록 해야 한다. 국민들은 의원의 지위와 역할 때문에 그들이 일반인보다 금전적 혜택의 기회를 많이 누리거나 부당한 방법으로 이익을 취하는 경우가 많다고 여기기 쉽다. 따라서 최대한 자세하게 지출 내역을 공개함으로써 이러한 오해를 피하려는 것이다.

영국 의회도 처음부터 이렇게 철저하게 투명성을 강조했던 것은 아니다. 지난 2009년 영국에서 하원 의원들의 주택 보조금 부당 청구 스캔들이 일어나 그간 쌓아온 의원에 대한 국민의 신뢰가 무너져 영국 의회 역사상 최대의 위기를 겪은 바 있다. 이 스캔들은 하원 의원 수백 명이 정치제도의 허점을 이용해 허위 목록을 작성하고 정부 보조금을 부당하게 청구해 개인의 재테크나 재산 불리기에 이용한 사건이다. 소위 '나랏돈'을 '쌈짓돈'

으로 착복한 사실이 밝혀져 사실상 종신직이나 다름없었던 마이클 마틴 (Michael Martin) 하원 의장이 불명에 퇴진했다. 이것은 영국 의회 역사상 300여 년 만에 처음으로 발생한 정치 스캔들이다. 이로 인해 민주주의의 온상으로 신뢰받던 영국 의회에 대한 국민적 신뢰가 붕괴되었고, 당시 폭발적이었던 국민의 분노는 이후 정치과정 속에서 영국 의회의 투명성 제고를 촉진시키는 데 큰 역할을 했다. 이후 의원들에 대한 재정적 보조금 지급 및 경비 지출 감사를 더욱 철저히 하기 위해 2010년 5월부터 '독립 의회 표준 기관(The Independent Parliamentary Standards Authority: IPSA)을 신설하고 의원들의 비용 청구 내역을 승인하는 기관을 두었다. 또한 주택 보조금 및 의원 활동에 대한 보조금 지급을 명시한 가이드라인인 '그린북 (Green Book)'을 통해 의원이 활동과 관련해 재정적 혜택을 볼 가능성과 실제 행위에 대한 까다롭고 구체적인 지침을 제공했다. 또 경비 일체를 온·오프라인에 공개해 국민들이 상시 확인할 수 있도록 했다. 정치적 대리인의 부패를 묵인하지 않고 분노를 터뜨린 영국 시민들이 영국의 민주주의가 더 이상의 실수를 하지 않도록 만들어낸 것이 아닐까 한다.

(3) 웹에서 말하기

영국 의회는 '참여(Get involved)' 코너를 통해 정치와 의회에 대한 국민의 이해를 높이고 국민들이 긍정적이고 자발적인 정치 활동을 생활 속에서 내재화하고 지향할 수 있도록 연계와 소통의 측면도 신경 쓰고 있다. 다양한 체험 및 참여, 교육 서비스를 제공하고 의원들과의 직간접 대면 기회를 부여해 정치와 생활 간의 간극을 최대한 줄여나가려 한다. 영국 의회는 '의원과 대화하기(Contact your Mp, Lord)', '의견 말하기(Have your say)',

'선거 참여와 관련 정보 제공(Elections and referendums)' 등을 통해 항시 국민과의 소통 채널을 열어둠으로써 국민의 의견과 제안, 비판에 신속히 반응한다. 그 결과 '깨어 있는 의회(waking parliament)'라는 평가를 받고 있기도 하다. 이 밖에도 의회 차원에서 공식적으로 트위터, 플리커, 페이스북, 유튜브를 연계해 개인적 소통의 채널을 확대하고 있다. 최근에는 상원에서 '디지털 상원 회의룸(Lords Digital Chamber)'이라는 웹사이트를 추가해 국민들이 상원과 직접 원활하고 용이하게 대화를 나눌 수 있도록 구성하기도 했다.

(4) 디지털 선거의 첫해로 기억되는 2010년 총선

지난 2010년 영국의 총선을 기억하는 사람이 있을지 모르겠다. 사람들의 기억에 가장 또렷하게 각인되어 있는 소셜 미디어를 활용한 선거 사례를 꼽자면 아무래도 미국의 2008년 대통령 선거겠지만, 2010년 영국의 총선 역시 소셜 미디어가 선거 캠페인에 활용된 최고의 사례로 꼽히기에 충분하다. 선거 전문가들도 영국 총선을 '디지털 선거의 첫해'라고 꼽을 만큼 영국의 보수정당과 노동당을 포함한 영국의 6개 정당과 후보들은 가능한 많은 종류의 소셜 미디어를 사용해 총력전을 펼쳤다. 당시 젊은이들은 날로 악화되는 취업난과 등록금 인상 등 직접 몸으로 느껴지는 생활 문제들에 불만을 가지고 있었다. 그들은 소셜 미디어를 통해 이러한 불만을 직접 표출했으며 해결 의지를 드러냈다. 이들이 정치정보를 습득하고 서로 의견을 나누기 위해 소셜 미디어 공간을 형성하고 있을 때, 당시 정치인들은 정치로부터 등을 돌린 젊은 세대를 만나기 위해 소셜 미디어로 몰려왔다. 멀고 멀었던 두 집단이 소셜 미디어라는 공간에서 만나게 된 것이다. 영국 총선에 미친 디지털 미디어의 정치적 영향력을 분석한 BBC의 '디지털 선거보고서(Orange's Digital Election Report)'에 따르면 전통적으로 정치에 무관심했던 18~24세 영국 젊은 유권자들 중 24%가 총선 기간에 소셜 미디어에 선거나 정치에 관한 글을 남겼다고 한다. 2010년 총선으로 유명해진 자민당 총수 닉 클레그(Nick Clegg)는 당선에는 실패했으나 총선 후보 간 TV 토론에서 깊은 인상을 남기면서 젊은 유권자들의 강력한 지지를 받아 큰 인기를 얻은 차세대 정치인으로 우뚝 섰다.

(5) 의회, 다시 활기를 찾는 소셜 미디어

영국은 의회 홈페이지에 트위터, 페이스북, 유튜브, 플리커 등 네 개의 소셜 미디어 서비스를 연결해 공식 소통 채널로 활용하고 있다. 의회 트위터(@UKParliament)는 상원(@UKHouseofLords), 하원(@UKHouseofCommons)의 공식 트위터와 함께 의회의 소식을 알리는 주력 매체이다. 영국 의회의 소셜 미디어 사용 특징은 두 가지로 요약된다. 하나는 미국 의회와 비교했을 때 트위터에 대한 의존도가 매우 높다는 점이다. 다른 하나는 아직까지 정치인 가운데 사용자가 많지는 않지만 일단 사용하는 사람들은 굉장히 높은 사용 빈도를 보인다는 점이다. 영국은 650명의 하원 중 절반에 가까운 수가 소셜 미디어를 사용하지 않고 있으며, 현재 심각하게 건강 상태가 좋지 않거나 사직을 한 경우를 제외하고 명부에 등록되어 있는 781명의 상원 의원 중 104명만 트위터 계정을 가지고 있다. 대다수 사용자들은 다양한 서비스를 사용하기보다 트위터 또는 페이스북 중 하나를 선택해 사용하고 있다. 그러나 소셜 미디어를 사용하는 의원들은 일주일에 20시간 이상을 사용한다고 한다.

영국 의회는 민주주의에 대한 이해를 제고하고 국민의 편의와 알 권리를 최대한 담보하기 위해, 의회의 역할 및 의원들의 정치 활동에 대한 가능한 많은 자료를 온라인상에 공개하고 있다. 또 의회 발전을 위해 국민과의 소통의 창을 확대하고자 힘쓴다. 영국도 미국처럼 의회 공개주의를 택하고 있는 만큼 의회에서 진행되는 모든 회의 과정을 일반 국민에게 투명하게 공개하고 있으며, 이를 통해 국민들은 의회가 제대로 책무를 수행하는지 감시하고 감독할 권리를 갖게 된다. 2009년 주택 보조금 부당 청구 스캔들 이후, 의회의 개혁 의지는 홈페이지를 통해 더욱 강화되었다. 국민과 소통하려는 의원들의 이러한 부단한 노력으로 국민의 신뢰가 조금씩 회복되고 있는 중이다. 뉴미디어의 적극적인 활용은 지난 5월 총선을 통해 의회뿐 아니라 영국 정치 영역 전반에 걸쳐 확산되고 가시화되었다. ≪가디언(Guardian)≫이 "영국 최초의 소셜 미디어 선거(The first social media election)"라는 표현을 쓸 만큼 5월 총선에서는 유튜브, 페이스북, 트위터 등을 활용한 다양한 선거 캠페인이 펼쳐졌다. 7만 명이 넘는 유권자가 자신의 페이스북 계정에 투표 참여를 밝히는 온라인 배지를 게재했고, 40만 명이 넘는 유권자가 페이스북과 유튜브에서 실시한 디지털 토론을 시청했으며, TV 토론회가 진행되는 동안에 초당 27건의 관련 트윗이 발생했다. 이에 더해 18~24세의 유권자 중 25%가 소셜 미디어에 자신의 정치적 의견을 피력했다. 영국에서도 소셜 미디어에서 엄청난 우세를 보인 노동당이 실제 선거에서 집권 정당이 되지는 못했지만 한국처럼 유권자와 정치인들이 보다 직접적으로 자신의 의사를 전달하기 위해 새로운 미디어를 대안으로 찾기 시작했다는 것은 분명하다.

<표 2-2> 영국 의회의 웹 2.0 활용 현황

	영국 의회 홈페이지 및 소셜 미디어 활용의 특징
정보 접근성 (accessibility)	• 의회 업무(parliamentary business): 모든 의원과 의회의 업무 총망라 • 법안과 입법, 주제(bills & legislation, topic): 입안된 것과 입안되지 못한 법안·법령에 대한 정보와 그에 대한 의원들의 찬반 정보 내역 제공
업무 과정의 투명성 (transparency)	• 의원 수당(member's allowances), 표준 및 재정적 권익(standards and financial interests): 예·결산 과정 및 의회·의원들의 활동 지출 내역 공개, 그에 대한 감사 결과 공개
연계와 소통 (communicating)	• 홈페이지는 정보 제공, 정치와 생활 간극 줄이기, 국민과의 소통 진작의 목적이 잘 조화되어 있음 • 의회 차원에서 페이스북, 트위터, 유튜브, 플리커 등을 통해 소통의 장을 마련하고, 대다수 의원들이 트위터 또는 페이스북 중 하나를 선택해 사용함. 홈페이지와 더불어 국민과의 소통의 창구로 활용
서비스 활동 (service)	① 이용자 맞춤형 서비스, ② 입법 서비스, ③ 관람 및 자료 제공 서비스, ④ 정책·문화 서비스, ⑤ 대면 서비스, ⑥ 의원 서비스

3) 한국 의회와 의원들의 웹 2.0 활동

(1) 신뢰 회복을 위해 투명성을 갖춰라

한국 역시 국제의회연맹의 가이드라인에 명시된 권고 사항을 의회 홈페이지에 충실히 반영하고 있다. 한국은 다른 국가들에 비해 일찍부터 정부주도의 정보통신기술(Information and Communication Technology, 이하 ICT)을 발전시켜왔고 이를 정부 기관에 가장 먼저 도입했다. 그 결과, 현재 전자정부 실행에 있어 세계 최고 수준을 자랑한다. 그 수준에 걸맞게 의회 홈페이지 역시 최적의 서비스를 국민에게 제공하고 의회에 대한 긍정적 인식을 제고하기 위해 지속적으로 홈페이지 개선 작업을 단행하고 있다.

한국 역시 의회 공개주의를 채택하고 있기 때문에 의회의 의안 심의 과정을 포함한 다양한 자료들을 국민에게 공개하는 등 일반적인 정보 공개의 투명성 측면에서 다른 국가들과 별반 차이를 보이지 않는다. 그러나 의원의 업무 활동에 드는 비용 공개 측면에서는 큰 차이를 보인다. 미국이나 영국의 의회와 달리 의회와 의원들의 의정 활동 경비나 정보 보조금 지급에 관한 정보가 매우 제한적으로 제공되고 있다. 지급 총액과 큰 범주 내의 사용 내역에 대한 부분은 공개되지만 구체적인 사용 내역과 금액은 공개되지 않는다. 또한 경비에 관한 정보는 검색이 용이하지 않으며 대개 적극적인 공개 요청을 문서로 작성해 신청한 뒤, 심사를 거쳐 전자 문서로 응답받을 수 있다. 의회가 어떤 기준에서 의원들에게 보조금이나 활동비에 대한 지급 및 감사를 하는지, 의원들은 어떤 항목에 얼마나 지출하는지, 그러한 항목들이 의정 활동에 합당한 포함 조건인지 등에 대한 정보를 쉽게 찾아볼 수가 없기 때문에 국민들은 의원들의 의정 활동에 대한 의문과 문제점을 빈번히 토로하고 있다.

한국 국민이 의회와 의원들에 대해 가지고 있는 부정적인 인식은 의원들이 자신의 역할과 의무에 준해 합당한 수준의 임금을 지급받고 있는지, 국회의원에게 지급되는 활동비와 보조금의 규모는 어떻게 결정되는지 등에 대한 합의나 이해가 부족한 데에서 기인한다. 해마다 연초가 되거나 공직자의 임금 문제가 거론될 때면 국회의원의 임금과 보조금의 수준, 규모가 빠지지 않고 논의된다. 따라서 의회는 의원들의 활동 경비에 대한 투명한 공개를 통해 국민들로부터 이해를 받으려 노력을 기울일 필요가 있다. 특히 〈그림 2-1〉에서 보는 것처럼 북유럽 국가의 의원들은 7~8만 달러의 연봉을 받는 반면, 한국 의회 의원의 세비 수준은 17만 달러(GDP 기준)로 일본과 미국, 이탈리아와 더불어 세계 최고 수준으로 나타났다. 그러나 정당 간 대결, 정책 및 의견에 대한 합의점 도출 실패, 정책 외의 정치적 이견으로 인한 불화 등으로 회기가 중단되거나 업무 시간 미충족 등 의원들의

<그림 2-1> 국가별 국회의원 연봉

(단위: 만 달러 PPP)

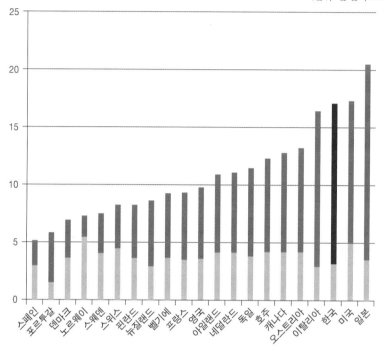

자료: 류현영(2012).

파행적 행보가 미디어를 통해 낱낱이 알려졌다. 의원들에 대한 임금 및 활동비에 대한 투명한 정보 공개를 통하지 않고서는 현재 국민의 이해와 신뢰를 얻기가 쉽지 않다.

또한 세계 국회의원들의 보수를 비교한 연구 결과에 따르면 스페인, 일본을 제외하고 모두 해당 국가의 부패지수가 낮을수록 의회 의원의 임금 수준이 낮은 것으로 나타났다. 북유럽 국가와 스위스, 뉴질랜드 등 부패지수가 낮은, 다시 말해 투명도가 높은 국가들은 의원 보수가 낮았고 부패지수가 높은 한국과 이탈리아는 다른 국가에 비해 보수가 높았으며 1인당

〈표 2-3〉 20개 주요 국가의 국회의원 연봉 비교

국가	연봉			
	만 달러, PPP 기준	현지 화폐 기준	단위	1인당 GDP 대비 연봉
스페인	52,386	39,394	EUR(€)	1,72
포르투갈	58,918	39,534	EUR(€)	2,52
덴마크	69,447	600,643	DKK(kr)	1,84
노르웨이	73,147	777,630	NOK(kr)	1,32
스웨덴	74,834	686,600	SEK(kr)	1,79
스위스	82,733	135,352	CHF(Fr)	1,80
핀란드	82,809	81,732	EUR(€)	2,27
뉴질랜드	87,047	141,800	NZD($)	3,02
벨기에	92,402	82,700	EUR(€)	2,43
프랑스	94,146	85,202	EUR(€)	2,65
영국	98,410	65,738	GBP(£)	2,68
아일랜드	109,412	92,672	EUR(€)	2,62
네덜란드	98,410	94,758	EUR(€)	2,61
독일	114,808	95,520	EUR(€)	2,94
호주	122,935	190,550	AUD($)	2,90
캐나다	128,341	157,731	CAD($)	3,09
오스트리아	132,683	132,683	EUR(€)	3,63
이탈리아	164,647	140,444	EUR(€)	5,47
한국	170,887	137,961,920	KRW(₩)	5,27
미국	174,000	174,000	USD($)	3,49
일본	204,868	21,058,000	JPY(¥)	5,66

자료: 류현영(2012).

GDP 대비 보수도 높았다. 의원들의 의정 활동 및 임금 결정 과정과 지출 정보를 투명하게 공개하는 것은 국민의 신뢰를 확보하고 국가의 부패 수준을 낮출 수 있는 중요한 일이다. 그렇기 때문에 앞서 살펴본 바와 같이 미국이나 영국의 의회가 투명하게 경비 지출을 공개하는 것은 국민들의 알 권리를 마땅히 충족시켜주는 행위이며 국민의 신뢰와 의회에 대한 긍정적 인식을 형성하는 데 필요한 조건이다.

(2) 소셜 미디어의 활발한 사용

의원들이 트위터를 본격적으로 활용하기 시작한 2011년 하반기에 비해 현재 의원들은 트위터로 상당한 소득을 거두고 있다. 2011년 하반기를 기준으로 볼 때 한국의 국회의원 가운데 트위터 계정을 가진 175명의 트위터를 분석해보면, 초기에는 소속 정당에 관계없이 80% 이상의 의원들이 정보 제공에만 치중한 것을 알 수 있다. 그 때문에 국민과의 소통, 즉 관계적 활동은 그에 훨씬 못 미치는 수준이었다. 그러나 계정은 있으나 활동을 거의 하지 않아 휴면 계정처럼 되어 있거나 업데이트가 되지 않는 계정 등을 제외하면 현재 117명의 의원들이 트위터를 활용하고 있으며 47명의 의원들이 페이스북을 활용해 국민과의 소통에 힘쓰고 있다. 특히 이렇게 활동 중인 트위터나 페이스북은 하루 방문자나 트윗의 업로드 간격이 빈번한 편이며 온라인을 통한 소통을 가장 활발하게 하는 의원들도 상당히 많은 편이다.

사실 한국의 국회의원들만큼 다수가 소셜 미디어 활용에 적극적인 나라도 별로 없다. 내용 면에서 홍보에 치중했던 초기와 달리, 지금은 의원들이 정책에 대한 의견, 친밀감 있는 대화, 자신의 의정 활동과 의회에서 일어나고 있는 사안에 대해 진행 상황을 전달하는 등 신속히 국민과의 소통에 소셜 미디어를 전 방위적으로 소화해내고 있다. 그러나 한국의 온라인 공간은 이념적 성격과 정당 간 대립이 매우 뚜렷하게 나타나는 편이기 때문에 동일 이념과 정당 소속감을 공유한 사람들끼리의 연합과 묶임이 분명하게 드러난다.

〈표 2-4〉 한국 의회의 웹 2.0 활용 현황

	한국 의회 홈페이지 및 소셜 미디어 활용의 특징
정보 접근성 (accessibility)	• 의원광장: 의원, 의원들의 의정 활동, 상임위 활동 관련 정보 제공 • 알림광장: 행사 및 일정 공개 • 정보광장: 의안들의 입법 현황, 회의 과정, 예·결산 현황 관련 정보 제공
업무 과정의 투명성 (transparency)	• 정보광장: 회의록 공개 (단, 의원 활동 경비에 대한 기준과 내역은 비공개)
연계와 소통 (communicating)	• 홈페이지는 주로 정보 제공 목적으로 활용됨 • 페이스북, 트위터, 유튜브 등을 통해 의원들 개인이 소통의 장 마련 • 의원들의 유튜브, 플리커 등은 활동 홍보 목적이 강함
서비스 활동 (service)	① 이용자 맞춤형 서비스, ② 입법 서비스, ③ 관람 및 자료 제공 서비스, ④ 정책·문화 서비스, ⑤ 대면 서비스, ⑥ 의원 서비스

한국 의회의 웹 2.0 활동이 역동적으로 나타남에 따라 정치에 대한 국민의 관심과 긍정적 인식도 소셜 미디어를 통해 그 깊이가 심화되고 있다. 일반적으로 다른 정당 소속이라 하더라도 소셜 미디어 활동을 활발하게 하는 의원들에 대해서는 의정 활동 및 의원 개인에 대해 비교적 후한 평가가 내려진다. 반면 국회 홈페이지의 경우, 많은 정보를 제공하고 있음에도 불구하고 정작 국민이 가장 알고 싶어 하는 요건이 충족되지 않고 있다. 또한 부패의 고리를 끊고 국민의 대변 기관인 의회에 대한 신뢰를 고취시킬 수 있는 일부 핵심 정보에 대한 투명성이 담보되지 않아 아쉬움이 남는다. 또한 온라인 활동의 장점이라고 할 수 있는 다량 정보에 대한 접근이 일부 제한되어 의회에 대한 국민의 긍정적 인식이 저해되는 요인으로 작용하고 있다. 대한민국 의회는 이를 보완해야 할 것이다.

4. 선거, 유권자를 분석하다

오바마 대통령이 2012년 재선에 나설 때 그의 선거 캠프가 펼친 전략에 관한 유명한 일화가 있다. 오바마 캠프는 선거 자금을 마련하기 위해 영화 배우들의 정치헌금 디너파티를 열었다. 2012년 5월 조지 클루니(George Clooney)의 저택에서 열렸던 정치헌금 디너파티의 입장료는 자그마치 4만 달러였다. 그와 함께 식사를 하고 사진을 찍는 데 내야 하는 비용이었다. 물론 초대된 손님 대다수는 조지 클루니에게 매력을 느끼는 부유한 40대 여성들이었고, 이들의 적극적인 참여로 그날 하루 동안 모은 기부금만 해도 1500만 달러, 한화로 약 165억 원에 달했다. 그해 6월에는 같은 행사가 뉴욕에 있는 사라 제시카 파커(Sarah Jessica Parker)의 저택에서 열렸다. 〈섹스 앤드 더 시티(Sex and the City)〉로 부를 얻고 성공한 여성의 상징이 된 그녀의 파티에 메릴 스트리프(Meryl Streep)와 패션 디자이너 마이클 코스(Michael Kors) 등 최고의 유명인이 초대되었다. 함께 초대되었던 돈 많은 뉴욕의 40대 여성들은 자신들의 '워너비(wannabe)'들이 수만 달러의 정치헌금을 쾌척하는 모습을 보면서 함께 동참하지 않을 수 없었다. 그날 파티에 초대되었던 50명이 낸 기부금은 약 450만 달러(약 50억 원)였다.

1) 오바마 선거 캠페인의 '일각고래 프로젝트(Narwhal)'

위의 예에서 발견되는 공통점은 부유한 40대 여성이 지갑을 열었다는 것이다. 그렇다면 오바마 선거 캠프는 어떻게 40대 여성을 타깃으로 삼을 생각을 했을까? 이에 대한 답은 유권자 데이터 통합에 기반을 둔 핀포인트

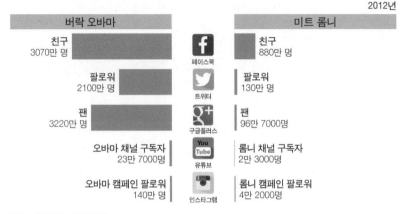

〈그림 2-2〉 2012년 미국 대선에 나타난 두 후보의 소셜 미디어 현황

자료: ≪위키트리≫(2014.5.17).

타깃팅(pinpoint targeting)에서 찾을 수 있다. 2008년 대선이 끝난 직후, 오바마 캠프는 시카고의 한 사무실에서 빅데이터 수집과 분석, 전략을 전담하는 '비밀동굴팀(The Cave)'를 조직하고 선거에서 다루어지는 모든 것을 측정한다는 모토 아래 법이 허용하는 범위 안에서 수단과 방법을 가리지 않고 온갖 데이터들을 그러모아 분석했다. 페이스북의 '좋아요' 버튼을 누른 사람의 출신 학교부터 그들과 친구를 맺은 사람들이 즐겨 찾는 언론과 정치 성향, 그리고 민주당 지지 경향이 강한 버스 노선의 승객 정보부터 슈퍼마켓에서 구입하는 일상 용품까지 유권자 개개인에 대한 입체적인 성향을 파악하려 했다. 그리고 유권자의 개인 정보, 기부 내역, 자원봉사 참여 여부 등 모든 정보를 수집·관리·통합해 개인별 맞춤형 캠페인을 펼쳤다. 이것이 바로 오마바 선거 캠프에서 야심 차게 준비한 '일각고래 프로젝트'이다. 이 프로젝트로 유권자에 대한 풀 데이터 통합 시스템(full data integration system)을 구축하고 활용할 수 있었다.

통합 시스템에 수집된 약 2억 명의 유권자에 대한 방대한 데이터를 분석한 결과, 정치헌금 디너파티에 참가할 가능성이 가장 높은 타깃 그룹이 40대 부유층 여성이라는 결론이 나왔다. 그리고 고액의 기부금 모금에 그들의 참여를 이끌어낼 매력적인 인물로 조니 클루니와 사라 제시카 파커가 선택된 것이다. 이 밖에도 데이터 분석 결과를 토대로 민주당 성향의 유권자에게 맞춤형 이메일을 보내 소액 기부를 독려하고 기부자에게는 좀 더 많은 기부금을 추가로 부탁하는 등 투표 독려와 선거 자금 마련을 동시에 달성해나갔다.

오바마 선거 캠프는 유권자의 라이프 스타일에 주목해 이들에 대한 철저한 데이터 분석을 했으며 이와 함께 모바일, 소셜 미디어를 활용했다. 그리고 이를 오프라인 선거운동으로 연계시킨 새로운 소통 방식을 과감하게 수용함으로써 핀포인트 타깃팅의 진가를 멋지게 선보였다. 이 밖에도 개인에 대한 빅데이터 분석을 통해 '어떤 유권자가 오바마를 지지할 가능성이 높은가?', '부동층은 누구인가?', '그들이 관심을 갖는 이슈는 무엇인가?' 등 선거에서 제기되는 모든 질문들에 대해 구체적인 대응 방안들을 제시했다. 이처럼 2012년 미국 대선에서 오바마의 재선을 가능하게 한 배경에는 개인에 대한 철저한 분석이 있었으며, 스마트폰의 확대로 인한 모바일과 소셜 미디어의 보편화는 타깃팅 분석을 보다 수월하게 해준 가장 주요한 원인이다.

2) 2012년 대통령 선거

지난 18대 대통령 선거는 여러 부분에서 관심을 끌었다. 결과적으로 대한민국 개국 이래 첫 여성 대통령 탄생, 최초의 부녀 대통령 탄생, 1987년 직선제 도입 이후 첫 과반 득표율 획득 등 여러 면에서 '처음'이라는 기록을 남겼다. 또 과정은 짧았지만 강렬한 인상을 남긴 '안철수 현상'과 야권 후보 단일화가 있었으며 다양한 방식의 선거운동이 전개되었다.

18대 대선의 뉴미디어를 활용한 선거운동은 같은 해 4월에 있었던 총선과 사뭇 다른 양상으로 전개되었다. 2011년 10·26 서울시장 보궐선거에서 무소속이었던 박원순 후보의 승리가 확정된 후, 소셜 미디어는 온라인 여론 형성과 선거 캠페인에서 핵심적인 역할을 한 것으로 주목받았다. 그러나 4·11 총선에서 소셜 미디어를 비롯한 온라인 여론이 예측한 것과 다른 결과가 나오자, 소셜 미디어가 여론 형성과 선거에서 결정적인 영향력을 발휘할 것이라는 믿음이 흔들리기 시작했다. 총선이 끝난 후 언론을 비롯한 여론은 정치적 관심과 참여도가 낮은 20~30대에 소셜 미디어 사용자층이 집중되어 있어, 이들의 의견만 가지고는 선거 결과를 예측하기가 쉽지 않았다고 평가했다. 또 소셜 미디어 사용자 대다수가 수도권에 집중되어 있는 반면, 총선은 전국 단위의 수많은 후보들을 대상으로 하고 있으므로 소셜 미디어 여론으로 전국 선거 결과를 예측한다는 것 자체가 무리라고 판단했다. 그러나 이렇게 소셜 미디어의 한계를 지적하면서도 총선과 달리 대선에서는 유의미할 것이라는 예측이 다시 고개를 들기 시작했다. 그 이유는 첫째, 헌법재판소의 판결에 따른 소셜 미디어 선거운동이 허용되고 실명제 폐지 이후 치르는 첫 번째 대선이라는 점, 둘째, 대선은 총선과 달리 전국의 관심이 극히 제한된 두 명의 후보에게 집중되기 때문에 관심이 분산될 염려가 없다는 점, 셋째, 스마트폰 사용자의 급증으로 정치정보의 실시간 공유와 접근이 가능해져 참여민주주의의 장이 현실화되었다는 점이다. 여기에 한국의 대통령 선거 직전에 있었던 오바마 대통령의 재선에 소셜 미디어의 정교한 활용이 큰 기여를 했다고 알려지면서 한국에서도 소셜 미디어가 핵심적인 역할을 할 것이라는 기대가 만연했다. 소셜 미디어를 활용한 선거운동에 관해 다음의 질문들을 생각해볼 필요가 있다. 선거운동이 어떻게 진행되었으며, 특히 각 캠프에서 전개한 뉴미디어 활용 전략을 어떻게 평가할 것인가? 선거 과정에서 앞서 언급한 정치적 기능들이 제대로 구현되도록 뉴미디어가 제대로 작동했는가? 이번 선거의 뉴미디어 활용 전략이 이전 선거에서 사용된 것과 어떤 차별성을 갖는가? 뉴미디어의 활용이 선거에서 갖는 의미는 무엇인가?

3) 뉴미디어의 정치적 효과

요차이 벤클러(Yochai Benkler)는 온라인상에서 사람들의 정치 참여가 증가하고 있는 이유에 대해 다음과 같이 설명했다. 첫째, 온라인은 특정 목적을 위해 인위적으로 제한을 두지 않는 이상 엄청나게 많은 사람들이 모일 수 있는 공간이라는 점이다. 이 때문에 참여의 규모가 커지더라도 이들을 관리하기 위한 비용이 거의 추가되지 않는다. 둘째, 다양한 경험과 지적 수준을 가진 참여자들 사이에 직접적인 상호작용이 가능하기 때문에 담론 형성의 질적 측면에서도 충분히 높은 수준을 갖는다는 점이다. 얼마 전까지만 해도 페이스북이나 트위터처럼 공간적 제약을 뛰어넘어 광범위하고 쉽게 관계를 맺을 수 있는 소셜 미디어들이 각광을 받았으나 최근에는 소셜 미디어의 선택 트렌드가 변하고 있다. 폭넓은 네트워크 형성에는 도움이 되지만 불특정 다수를 대상으로 한 개방형 관계의 피로도가 높아지고, 개인의 사생활 노출 위험이 높다는 인식이 형성되면서 개방형 소셜 미디어보다 다소 폐쇄적인 모바일 메신저 또는 폐쇄형 소셜 미디어의 사용자층이 두터워지고 있는 것이다. 특히 카카오톡과 같은 모바일 메신저의 경우, 모바일 환경에 최적화되어 서비스가 시작되었기 때문에 사용자가 쉽게 사용할 수 있어 소셜 미디어에 익숙하지 않은 사용자층에게도 유인력이 높다.

스마트폰은 사용자 간 네트워킹을 실시간으로 가능하게 하는 동시성과 현장성을 극대화함으로써 정보 공유와 네트워킹의 밀도를 더욱 촘촘하게 만든다. 즉, 모바일의 뛰어난 이동성과 친밀한 사적 네트워크의 속성이 개인의 자유로운 정치 참여와 더불어 정치적 유용성을 촉진하는 데 긍정적인 역할을 한다. 이와 같이 사용자층의 선호에 따라 달라지겠지만 소셜 미디어와 모바일 메신저를 통해 확산되는 정치적 관심과 참여 욕구는 정치적 무관심층을 관심층으로 이끌어낸다. 또 네트워크 공간을 통한 일상생활에서의 정치화를 이끌어 개인의 주체적인 정치 판단력, 참여의 질과 폭을 확대하는 데에도 일정 정도의 역할을 보여주고 있다.

한편 위에서 설명한 소셜 미디어의 정치적 기능은 대부분 주요 정치 행위자 중 유권자의 입장에 초점이 맞춰져 있어 그들에 의해 적극적으로 활용되어온 경향이 있다. 그러나 소셜 미디어의 정보 공유(sharing) 속성에 의한 파급효과 증가와 대화(conversation) 속성에 따른 유권자와의 직접적인 커뮤니케이션이 가능해지면서 대중뿐만 아니라 정치인들도 홈페이지를 넘어 뉴미디어 활용에 큰 관심을 보이고 있다는 점도 간과할 수 없다. 2011년 4·27 보궐선거를 앞두고 그해 연초부터 정치인들의 소셜 미디어 사용이 증가했고 같은 해 10·26 서울시장 보궐선거와 지난 4·11 총선을 경험하면서 본격적인 선거 홍보와 캠페인 기제로 활용되었다. 2012년 대선에서는 가장 강력한 선거운동 방법인 오프라인에서의 후보 유세만큼이나 가능성 면에서 큰 주목을 받았다. 이와 함께 기존의 주요 온라인 정보 공유 수단이었던 홈페이지와 스마트폰을 중심으로 이동성(mobility)이 급부상하면서 뉴미디어의 활용에 대한 관심이 그 어느 때보다 높았다.

5. 정당, 뉴미디어를 선택하다

1) 캠페인을 한눈에 보는 허브, 홈페이지

여당은 국민행복캠프(www.park2013.com)를 공식 홈페이지로 지정해 사이버상의 모든 활동 거점으로 천명했다. 지난 서울시장 보궐선거에서 온라인 여론이 야당을 전폭적으로 지지하면서 예상을 뒤엎는 뼈아픈 패배를 경험한 이후, 야권 친화성을 띠고 있는 온라인 커뮤니티의 성격을 희석시키고 젊은 지지층을 포섭하기 위해 힘을 쏟았다. 여당의 허브 전략은 두 가지 측면에서 점수를 줄 수 있을 것 같다. 하나는 접속 지역에 따라 첫 화면이 해당 지역으로 노출되는 '국내 최초 지역 맞춤형 서비스'를 시도한 것이다. 16개 시·도 및 재외국민 모두를 고려해 홈페이지에 접속한 유권자들이 자신의 거주 지역에 대한 박 후보의 정책, 메시지, 뉴스 동향 등을 페이지 이동 없이 첫 화면에서 바로 확인할 수 있었다. 즉, 감정에 의한 호소가 아닌 정책적 우수성을 보여줌으로써 박 후보에 대한 지지를 획득하겠다는 의지를 표명한 것으로 볼 수 있다. 또 하나는 '빨간 운동화(새누리당 청년 본부)'를 설립한 것인데, '빨간 운동화'는 20대를 타깃으로 한 맞춤형 전략으로 선거 기간에 투표 참여 독려, UCC(User Created Contents) 촬영, 인터넷을 통한 정책 홍보 등 젊은 세대의 기호에 집중한 것이다.

그러나 국민행복캠프는 다양한 정보와 뉴스를 접할 수 있는 포털이기는 하나, 박 후보의 공식 팬클럽인 '호박(好朴)'과 공식 팬클럽은 아니지만 적극적인 온라인 활동을 하는 '박사모'와 연계되어 있지 않아 온라인 전략의 핵심을 놓친 것이나 다름없었다. 홈페이지를 허브로 두고 팬클럽을 연계하는 것은 기존 지지자들에게 후보의 진영 안에 있다는 소속감과 유대감을 높여주고 팬클럽 간의 정보 교류에 도움을 주는 행위이다. 또한 새로운 방문자나 아직 지지 후보를 결정하지 못한 방문자(유권자)에게 많은 정보를 제공해주고 지지 세력의 규모를 보여주며 후보의 영향력을 가늠할 수 있는 여지를 주는 것이다. 따라서 외부 영향력과의 관계를 연결시키지 못한 것은 온라인 공간 활용에 대한 이해가 깊지 않음을 방증한 것이라고 할 수 있다.

야당은 선거대책본부로 '담쟁이 캠프'를 공식 발족하면서 계파와 지역을 뛰어넘는 화합형·통합형 선거대책본부의 성격을 강조했다. 그리고 혁신·동행·소통·공감을 캠프가 구현해야 할 기본 정신으로 표방했다. 이런 기본 정신은 담쟁이 캠프의 홈페이지에 잘 구현되어 있다. 담쟁이 캠프는 총 20여 개가 넘는 집단으로 구성되어 있으며 민주당 내 인사로 구성된 '민주캠프', 지지자들과 시민사회 세력으로 구성된 '시민캠프', 정책 전문가들로 구성된 '미래캠프' 등 세 조직으로 나뉘어 운영된다. 정당, 시민, 정책 간의 수평적 네트워크를 강조하고 유기적 협력 관계를 형성했으며 정당 중심의 수직적 구조를 타파하고자 했다.

'담쟁이 캠프' 홈페이지의 전략은 역할 분배와 관리 집중이라고 볼 수 있다. 중앙 정당과 정책, 그리고 유권자를 분리해서 콘텐츠 생산과 관리를 따로 운영하고 권한의 집중, 콘텐츠 관리의 지체 현상을 방지한 것은 새로운 시도였다. 이전에는 정치인들이 단순히 많은 사람들에게 자신을 홍보할 수 있는 통로로 홈페이지를 이해했다면, 야당은 인터넷을 통한 쌍방향 소통의 가능성에 주목했다는 점에서 눈에 띈다.

그러나 결정적으로 두 정당 모두 콘텐츠 생성이나 상호 소통을 실행에 옮기기보다 시민의 목소리를 듣기만 할 뿐 반응에는 크게 신경 쓰지 않았다. 메아리 없는 외침만 가득한, 잘 짜인 틀에 알맹이가 없는 격이 되어버린 것이다. 제안된 정책들에 신속히 반응함으로써 유권자를 배려하고 그들의 목소리를 경청한다는 것을 투명하게 증명하는 것이 온라인 선거운동의 중요한 목적인 데 반해, 두 후보 모두 이런 '반응'의 측면이 거의 관찰되지 않았다. 결국 보여주기식 전략에 그쳤다는 평가를 받을 수밖에 없었다.

2) 스마트폰으로 조우하다: 극복의 대상 vs 든든한 원군

지난 대선에서 소셜 미디어와 모바일은 당락을 결정짓는 핵심 요인은 아니었을지 모르나 선거 분위기를 긴장감 있게 고조시키는 데에는 일정 부분 기여했다. 대선 전까지 페이스북, 트위터 등 이른바 소셜 미디어 공간은 진보 진영의 영향력이 강력하게 작용하는 공간이었으나, 보수 여당에는 소외된 공간이자 넘을 수 없는 벽 뒤의 다른 나라처럼 인식되었다. 게다가 지난 10·26 서울시장 보궐선거에서 한나라당 나경원 후보가 패배한 것이 트위터에서 시작된 진보 야당의 네거티브 전략 때문이라는 평가도 있었다. 이와 함께 4·11 총선에서도 소셜 미디어상에서 일방적인 야당 우호적 여론이 지속되면서 두 대선 후보들은 한편으로는 소셜 미디어를 극복해야 할 대상으로, 또 다른 한편으로는 가장 핵심적인 무기이자 지원군으로 인식했다. 무엇보다 18대 선거는 소셜 미디어를 활용한 선거운동이 사실상 전면 허용된 첫 대선이었기 때문에 후보들은 선거운동 전부터 이를 활용해 홍보했고 네거티브 대응을 위한 전담팀을 마련했으며 차별적인 소셜 미디어 전략을 선보였다. 소셜 미디어 공간에서 두 후보의 지지 정도를 대략적으로 비교해보니 트위터와 페이스북에서 박근혜 후보는 문재인 후보에게 확연히 밀리는 형세였지만 카카오톡 플러스(Kakao Talk Plus)에서는 오히려 문 후보에 비해 두 배 가까운 지지 세력을 확보했다.

여당은 소셜 미디어에서의 고질적인 약세를 만회하기 위해 중앙선대위에 소셜 미디어 본부를 설치하고 캠프 내에 소통 자문위원회를 설립했다. 또 '빨간 마우스'라는 소셜 미디어 서포터즈를 공개 모집했다. 특히 중점을 둔 부분은 박 후보가 가진 '철의 여인' 이미지를 탈피하고 인간적이고 보통 사람의 이미지를 만드는 작업이었다. '친근혜 캠프'나 '그네가 있는 놀이터'라는 코너들을 통해 최대한 선거와 직접적인 이미지를 배제하고 일상생활에서의 이미지를 카툰, 동영상, 애니메이션 등으로 만들어 제공했다. 또 하나 눈에 띄는 점은 콘텐츠 기부를 받은 것이다. 박 후보의 지지자들이 트위터, 페이스북, 유튜브 등을 통해 지지 선언을 하거나 지지하는 메시지를 보내면 홈페이지에서 '박근혜 미디어'의 화면에 보이도록 한 것이다. 한마디로 여당의 소셜 미디어 전략은 '눈길 끌기' 작전이었다. 게임적 요소에 집중함으로써 선거를 유희적 시각에서 접근하려고 한 것이다. 만약 젊은 층의 폭넓은 지지를 받고 있는 야당에서 시도되었다면 보다 눈에 띄는 결과를 얻었을 가능성이 높다.

반면 야당의 소셜 미디어 전략은 대부분의 언론 매체가 보수화되어 있는 상황에서 매우 중요한 전략이었다. 소셜 미디어 공간 자체가 기득권에 기대기보다 알려지지 않은 사실에 목말라하고, 정치와 사회에 대한 비판적 시각을 내세우는 사람들이 많이 있는 공간이라고 알려져 있었기 때문에 정권 교체를 희망하는 야당으로서는 든든한 지원군을 확보한 셈이었다. 또 점점 확산되는 소셜 미디어의 활용 추이를 볼 때 소통과 정보 확산을 통해 불균형적인 미디어 환경을 균형화해 나가려는 바람이 민주통합당에 있었던 것으로 보인다.

3) 모바일 메신저, 소통과 투표

지난 대선에서 가장 눈길을 끌었던 뉴미디어 캠페인 전략은 카카오톡을 이용한 선거운동이었다. 2009년 이후 스마트폰이 더욱 대중화되자 고연령층의 스마트폰 활용률이 상당히 높아졌다. 여기에 스마트폰의 선택적 부가 서비스로 제공되는 모바일 메신저 서비스인 카카오톡은 무료 문자 제공이라는 장점 때문에 7000만 명의 국내외 가입자와 하루 평균 43분 사용이라는 대기록을 세웠다(2012년 12월 기준). 다시 말해 한국에서 스마트폰을 가진 사람 거의 모두가 카카오톡을 사용한다고 생각하면 이해하기 쉬울 것이다.

이런 사용자층의 급격한 확산을 인지한 여당과 야당은 카카오톡과 연계해 2012년 11월 2일부터 선거 전날까지 제한된 기간에 18대 대선 후보의 카카오 플러스 친구라는 앱을 공식적으로 서비스했다. 2주 남짓한 기간 동안 캠프는 18개라는 제한된 메시지만을 제공할 수 있었고 플러스 관계를 맺은 '친구'들의 반응은 볼 수 없는 일방적인 정보 및 홍보 전달 기제였기 때문에 사실상 쌍방향 소통이라는 소셜 미디어의 성격과는 거리가 좀 있었다. 이 서비스의 목적은 두 후보의 온라인 지지도를 가늠해보고자 하는 데 있었다. 결과적으로 두 후보 모두 카카오톡 플러스 친구가 100만 명을 넘지 못하면서 기대했던 온라인 홍보 및 지지 확인 효과를 거두지 못했다. 그다음 눈길을 끈 것은 카카오톡이었다. 카카오톡은 트위터나 페이스북과 달리 폐쇄형 커뮤니티를 형성하고 있어 사생활 노출에 대한 걱정과 불특정 다수와 관계를 맺는 것에서 오는 피로감에서 탈피할 수 있다는 장점이 있었다. 이 때문에 빠르게 사용자층을 넓혀 나간 매체이다.

선거운동에 카카오톡이 사용된 것은 지난 대선이 처음이 아니다. 잘 알려져 있지는 않지만 10·26 서울시장 보궐선거 때 박원순 현 서울시장이 소셜 미디어 선거운동의 핵심 전략 중 하나로 사용한 것이 바로 카카오톡이다. 투표 독려와 박 후보에 대한 지지 독려를 위해 박 시장 캠프 내에서 카카오톡을 실험적으로 사용했는데, 이것이 야권 후보 단일화 과정에서 모바일 경선과 투표 당일 투표율 증가에 큰 영향을 미쳤다는 것이 캠프 내 결론이었다. 다소 재미있는 점은 정작 대선에서 이런 실험의 유효성이 야당보다 여당에 더 효과적으로 사용되었다는 것이다. 실제로 카카오톡은 별다른 뉴미디어 학습이 필요하지 않은 단순한 기능의 메신저였기 때문에 디지털 미디어에 익숙하지 않은 장년과 노년층에게도 어필할 수 있었다 (여당 후보가 노년층의 엄청난 지지를 얻었던 점을 기억해보자). 또한 친분 관계가 있는 사람들끼리의 폐쇄형 커뮤니티이기 때문에 관계적 설득이 용이하다는 장점이 있다. 따라서 정치에 무관심한 사람도 친구 따라 강남 가는 심정으로 후보에 관심을 갖기 쉬웠고 정치적 성향을 드러내지 않아도 된다는 것이 심적 부담을 가볍게 했을 것이다.

6. 뉴미디어와 소통

1) 콘텐츠가 답이다

18대 대선이 있기 한 달 전, 모든 언론이 오바마 대통령의 재선 확정 소식과 더불어 재선을 가능하게 한 가장 주요한 전략으로 정교한 빅데이터 분석에 기반을 둔 적극적이고 공격적인 뉴미디어 활용을 꼽았다. 그리고 한국의 대선에서 소셜 미디어가 가져올 정치적 효과를 한껏 기대했다. 서울시장 선거에서 20~40대 소셜 미디어 세대가 보여준 것처럼 개인의 적극적인 정치 참여만이 세상을 바꿀 수 있다는 의지가 있었기 때문이다. 결과적으로 한국 대선에서 뉴미디어의 선거 캠페인 활용도는 미국과 비교했을 때 여러모로 부족했다. 미국 대선 과정에 나타난 종합적인 뉴미디어 활용을 볼 때 미트 롬니(Mitt Romney)가 오바마에 많이 뒤처진 것이 사실이다. 그러나 롬니는 기본적인 선거 정보 제공의 단계를 넘어 타운 홀 미팅(town hall meeting), 유튜브 채널 등을 통해 유권자와의 대화에 적극적으로 임했으며 유권자의 자발적인 선거 참여를 유도해 원활한 선거운동을 지원했다. 또 크라우드 펀딩(crowd funding)을 통해 소액 중심의 정치자금을 모금하는 등 2008년 대선에 비해 진일보한 면을 선보였다. 그러나 한국의 대선에서 보인 두 정당의 소셜 미디어 활용전략은 기본적인 정보 제공 단계에서 크게 벗어나지 못한 채 관계와 소통보다 여전히 후보자에 대한 지지 호소를 하는 데에만 방점을 두었다. 소셜 미디어의 각 매체적 성격을 살려 매체 맞춤형 활용을 하거나 온라인 공간을 공간적 한계를 초월해 유권자와 광범위한 접촉을 가능케 하는 방안으로 활용하지 못한 것이다. 그것은 두 가지 이유로 설명될 수 있다. 하나는 소셜 미디어를 비롯한 뉴미디어에 대한 외연적 인식에 비해 내적으로 그 중요성을 아직 크게 절감하지 못했다는 것이다. 또 하나는 외연적 인식을 실행하는 데 시간이 부족했다는 점이다. 미국의 두 후보가 중간선거 과정을 거치면서 1년 남짓 선거 준비에 몰두한 것과 달리, 한국의 두 후보는 본격적인 선거운동이 시작된 다음인 11월에 들어서야 소셜 미디어 및 모바일 운용을 위한 작업에 착수했다. 그러나 무엇보다도 유권자에게 전달할 콘텐츠를 준비하지 못하거나 선거 기간 내내 수집한 유권자에 관한 엄청난 양의 정보들을 전략적으로 이용하지 못하고서는 진정한 효과와 결실을 얻을 수 없다.

2) 뉴미디어에 거는 정치적 기대

이 같은 상대적 열세에도 불구하고 소셜 미디어 및 모바일이 한국의 대선에서 아무런 역할을 하지 못했다고 결론 내릴 수는 없다. 16대 대선 이후에 나타난 연령별 투표율과 이번 18대 대선 투표율을 비교해보면, 소셜 미디어가 선거에 사용되지 않았던 18대 총선까지 20~30대의 투표율이 지속적으로 하락했으나 소셜 미디어가 본격적으로 활용되기 시작한 19대 총선부터 뚜렷한 상승을 보인 것을 알 수 있다. 특히 이번 대선에서 20~30대 투표율은 16대 대선 이후 최고치였다. 잘 알려져 있다시피 한국의 소셜 미디어 주 사용자층은 20~30대이다. 새로운 정치 개혁을 주장하며 등장한 안철수 후보에 대한 젊은 층의 절대적인 지지와 높은 기대감, 그리고 선거를 '놀이'와 '공감·공유의 이벤트'로 인식하게 한 소셜 미디어의 존재가 이들의 투표율 상승에 영향을 미친 것이 아닐까. 소셜 미디어가 20~30대의 투표율 상승에 공헌했다면 40대 이상의 투표율 상승에는 카카오톡 등 모바일 메신저가 기여했다고 볼 수 있다. 모바일 메신저를 비롯한 문자메시지가 활발하게 사용되면서 스마트 미디어에 익숙하지 않은 장노년층에게도 쉽게 정치적 정보를 전달할 수 있게 되었으며 정치 상황과 흐름을 관찰하고 참여를 집단화할 수 있는 동력을 얻게 된 것이다. 즉, 모바일 플랫폼은 뉴미디어 사용이 익숙하지 않아 온라인 여론에서 소외감을 느끼고, 자신들이 어렵게 쌓아온 과거가 젊은 층에게 송두리째 무시된다고 느끼던 장노년층 간에 유대감을 형성시켰으며 집단화되도록 도왔다.

두 정당 모두 지난 총선에 비해 소셜 미디어와 모바일 플랫폼을 공격적으로 활용했다. 다양한 채널과 콘텐츠를 만들어 유권자와의 소통의 장을 만들고 온라인을 통해 둘 다 200억 원이 넘는 대규모 펀드를 단시일 내에 조성했다. 또 정책 블로그와 홈페이지를 통해 국민으로부터 직접 정책 제안을 받는 등 선거 과정에서 뉴미디어가 기여한 부분이 대단히 많다. 다만 두 후보 모두 경쟁적으로 뉴미디어를 사용했으나 단순히 '보여주기식'의 표면적인 활용에만 머문 점이 아쉬울 뿐이다. 두 정당 모두 오바마 캠프에서 선보인 투명한 정보 공개나 상대 후보(롬니)와의 정책적 차별성을 통한 경쟁 구도 유지 등 유권자와 소통할 수 있는 방식들을 제대로 갖추지 못했다. 또한 네거티브 여론과 공격에 대해 유권자 스스로 사실 검증과 논박을 거쳐 지지 후보를 방어하고 적극적으로 상대를 공격할 수 있도록 하는 수준 높고 세련된 뉴미디어 활용 방식 및 전략들을 생각해내지 못했다.

소셜 미디어가 가진 개방성과 동시성, 상대적으로 저렴한 참여 비용과 시공간적 제약의 극복이라는 특징들은 이용자들의 사소한 일상이나 감정 공유를 기반으로 하기 때문에 생활 정치의 실현을 꾀할 수 있다. 이로써 거시 담론뿐 아니라 미시 담론을 통한 숙의민주주의의 가능성을 높이고 더 나아가 직접민주주의적 요소를 가미함으로써 대의민주주의를 보완한다. 또한 정치인과의 직접 대면을 통해 주요 이슈에 대한 질의응답을 하고 정책에 대한 정치적 의사를 표현하며, 정치적 책무에 불성실한 정치인에 대해서는 직접적으로 불만과 거부를 표시하는 등 직접민주주의를 실현한다. 이러한 현상들은 대의민주주의의 약점으로 지적되던 유권자에 대한 정치인들의 반응성과 책임성을 자극해 이들의 책무를 강화하는 데 도움이 될 수 있다. 다시 말해 소셜 미디어를 통한 정치 참여는 취약해진 대의민주주의 제도와 왜곡된 정당정치를 수정하고 스스로 정치사회적으로 중요한 안건을 제기한다. 또한 대중의 합의 과정을 통해 새로운 정책 결정 방식을 만들어갈 가능성을 제시하고 있는 것이다.

뉴미디어는 완벽하지 않다. 한 정당이 국민의 정치적 신뢰를 회복하고 집권 가능한 정당으로 선택받기 위해서는 현실적 이해관계 속에서 어떠한 가치를 추구할 것인가에 대한 균형적 조화가 필요하다. 그 과정에서 새로운 미디어는 가치를 효과적으로 전달하는 효율적인 도구가 되어야 할 것이다.

참고문헌

금혜성. 2012. 「소셜 시대의 참여민주의」. 한국정보화진흥원 정보문화이슈, 12-3호, 3~28쪽.

류현영. 2012. 「국회의원 보수 국제비교」. http://www.politics.kr/?p=575.

조희정·강장묵. 2008. 「네트워크 정치와 온라인 사회운동」. ≪한국정치학회보≫, 42집 3호, 311~332쪽.

한종우. 2012. 『소셜 정치혁명 세대의 탄생: 네트워크 세대는 어떻게 21세기 정치의 킹메이커가 되는가?』. 전미영 옮김. 부키.

≪위키트리≫. 2014.5.17. "선거? 정치? 마케팅? 오바마 SNS 소통이 정답".

Benkler, Yochai. 2006. *The Wealth of Networks: How Social Production Transforms Markets and Freedom*. Yale University Press.

3장
정당, 미디어 선택,
그 정치적 결과*

이소영

1. 미디어는 진정한 소통의 도구인가

우리가 하루에 접할 수 있는 정치정보는 몇 개나 될까? 아마도 수천, 수만, 아니 수십만 개에 달하지 않을까? TV, 종이 신문, 인터넷 신문, 포털 사이트 등을 통해 접할 수 있는 수많은 언론사가 제공한 정치 뉴스뿐 아니라 트위터, 페이스북, 카카오톡 등 소셜 미디어에서 제공되는 정치정보는 셀 수 없을 정도로 많다. 정보 과잉의 시대라고도 불리는 이 시대에 사람들은 관련된 모든 정보를 다 검색하고 받아들일 수 없기 때문에 이들 중 일부 정보만을 선택해 볼 수밖에 없다. 이 많은 정치정보들 중에서 사람들은 어

● 이 글은 필자가 ≪21세기정치학회보≫ 24집 3호(2014년)에 게재한 「정당, 미디어, 그리고 정치적 선호」를 수정한 내용을 포함하고 있다.

떤 정보를 어떻게 선택하는 것일까?

인터넷이라고 하는 새로운 매체가 등장하기 전까지 대다수 사람들은 자신들이 구독하는 신문이나 잡지, 그리고 집에서 자주 보는 TV 채널의 뉴스 프로그램에서 정치정보를 획득했다. 지금도 여전히 TV와 신문은 정치정보를 얻을 수 있는 가장 일반적인 정보원이다. 하지만 인터넷이 등장하고 네트워크상에서 정보의 소통과 확산이 가능한 소셜 미디어까지 등장하면서 우리는 이제 TV나 신문에서 정보를 얻는 것에 머무는 것이 아니라 직접 정보를 찾고 선택하고 스스로 그 정보를 수정하기도 하며 정보를 다른 사람에게 전달할 수도 있게 되었다. 그뿐만 아니라 획득한 정보에 대해 자신의 의견을 즉시 표명할 수 있게 되었다.

이렇게 우리가 선택하고 참여할 수 있는 미디어의 범위가 늘어나면서 미디어를 통해 정보를 습득하는 과정에서 우리 자신의 입장과 관점이 보다 많이 반영되게 되었다. 일방적인 정보 전달 매체인 TV만 하더라도 우리는 자신의 관점과 더 일치되는 채널을 선택하게 된다. 특히 KBS, MBC, SBS 등의 공중파 채널이나 YTN, 연합뉴스와 같은 뉴스 전문 케이블 채널 외에도 최근에는 이념적 색채가 분명한 종합편성채널 등 정치적 정보를 습득할 수 있는 채널이 많아지면서 선택의 범위가 더욱 넓어졌다.

신문을 통한 정치정보 습득 과정에는 우리 자신의 정치적 관점이 더욱 강하게 반영된다. TV를 시청할 때는 채널을 돌리는 과정에서 여러 채널의 뉴스를 의도하지 않은 채 시청하기도 하지만, 신문의 경우 우리가 구독하는 특정 신문을 통해서만 정보를 습득하게 된다. 우리가 구독할 신문을 결정할 때 우리는 자신과 정치적 관점이 비슷한 신문을 선택하는 경향이 크기 때문에 거의 대부분의 경우 선택적으로 특정 신문의 기사에 노출된다고 할 수 있다.

인터넷을 통해 정치정보를 습득하는 과정도 한번 떠올려 보자. 아마도 많은 사람들이 인터넷 포털 사이트를 통해 뉴스를 볼 때 여러 기사 중 자신이 관심 있는 기사만을 클릭할 것이다. 만약 특정 정치적 이슈에 관심이 있다면 한두 번 더 클릭함으로써 그 이슈에 관한 기사들을 좀 더 접하게 될 것이다. 리스트에 있는 모든 기사를 다 읽어보는 사람도 있지만 대개 몇 개의 기사를 선택해 읽게 되는데, 이때 자신의 정치적 관점이나 생각과 일치하는 기사 제목들을 클릭하게 된다. 정치적 관심이 전혀 없고 정치적 이슈에 대해 아는 것이 거의 없는 사람들을 제외하면, 대다수는 정치정보 선택에 기존의 관점이 반영될 수밖에 없다. 인터넷 포털 사이트에 올라온 기사들은 무수히 많은 기사들 중 포털 운영진이 특정 기준에 따라 한 차례 걸러서 선택한 것들이다. 즉, 인터넷 포털에서 정치 관련 기사를 선택할 때 우리는 포털 운영진들의 기준과 우리 자신의 정치적 관점이라는 두 차례의 거름망을 거친 것이라고 볼 수 있다.

트위터나 페이스북, 카카오톡 같은 소셜 미디어가 정치정보를 얻을 수 있는 중요한 미디어로 사용되기 시작하면서 정치정보를 걸러내는 거름망이 훨씬 다양해졌다. 그뿐만 아니라 때로 우리 자신이 정치정보를 바꾸어 전달할 수도 있게 되었다. 트위터에서 특정인을 팔로우할 때, 페이스북에서 친구를 만들 때, 그리고 카카오톡에서 친구를 초대하고 정보를 교환할 때, 우리는 흔히 자신과 입장이 전혀 달라서 격론을 벌이고 싶은 사람들을 선택하기보다 관점이 비슷한 사람들을 선택하게 된다. 물론 정치적 이슈에 관한 정보 소통을 예상하지 않고 친구 관계를 맺을 때에도 친구가 정치정보를 유통하면 자신이 의도와 상관없이 정치정보에 노출되는 일이 일어나기도 한다. 하지만 이 경우에도 자신과 정치적 입장이 너무 다르다고 판단될 때에는 정치적 이슈에 대한 논의를 중단하거나 자신이 그 그룹을 탈퇴하는 등의 행위로, 또는 친구관계를 끊는 것으로 자신의 의사를 표명하게 된다. 이러한 과정을 통해 우리는 소셜 미디어에서 선택적으로 정치정보를 접하는 것이다.

이렇게 정치적 메시지를 선택적으로 접할 수밖에 없는 환경에서 우리는 자신의 정치적 태도나 신념과 일치하는 메시지, 또는 지지하는 정당이나 후보자에 대한 긍정적인 메시지를 선택한다. 그리고 그러한 메시지가 주는 정보를 보고 듣고 받아들인다. 사람들은 자신의 정치적 신념이나 이념과 일치하지 않거나 자신이 지지하는 정당이나 후보자에 대해 부정적인 태도를 취하는 메시지들은 회피하거나 선택하지 않는 경향을 보인다. 이렇게 미디어에서 제공하는 모든 메시지를 접하기보다 특정 메시지만 선택하고 다른 메시지는 회피하는 경향을 미디어에 대한 '선택적 노출'이라고 한다. 최근 우리 정치가 점점 양극화되면서 우리 사회에서 선택적 미디어 노출 현상이 더욱 심화되고 있다. 정치인들뿐 아니라 유권자들 사이에서도 정치적 관점의 차이가 커지고 있고 언론사 간에도 정치적 성향의 차이가 뚜렷이 나타나 선호에 따라 정보를 쉽게 선택할 수 있는 미디어 환경이 만들어지고 있다. 특히 소셜 미디어의 경우, 자신과 정치적 성향이 비슷한 메시지를 전파하는 사람은 친구로 만들고 정치적 성향이 다른 메시지 전파자와는 친구 관계를 손쉽게 끊을 수 있는 환경이기 때문에 선택적 노출이 더욱 쉽게 일어날 수 있다.

이와 같은 커뮤니케이션 환경에서 새로 얻은 미디어 정보로 사람들의 생각이 바뀌는 경우가 얼마나 될까? 이미 이념적으로나 정치적으로 뚜렷한 입장을 가지고 있는 사람들은 자신과 생각이 비슷한 의견에는 귀를 기울이지만 자신과 입장이 다른 의견들은 듣고 싶어 하지 않는 경향이 있다. 미디어 유형이 다양화되고 더 많은 정보를 획득할 기회를 가지게 되었음에도 불구하고 미디어에 대한 이러한 태도는 사람들 간의 정치적 의견 차이를 더욱 극대화시키는 요인이 되고 있다. 이 때문에 한편에서는 정보를 전달하고 그 정보를 통해 시청자나 구독자들의 생각에 영향을 끼쳤던 미디어의 전통적 역할이 점차 감소하고 있다고 평가하기도 한다.

위에서 언급했듯이 우리가 미디어에서 정치정보를 선택하고 받아들일 때 일반적으로 선택의 기준이 되는 요인은 이 정보가 자신이 선호하는 정당과 정치인에 대해 우호적인가 그리고 이념적으로 자신과 유사한 성향을 가지는가 하는 것이다. 정치적으로 양극화된 사회에서 특정 정당을 지지하는 사람은 그 정당과 정책에 호감을 가지고 쓴 기사나 메시지를 선택하는 경향이 있으며, 특정 이념적 성향을 가진 유권자들은 자신과 이념적 성향이 비슷한 미디어와 기사를 선택하는 경향이 있다. 이렇게 특정 정당의 이념적 성향과 정책적 입장을 선호해 선택을 하는 것을 '정파적 선택'이라고 한다. 이와 같이 사회가 정파적으로 나뉜 상황에서 미디어는 독자나 시청자를 더 많이 확보하려고 점점 더 정치적으로 편향적인 메시지를 전달하게 된다. 그 결과 미디어는 새로운 정보를 통해 의견을 바꾸는 대신 기존의 정치적 입장을 강화하는 역할만 하게 되어 정치적 양극화가 더욱 증대된다. 커뮤니케이션 학자인 스트라우드(Natalie Jomini Stroud)는 개인이 미디어에 선택적으로 노출될수록 이슈에 대해 보다 극단적인 태도를 가지게 된다는 것을 보여준 바 있다(Stroud, 2007).

상당한 정치 양극화를 경험하고 있는 한국의 경우, 사람들이 각각 다른 미디어 채널에 자신을 선택적으로 노출하는 현상이 강하게 나타난다. 특히 세대별로 선택하는 미디어에 뚜렷한 차이를 보인다. 2014년 6월 4일에 실시된 6차 지방선거 과정에서도 같은 이슈와 현상에 대해 미디어에 따라 다른 시각을 가지고 접근하는 경향이 나타났다. 유권자들은 이념과 지지하는 정당에 따라 다른 미디어를 선택하는 정파적 경향을 보였다. 이 장에서는 유권자들의 정당에 대한 선호가 미디어 선택에 어떠한 영향을 미치며 그 결과가 어떻게 나타나는지를 6·4 지방선거의 서울시장 선거 사례를 통해 살펴보고자 한다. 유권자들은 수많은 미디어와 정보들 가운데 자신이 원하는 미디어 채널과 정보를 선택할 수밖에 없는 상황에서 자신이 선호하는 정당과 후보자에게 우호적인 미디어와 정보를 택하게 된다. 그 결과 유권자들은 새로운 정보를 통해 자신의 생각을 바꾸거나 새로운 지식을 얻기보다 자신이 본래 가지고 있던 정당에 대한 호불호나 정책에 대한 생각을 더 견고하게 가지게 된다.

굵직한 이슈들이 부상했던 서울시장 선거 과정에서도 각기 다른 언론사, 미디어 채널들이 주요 이슈들에 대해 현저히 다른 시각을 보였고 유권자들이 선택적으로 미디어와 메시지에 접근할 수 있는 기반을 제공했다. 여러 이슈들이 등장한 선거 캠페인 과정에서도 새누리당·보수 성향의 미디어와 야당·진보 성향의 미디어는 동일한 이슈에 대해서도 전혀 다른 시각으로 접근했고 이러한 차이는 새누리당 지지자들과 야당 지지자들 간의 태도의 차이를 더욱 극명하게 만들었다.

이처럼 사람들은 미디어와 정보를 선택적으로 받아들이기 때문에 미디어에 접근할수록 기존의 정치적 입장이 더욱 견고해진다. 따라서 정치적으로 다른 생각을 가진 사람들 간의 입장 차이는 더욱 커지는 경향이 있다. 특히 6·4 지방선거 유권자들의 사례를 통해 특정 정당을 선호하는 유권자들이 미디어를 어떻게 선택하는지, 그 정치적 결과가 어떻게 나타나는지를 살펴봄으로써 미디어와 정당이 상호작용하며 복합적으로 영향을 미치는 한국 정치과정의 특징을 논의할 것이다. 이를 통해 한국 사회의 미디어 환경을 이해하고 선택적 미디어 노출이 한국 민주주의 발전에 어떠한 문제를 가져오는지 생각해볼 것이다.

2. 선택적 미디어 노출과 그 결과에 대한 논쟁들

1) 미디어는 개인의 정치적 관점을 바꿀 수 있는가

미디어는 전통적으로 정치와 사회 영역을 감시해 보다 나은 사회를 만드는 데 일조하고 새로운 정치정보를 제공해왔으며 다양한 정치적 영역 간 소통을 가능하게 하는 역할을 하는 것으로 인식되어왔다. 그리고 무엇보다 우리가 정치적 판단을 할 때 어떠한 점이 더 중요한지 또는 덜 중요한지 판단할 수 있는 단서를 제공한다. 이러한 판단의 단서는 각 언론사가 사회적으로 어떤 이슈가 중요한지, 그리고 그 이슈를 어떠한 시각에서 바라볼 것인지를 설정하고 그에 따른 정보와 자신들의 의견을 미디어를 통해 제공하면서 만들어진다. 각 언론사마다 자신들의 입장을 가지고 있는데 일반적으로 회사의 역사나 소유주 및 편집책임자의 성향에 따라 특정한 입장을 가지고 기사를 내보내는 경향이 있다. 미디어별로 이렇게 다른 입장을 가지기 때문에 한편으로는 미디어 이용자들이 여러 가지 다른 정

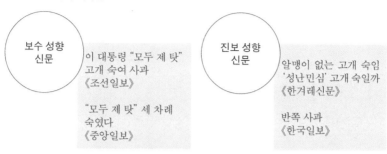

〈그림 3-1〉 2008년 광우병 쇠고기 파동 당시 이명박 대통령의 대국민 사과를 전한 5월 23일 기사 제목들

보수 성향
신문

이 대통령 "모두 제 탓"
고개 숙여 사과
《조선일보》

"모두 제 탓" 세 차례
숙였다
《중앙일보》

진보 성향
신문

알맹이 없는 고개 숙임
'성난 민심' 고개 숙일까
《한겨레신문》

반쪽 사과
《한국일보》

치적 시각을 가진 기사들을 접할 수 있어 정치적 현상이나 인물에 대해 다양한 정치적 입장을 취할 수 있다는 장점이 있기도 하다. 예컨대 《조선일보》, 《동아일보》, 《한겨레신문》, 《경향신문》, KBS, 그리고 SBS는 하나의 정치적 현상에 대해서도 모두 다른 정치적 입장을 가지고 있다. 신문 구독자나 TV 시청자들은 각기 다른 정치적 입장에 따라 작성된 기사와 논평을 종합해 자신의 입장을 갖게 된다.

그러나 사람들이 미디어를 선택적으로만 접한다면 과연 미디어의 전통적인 역할은 무엇인지 의문이 제기될 수 있다. 선택적 노출이 일반화된 미디어 환경에서는 미디어가 사회 전체에 같은 효과를 발생시키는 것이 아니라 미디어 이용자의 선택에 따라 미디어 이용의 결과가 다르게 나타나기 때문이다. 사실 구독자나 시청자가 모든 뉴스 미디어를 다 보지 않고 특정 미디어만 선택적으로 접한다 하더라도, 사회의 이념적 양극화가 심하지 않을 때는 언론사 간의 입장이나 미디어 이용자 간의 정치적 입장이 극도로 다르지 않다. 따라서 사람들의 정치적 의견이 크게 대립적으로 나타나지 않는다. 이 경우에 언론사 간의 온건한 입장 차이는 사회의 다양성 확대에 기여하는 긍정적 작용을 할 수도 있다. 그러나 이념적 양극화가 큰 사회에서는 언론사 간의 입장 차이도 매우 크게 나타난다. 예컨대 〈그림 3-1〉에서 보듯이 하나의 정치적 사건에 대해서도 ≪조선일보≫나 ≪중앙일보≫와 같은 보수 성향의 신문과 ≪한겨레신문≫이나 ≪한국일보≫와 같은 진보 성향 신문의 관점과 해석이 다르게 나타난다. 이러한 환경에서 만약 어떤 구독자가 한쪽의 입장에만 지속적으로 노출된다면 과연 미디어는 그 독자에게 어떠한 영향을 주며 사회 전체적으로 어떠한 역할을 하게 되는 것일까?

미디어 메시지가 이용자들의 기존 생각이나 가치를 바꿀 수 있다는 개념이 '설득 효과'이다. 정치커뮤니케이션 학자인 잘러(John Zaller)의 연구에 따르면 미디어 이용자가 해당 정보와 정치에 대해 얼마만큼의 지식을 가지고 있는지에 따라 미디어 설득 효과가 다르게 나타날 수 있다(Zaller, 1992). 예를 들어 한 언론에서 현재 300명인 국회의원의 정족수를 늘릴 필요가 있다는 요지의 사설을 게재했다고 하자. 평소 정치에 관심이 없거나 정치적 지식이 많지 않은 사람들이 이 사설을 접한다면 금방 설득당해 "우리 국회의원 수가 더 많아져야 되겠군" 하고 생각할 수 있다. 즉, 새로운 정보에 쉽게 설득당하는 것이다. 그러나 이들은 평소 정치 기사를 마주할 확률이 낮기 때문에 이 사설을 접할 기회도 거의 없을 것이다. 따라서 이렇게 새로운 정보를 마주할 기회가 낮은 사람들에게는 미디어 효과도 낮게 나타날 수밖에 없다.

반면 정치에 대해 많은 정보를 가지고 있는 사람들은 뚜렷한 이념과 가치를 가지고 있기 때문에 자신의 가치와 다른 정보들을 받아들이지 않으려 하며 자신의 정치적 태도와 선택을 바꾸지 않는 경향이 강하다. 즉, 이미 여러 가지 근거를 바탕으로 한국의 국회의원 수가 너무 많아서 오히려 줄여야 한다는 생각을 굳건하게 가지고 있는 사람의 경우, 그 사설의 내용 때문에 자신의 입장을 바꾸기는 힘들 것이다. 새로운 정보에 따라 기존 입장을 바꿀 가능성이 높은 사람들은 정치정보의 양은 충분하지 않지만 어느 정도 가지고 있는 사람들이다. 이 사람들은 TV, 신문 또는 다른 종류의 미디어를 통해 새로운 정보를 접하게 될 가능성이 있고 이념이나 가치가 확고하지 않고 여러 가지 가치가 혼재되어 있기 때문에 일단 새로운 정보를 접하면 그 정보를 받아들이는 경향도 상당히 높다. 이 유형의 사람들은 "300명이라는 의원 수가 많은 줄 알았는데 아니었구나"라는 판단을 할 수도 있고 "그래도 300명이면 충분한 숫자가 아닐까"라는 의문을 제기할 수도 있다. 그러나 새로운 메시지를 받아들여 설득당할 확률은 확고한 가치를 가진 사람들에 비해 훨씬 높다. 이렇게 미디어 메시지로 기존의 생각이 바뀌는 '설득 효과'는 이용자의 지식이나 기존 가치 때문에 매우 제한적으로 나타난다.

최근 많은 연구들에서도 미디어를 이용하는 사람들에 따라 다른 효과가 나타난다는 것이 증명되고 있다. 특히 정보를 받아들일 때 잘러가 말한 정치적 지식보다 특정 정당의 이념과 정책을 얼마나 지지하는가 하는 정파적인 동기(partisan motivation)가 중요하다는 것을 보여주는 여러 연구들도 있다. 이 연구들은 사람들이 자신의 이념이나 가치와 반대되는 메시지를 접했을 때 자신의 기존 태도를 오히려 더 강화시키는 경향이 있다는 사실에 주목했다. 이는 미디어의 설득 효과가 기존 가치를 바꾸는 데 있다고 본 잘러 등 기존 학자들의 관점과 다르다고 할 수 있다. 테이버와 로지(Charles Taber and Milton Lodge)에 따르면 미디어를 선택적으로 접할 수밖에 없는 환경에 놓인 개인이 특정 정당이나 그 정당의 이념과 정책을 강하

〈그림 3-2〉 정파적 동기와 태도 변화

| 정파적 동기
강한 개인 | → | 선택적
미디어 노출 | → | 기존 태도 강화 | → | 태도 극화 |
| 정파적 동기
약한 개인 | → | 선택적
미디어 노출 | → | 기존 태도 변화 | → | 태도 변화 |

게 지지하는 경우, 즉 정파적 동기가 강한 경우, 미디어에서 정보를 접하면 접할수록 정치적 태도가 보다 한쪽 방향으로 치우치는 성향을 보인다. 정파적 동기가 강한 사람은 정보의 객관성과 상관없이 자신의 기존 생각과 일치하지 않는 정보는 회피하고 자신이 원하는 정보만을 받아들이기 때문이다. 반면 사람들의 정파적 동기가 낮은 경우, 즉 특정 정당이나 정치 이념에 대한 지지가 강하지 않을 경우 미디어에 노출된 개인들은 그 미디어 메시지가 의도하는 방향으로 태도를 바꿀 수 있다(Taber and Lodge, 2006). 이러한 주장에 따르면 메시지가 객관적인지 또는 편향적인지의 문제보다 미디어 이용자가 어느 정도의 정파성을 띠고 있는지, 즉 정당과 이념을 어느 정도 지지하는지가 미디어 효과의 핵심 요인이라고 할 수 있다.

전통적으로 사람들은 미디어가 제공하는 정치정보를 접하고 받아들이면서 자신의 정치적 태도를 바꾸어왔다. 즉, 미디어 메시지에 의해 설득당해왔던 것이다. 그러나 이제는 개인의 미디어 선택이 중요한 요인이 되면서 미디어가 과연 개인의 태도를 변화시킬지에 대한 의문이 제기되고 있다. 정치적 양극화 현상이 강하게 나타나지 않고 정파적인 색채도 엷었던 과거 미디어 환경과는 달리, 정치적 양극화 현상이 짙어져 가는 오늘날의 미디어 이용자들은 정치정보를 선택할 때 자신이 지지하는 정당이나 정책 또는 이념을 우호적으로 다룬다. 또 반대 정당에 불리한 정보를 더 많이 제공하는 미디어나 메시지를 주로 접하는 등의 정파적 선택을 하는 경향이 있다. 미디어 또한 특정 정당이나 정치적 가치에 부합하는 정보 위주로 제공하는 경향이 강해졌다. 테크놀로지의 발달로 미디어와 정보가 다양화되고 많은 정보 중 일부만을 선택해야 하는 상황에서 사람들은 미디어가 제공하는 정보가 참인지 거짓인지보다 자신의 의견에 잘 부합하는지를 가장 중요하게 여긴다. 특히 잘러가 지적했듯이 정치에 관심이 상대적으로 높은 사람일수록 이러한 경향이 더욱 강하게 나타난다. 이 때문에 정치 커뮤니케이션 학자들은 이러한 환경에서 미디어가 제공하는 정보들이 가치가 있는지에 대해 의문을 제기한다. 더불어 새로운 정보로 개인의 태도가 변화될 가능성이 크게 감소하고 있는 만큼 이제 미디어의 정치적 효과는 최소화되었다고 주장하기도 한다.

사람들이 특정 정당이나 이념에 따라 미디어를 선택하는 정파적 선택을 하는 경우가 늘면서 과연 미디어의 정치적 영향력도 크게 감소했을까? 일부 미디어 연구자들은 기존의 태도를 변화시키는 것뿐 아니라 기존 태도를 강화시키는 효과도 미디어 효과에 포함시켜야 한다고 주장한다. 어떤 관점에서는 새로운 테크놀로지 덕분에 훨씬 다양한 정보에 접근할 수 있으며, 원하는 시간에 원하는 내용의 정치적 메시지를 소비할 수 있게 되었기 때문에 미디어 이용자들이 정치정보를 처리할 수 있는 역량이 과거에 비해 훨씬 활성화되었다고 볼 수 있다. 따라서 기존의 입장을 변화시키는 것뿐 아니라 강화시키는 것 또한 정보처리 과정에서 자연스럽게 나오는 결과이므로 이 또한 미디어의 중요한 효과라고 주장한다. 또 다른 관점에서는 사람들이 선택적으로 미디어를 접함으로써 기존의 태도가 강화되고 정치적 태도가 양극으로 치우치기 때문에 사회적 양극화가 심화되는 현상이야말로 미디어의 중요한 효과라고 지적하기도 한다.

물론 사람들이 정파적 성향에 따라 선택적으로 정보를 접하고 그 결과 정파적 태도가 더욱 강화된다는 이와 같은 주장에 모든 연구자들이 동의하는 것은 아니다. 미국의 정치적 양극화가 심화되던 2000년에 대통령 선거 유권자들을 조사한 아이엔가(Shanto Iyengar)와 그 동료들의 연구에 의하면 공화당 지지자들은 부시와 관련된 메시지를 주로 보는 정파적 선택을 한 반면, 민주당 지지자들은 민주당 후보인 고어와 관련된 내용보다 자신이 중요하다고 생각되는 이슈를 더 많이 보는 경향을 보였다(Iyengar et al., 2008). 다른 연구들에서도 미디어 이용자들은 정파적 선택도 하지만 자신이 중요하다고 생각하는 이슈에 대해 접근한다는 것이 나타났다(Garrett, 2009; Kim, 2009; Stroud, 2011). 또 두 번 이상 정보를 찾을 때는 첫 번째 선택한 메시지와 이념적으로 균형을 이루는 메시지에 접근한다는 것도 보여주었다(Fischer et al., 2005). 선택적 노출과 태도의 양극화 경향을 연구하기 위해 미국의 케이블 뉴스 채널 이용자들을 분석한 프라이어(M. Prior)는 사실상 정파적 뉴스에 선택적으로 노출되는 사람들은 소수에 불과하며 정파적 미디어가 미국인들을 더욱 정파적으로 변화시킨다는 증거를 찾을 수 없다고 주장했다(Prior, 2013). 이처럼 선택적 미디어 노출과 그 효과에 관해 많은 연구들이 이루어졌지만 그 결과는 일관적이지 않다. 미디어 이용자들이 정파적으로 미디어에 노출되는 경향과 그 결과에 대한 논쟁은 온라인 미디어 및 소셜 미디어의 발달로 더욱 가열되고 있다.

2) 온라인 미디어 및 소셜 미디어는 정파적 선택을 완화시키는가

인터넷과 소셜 미디어가 발달하면서 과거보다 훨씬 많은 정보가 소통되고 있다. 기술의 발달로 휴대용 태블릿과 스마트폰 등을 통해 언제 어디서 든 원하는 정보를 얻는 것이 가능해졌지만 우리는 여전히 모든 미디어와 정보에 접근할 수는 없다. 이 때문에 정보의 홍수 속에서 우리가 필요로 하는 정보를 찾아내고 선택할 수밖에 없다. 그렇다면 이렇게 정보가 넘치는 인터넷과 소셜 미디어상에서 사람들의 정당 지지나 이념적 성향에 바탕을 둔 정파적 선택은 더욱 심화될까, 아니면 보다 완화될까? 이 질문에 대한 대답은 연구자에 따라 다르게 나타난다. 일련의 연구들이 온라인 미디어상에서 정파적 노출 현상이 완화되었거나 나타나지 않는 것으로 보는 반면, 다른 연구들에서는 인터넷과 소셜 미디어 환경하에서 오히려 선택적 노출이 더 강하게 나타났다고 보고했다.

한편 온라인 미디어나 소셜 미디어는 다양한 정보에 접할 수 있는 새로운 미디어 환경이기 때문에 정파적으로 미디어를 선택하는 경향을 감소시킨다고 본다. 전통적인 미디어와 달리 온라인이나 모바일 환경에서의 개인은 특정 정보 소스에 접근하는 것이 아닌 다양한 공급자들이 공급하는 뉴스를 접하게 된다. 예를 들어 우리는 특정 언론사 사이트를 일부러 검색해서 들어가지 않는 이상 네이버나 다음(Daum)과 같은 포털 사이트를 통해 여러 언론사에서 제공한 뉴스들을 마주하게 된다. 이 때문에 온라인이나 소셜 미디어 사용자들은 다양한 뉴스소스에 노출되며 이 과정에서 정파적으로 뉴스를 선택하기보다 실시간 급상승 뉴스, 가장 많이 본 뉴스 등 다른 사람들의 관심을 끈 뉴스를 자연스럽게 접하게 된다. 메싱과 웨스트우드(S. Messing and S. Westwood)는 이러한 주장을 펼친 대표적인 학자들로 이들의 분석에 따르면 사람들은 어느 언론사에서 제공한 정보인가보다 급상승 뉴스나 가장 많이 본 뉴스 등 사회적 추천에 의한 정보를 더 중요하게 생각하는 경향이 있기 때문에 정파적 미디어 선택이 감소하게 된다 (Messing and Westwood, 2012).

이와 반대로 인터넷과 소셜 미디어가 선택적 노출을 더욱 강화시키고 정치적 양극화를 증대시킨다는 입장의 연구자들은 다른 점을 지적한다. 그들은 인터넷과 소셜 미디어에서 수많은 정보가 파편화되어 제공되기 때문에 자신이 원하지 않는 성향의 정보를 쉽게 차단할 수 있다고 말한다. 특히 스스로 사회적 관계망을 형성할 수 있는 소셜 미디어상에서는 자신과 정치적으로 성향이 비슷한 사람들 위주로 친구 관계를 조직하는 양상이 나타난다(장덕진·김기훈, 2011). 우리는 나와 정치적 관점이 비슷한 사람의 트위터를 팔로우하고 비슷한 정치적 성향을 가진 페이스북 사용자에게 친구 신청을 하는 경향이 있다. 그러다 나와 다른 관점의 논지와 정보가 지속적으로 유통될 경우, 우리는 흔히 그 트위터를 언팔로우하거나 페이스북에서 친구 관계를 끊는 방법으로 관계망에서 나온다. 이렇게 동질적인 사람들만 남게 된 관계망 내에서 '우리 집단'만의 소통, 즉 우리 집단이 좋아하는 정보들로만 배타적인 소통이 이루어진다. 이러한 유형의 소통은 결국 집단 구성원들의 기존 태도를 더욱 강화시켜 보다 더 양극단에 위치한 정치적 태도로 이끈다. 그뿐만 아니라 온라인에서의 소통은 익명성을 전제로 이뤄지는 경우가 많기 때문에 개인의 정체성을 숨긴 채 집단 정체성만 부각하면서 집단 간 양극화 현상을 심화시키는 경향도 나타난다고 지적된다(오미영, 2011).

이렇게 인터넷과 소셜 미디어상에서 유통되는 정치정보와 관련해 상반된 시각이 대치하고 있는 가운데, 선택적 미디어 노출과 그에 따른 미디어 효과는 정치 커뮤니케이션 분야의 중요한 논쟁거리로 남아 있다. 선택적 노출과 미디어의 영향이라는 쟁점은 한국 사회를 대상으로 한 논의에서도 여전히 일치된 결론에 도달하지 못하고 있다. 온라인 미디어와 소셜 미디어의 발달, 정파적 성향이 강한 언론사들, 그리고 정치 엘리트들의 강한 양극화 현상과 이에 따른 유권자들의 정파적 성향 등 한국 사회는 강한 선택적 노출이 예상되는 환경적 요인을 가지고 있다. 이러한 환경에서 한국의 유권자들은 미디어와 정보를 선택할 때 과연 얼마만큼의 정파적 선택을 하는지, 그리고 그 결과로 어떠한 정치적 효과를 가지는지가 이 장의 주요 관심사이다.

3) 한국 유권자들은 정파적 미디어 선택을 하는가

한국 사회가 점차 정치적으로 양극화되고 언론사별로 이념적 성향이 뚜렷해지면서 선택적 미디어 노출에 대한 관심도 커졌다. 최근 한국의 미디어 노출을 다룬 많은 연구에서 한국 사회에 선택적 미디어 노출 현상이 뚜렷이 나타남이 증명되었다. 특히 한국에서의 정파적 미디어 노출은 미디어 유형에 따라 선택적으로 나타난다는 특징을 보였다. 2012년에 실시된 18대 대선을 예로 들자면, 전통적인 미디어를 더 많이 사용한 유권자들은 대다수가 박근혜 후보를 지지한 반면, 소셜 미디어 등 새로운 형태의 미디어를 더 많이 사용한 유권자들은 문재인 후보를 더 많이 지지했다는 연구가 있다(서현진, 2013). 또 18대 대선 유권자들 중 문재인 후보 지지자들이나 진보적 이념 성향을 가진 사람들은 주로 인터넷을 통해 선거 정보를 얻었고, 박근혜 후보 지지자들이나 중도 및 보수 성향 유권자들 또는 지지 후보가 없다고 응답한 유권자들은 TV를 주요 선거 정보 취득 채널로 이용한 것으로 조사되었다(김민성 외, 2013).

외국의 경우 같은 미디어라도 언론사별로 정파성을 보이고 이에 따라 미디어 이용자들의 선택도 달라지는 것이 일반적이다. 예를 들어 미국의 케이블 뉴스 채널 중 폭스 뉴스(FOX News)는 보수적인 성향을 띤 채널로 공화당을 지지하는 반면, MSNBC는 진보적인 색채를 띤다. 또 신문 중에 ≪워싱턴포스트(The Washington Post)≫는 다소 보수적인 데 반해 ≪뉴욕타임즈≫는 다소 진보적이다. 이렇게 언론사별로 다른 정치적 성향을 띠는 경우와 달리, 한국에서는 각각 다른 유형의 '미디어'가 다른 정치적 성향을 띠고 있어 보수·진보 또는 여당 지지자·야당 지지자가 선택하는 미디어의 유형이 다르게 나타나는 특징을 보인다. 이는 한국에서 TV나 주요 신문 등 전통적인 미디어가 보수·친여 성향을 강하게 띠면서 뉴미디어가 이들 전통적인 미디어에 대한 대안적인 성격을 띠는 경우가 많기 때문에 나타난 결과일 것이다.

주로 이용하는 미디어에 따라 정치적 의견이 극단적으로 나타나는 정도, 즉 태도의 극화 정도가 다르다는 연구 결과도 있다. 한 연구에 따르면 유튜브 등 동영상 채널과 트위터, 페이스북 등 소셜 미디어, 그리고 인터넷을 많이 이용하는 사람들은 상대적으로 정치적 태도가 극단적으로 나타나는 반면 TV나 종이 신문, 그리고 라디오 등을 이용하는 사람들에게서는 극단적 정치적 태도 경향이 상대적으로 적게 나타났다. 한편 지지 후보에 따른 정보에 대한 선택적 노출 현상 또한 뚜렷이 나타나는 것으로 조사되었다. 예를 들어 18대 대선에서 박근혜 후보와 문재인 후보의 지지자들은 대부분 자신이 지지하는 후보자에 대해 긍정적인 메시지를 부정적인 메시지보다 더 빈번하게 접하는 경향을 보였다. 이렇게 한국의 유권자들이 지지하는 후보나 정당에 따라 다른 미디어와 정보를 선택하고 그에 따라 태도의 극화 정도가 다르게 나타난다는 것이 여러 연구를 통해 증명되었다.

한편 한국인 대다수가 자신의 의견과 일치하는 정치적 정보만을 선택하고 반대되는 정보를 회피하는 선택적 노출을 하지는 않는다는 연구 결과도 존재한다. 이 연구에 따르면 한미 FTA 이슈에 대한 기사에 노출되었을 때, 자신의 의견과 일치하는 기사를 주로 선택한 사람들이나 자신의 의견과 반대되는 기사를 주로 선택한 사람들의 수가 거의 차이가 없는 것으로 나타났다. 특히 기사가 FTA에 대해 찬성하는지 반대하는지와 관계없이 기사를 읽은 사람들 모두, 보다 중립적인 의견으로 수렴하는 현상이 나타났다(최윤정·이종혁, 2011). 또 선택적 노출이 태도 극화에 직접적인 영향을 미치지 않는다는 연구 결과도 있다. 이 연구에서는 정보를 선택적으로 접하는 진보적 성향의 유권자들에게서 태도 극화가 일어났고 보수적 성향의 유권자들은 선택적으로 정보를 얻는다 해도 극단적인 태도를 보이지 않는 것으로 나타났다(노정규·민영, 2012).

이렇게 한국 사회를 대상으로 한 커뮤니케이션 연구들 또한 미디어에 대한 선택적 노출과 그 결과에 대해 일치된 결과를 보이지 않는다. 이러한 가운데 이 장은 2014년 6월 4일에 실시된 서울시장 선거 사례를 통해 이 논쟁에 참여하고자 한다. 2014년 서울시장 선거는 유권자들의 선택적 미디어 노출과 그 효과를 잘 살펴볼 수 있었던 흥미로운 사례이다. 당시 많은 유권자들이 쉽게 인지할 수 있을 만한 몇 가지 대형 이슈들이 부각되었고, 후보자 및 정당 간 이념적·정책적 차이가 뚜렷했을 뿐 아니라 언론사들의 후보자에 대한 호불호도 명확한 편이어서 유권자의 선택적 미디어 노출이 매우 용이한 상황이었기 때문이다. 이러한 배경하에 다음 절에서는 2014년 서울시장 선거에 나타난 유권자들의 선택적 미디어 노출 경향과 그 정치적 결과를 통해 한국 선거 정치과정에 나타난 정파성과 미디어 효과에 대해 살펴볼 것이다.

3. 2014년 서울시장 선거 유권자들의 정파적 미디어 노출

1) 한국의 미디어는 어떻게 정치정보를 유통시키는가

서울시장은 다음 대통령 선거의 잠재적 후보자이기 때문에 서울시장을 선출하는 선거는 지방선거에서 거대 양당 간에 벌이는 가장 중요한 경쟁으로 간주된다. 본격적인 캠페인이 시작되기 전인 2014년 3월과 4월의 가상 대결에서 새누리당의 정몽준 후보와 현직 박원순 시장은 지지율에서 큰 차이를 보이지 않았다. 일부 조사 기관에 따라서 정몽준 후보가 조금 앞서 나가는 양상이 나타나기도 했다. 그러나 2014년 4월 16일 세월호 참사 이후 정몽준 의원의 지지율이 조금씩 떨어지기 시작했고, 그 후 정몽준 의원 아들이 소셜 미디어상에 올린 글, 서울 지하철 2호선 사고, 서울시 농약 급식 문제 등이 큰 이슈로 부상하면서 지지율이 변동하기 시작했다. 특히 정몽준 의원 아들의 소셜 미디어 이슈는 정몽준 후보의 지지율이 급락하게 된 주요 원인으로 평가된다.

서울시장 선거 기간에 여러 이슈들이 부상했는데 그중 주요 이슈들은 〈표 3-1〉에서 설명하고 있는 이슈들이라고 할 수 있다. 〈표 3-1〉에서 나타나듯이 정몽준 후보는 서울 지하철 2호선 사고 및 농약 급식 문제로 박원

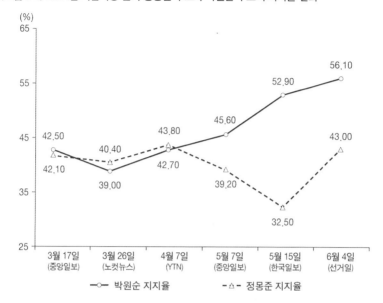

〈그림 3-3〉 2014년 서울시장 선거 정몽준 후보와 박원순 후보의 지지율 변화

순 후보에 대해 강하게 공격을 가했지만 그 결과는 크게 성공적이지 못했
다. 정몽준 후보의 반값 등록금 발언 역시 누리꾼들의 비판에 직면하기는
했으나 큰 반향을 일으키는 이슈가 되지는 못했다. 반면 세월호 참사 사흘
뒤에 이루어진 정몽준 후보 아들의 소셜 미디어상의 발언은 세월호 참사
로 인한 정부와 여당에 대한 악화된 여론에 기름을 붓는 격이었던 것으로
보인다. "…… 국민들은 대통령이 가서 최대한 수색 노력하겠다는데도 소
리 지르고 욕하고 국무총리한테 물세례 하잖아 ㅋㅋㅋ 국민 정서 자체가
굉장히 미개한데 대통령만 신적인 존재가 돼서 국민의 모든 니즈를 충족
시키길 기대하는 게 말도 안 되는 거지. 국민이 모여서 국가가 되는 건데
국민이 미개하니까 국가도 미개한 것 아니겠냐"는 글이 정몽준 후보 아들
의 페이스북에 올라오자 큰 파문이 일었다. 정몽준 후보가 새누리당 후보

〈표 3-1〉 2014년 서울시장 선거 주요 이슈

주요 이슈	주요 내용
세월호 참사	300명이 넘는 사망자를 낸 4월 16일 세월호 침몰 참사 당시, 정부의 미온적인 대응과 관련 기관의 처리 방식 때문에 캠페인 시기까지 강하게 문제 제기되었다. 그러나 한편 보수적인 미디어 및 단체들은 '세월호 피로도'를 강조하면서 세월호 이슈를 그만 제기할 것을 주장하기도 했다.
정몽준 후보 아들의 소셜 미디어 발언	4월 18일 정몽준 의원의 18세 아들 정모 군은 자신의 페이스북에 세월호 참사와 관련해 "국민 정서가 미개하다"는 내용의 글을 게재했다. 이 글로 이반된 민심이 더욱 악화되었다. 이에 정몽준 후보가 눈물을 흘리며 공개 사과를 했으나 이 사건 이후 정몽준 후보의 지지율이 큰 폭으로 하락했다. 세월호 참사와 더불어 선거를 앞두고 가장 큰 이슈를 형성한 사건이다.
서울 지하철 2호선 사고	5월 2일 서울 지하철 2호선 상왕십리역에서 출발하려던 전동차를 후속 전동차가 추돌해 총 238명이 부상을 입은 사고이다. 세월호 참사와 관련한 정부의 대응에 대해 야당과 진보 성향의 미디어 및 단체들의 비판의 목소리가 높은 가운데, 새누리당 서울시장 예비 후보들과 보수 성향의 미디어 및 논객들이 지하철 사고에 대한 박원순 시장의 책임론을 강하게 제기했다. 그러나 박원순 시장의 즉각적인 사과와 대응으로 지지도에 큰 타격을 받지는 않은 것으로 평가된다.
서울시의 급식 잔류 농약	정몽준 후보 및 새누리당 측이 감사원 보고서를 근거로 서울시가 867개 학교에 농약 급식을 제공했다고 주장했으나 박원순 후보는 급식에 농약이 검출되어 전량 폐기했음을 주장했다. 후보자 TV 토론의 중요한 이슈를 형성하기도 했으나, 국립농산물품질관리원 등이 실제 농약 급식이 제공되지 않았다는 사실을 발표하면서 이슈가 크게 확장되지는 않았다.
정몽준 후보의 반값 등록금 발언	5월 20일 대학생 기자들과의 만난 자리에서 정몽준 후보는 반값 등록금에 대해 "대학에 대한 사회적 인식을 떨어뜨리고 졸업생에 대한 사회적 존경심을 훼손시킨다"며 반대 입장을 분명히 했다. 이 발언이 누리꾼들의 강한 비판에 직면하자 정 후보가 해명에 나섰으나 후보자 토론회에서 박원순 후보에게 이 이슈로 공격을 당했다.

로 선출되기 전, 예비 후보 시절에 일어난 이 사건은 오프라인에서나 온라인에서 비난 여론을 들끓게 만들었고 정몽준 후보에게 큰 타격이 될 것으로 예상되었다. 더구나 정몽준 후보의 부인이 중랑구청장 후보 캠프를 방문한 자리에서 "바른 소리 했다고 격려해주시고 위로해주시긴 하는데 시

기가 안 좋았고 ······"라는 발언을 한 이후 이 문제는 더욱 큰 비난의 대상이 되었다. 급기야 정몽준 후보가 아들을 대신해 사과하는 상황까지 이어졌지만, 가상 대결 여론조사에서 박원순 후보를 앞서던 정몽준 후보의 지지율이 4월 중순 이후 크게 하락하기 시작했다. 이것에는 정 후보 아들의 페이스북 발언 사건이 큰 역할을 했던 것으로 평가되고 있다. 5월 12일 정몽준 후보가 새누리당의 서울시장 후보로 확정되고 난 뒤에도 지지율의 차이는 더 벌어졌고 결국 그 차이를 극복하는 데 실패했다. 세월호 유가족들은 정 후보 아들의 발언에 대해 본인인 정 후보 아들뿐 아니라 정 후보와 그 부인까지 고소했고 정 후보의 거듭되는 사과에도 비판 여론이 식지 않는 양상을 보였다.

세월호 참사를 둘러싸고 한편에서는 정부·여당에 대한 강한 비판 여론이 지속되었지만, 다른 한편에서는 나라 전체가 세월호 이슈에만 빠져 있어 국정이나 일상생활에 지장이 있다는 '세월호 피로도' 프레임을 만들어내기도 했다. 지방선거 전체 결과를 볼 때 세월호 이슈는 지방선거 결과에 결정적인 영향을 미친 요인은 아니었던 것으로 평가된다. 즉, 보수적인 미디어와 집단이 만들어낸 '피로도' 프레임이 어느 정도 성공적으로 역할을 해 세월호 참사와 관련한 정부·여당에 대한 비판을 완화하는 결과를 낳았다고 할 수 있다.

이 이슈들 외에도 보수적 성향의 언론과 소셜 미디어상에서 많이 언급된 이슈 중에는 박원순 후보의 부인 성형설과 관련된 이슈가 있다. 박원순 후보의 부인이 공식석상이나 캠페인에 모습을 드러내지 않는 이유가 성형수술 부작용 때문이라는 주장과 함께 과거의 모습과 현재의 모습 비교 사진이나 닮은 연예인과의 비교 사진들이 인터넷 커뮤니티 및 소셜 미디어를 통해 유통되었다. 과거 2011년 서울시장 보궐선거 당시 한나라당 후보였던 나경원 의원의 1억 원 성형설과 대비되어 정몽준 후보를 지지하는 보수 성향의 유권자들의 비난과 조롱의 대상이 되었다. 그러나 이 이슈는 후보자 지지율에 영향을 미칠 정도로 확산되지는 않은 것으로 평가되고 있다. 언급할 만한 또 다른 이슈는 서울 지하철 공기 질과 관련한 이슈이다. 정몽준 후보는 서울 지하철의 공기 질이 법정 기준치 이하이며 이는 서울시의 관리 방치로 인한 문제라고 이슈를 제기했고, 박원순 후보는 지하철의 공기 질이 법정 기준치를 충족하고 있다고 반박했다. 이에 정몽준 후보는 공동 조사를 제의하고 박원순 시장의 책임론에 목소리를 높였다. 하지만 이 이슈는 보수 성향 미디어에서나 진보 성향 미디어에서나 그다지 관심 있게 다루어지지 않았으며 그 결과 지속적으로 관심을 끌지 못했다.

앞서 제시되었던 〈표 3-1〉의 각 이슈는 유권자들이 인지하기 쉬운 편에 속한 이슈들이라 할 수 있다. 급식 잔류 농약 문제와 관련해서는 행정 처리 과정과 전문용어들이 다소 어려울 수 있었지만, 유권자들은 농약 급식 여부에만 관심을 가지고 있었기 때문에 그다지 어려운 이슈가 되지는 않았던 것 같다. 나머지 이슈들은 정치에 무관심한 유권자들도 쉽게 인지할 수 있을 만큼 사회적으로 큰 이슈가 되었거나 내용 자체가 쉬웠기 때문에 전반적으로 2014년 서울시장 선거와 관련한 이슈들은 유권자들이 인지하기 좋은 이슈들이었다고 할 수 있다.

그런데 유권자들마다 선호하는 정당이나 이념적 성향에 따라 이슈에 대한 반응이 달랐다. 특히 미디어는 이 이슈들에 상당히 정파적으로 접근하는 양상을 보였다. 일례로 〈표 3-2〉에서처럼 5월 2일 서울 지하철 2호선 충돌 사건 이후 보수 성향 신문의 기사와 진보 성향 신문의 기사들 중 다

〈표 3-2〉 서울 지하철 2호선 추돌 사고에 대한 언론 보도 예

언론사 및 기사 일자	기사 제목 및 내용 일부
《조선일보》 5월 3일 자	"사고 2시간 지나서야 나타난 박원순 시장" • 현장 곧바로 향했다면서 박 시장 밤 10시 넘어 해명 자료 내놔 • "신속 복구 지시 후 출발해 지체" 시청 상황실도 3시간 후 가동
《동아일보》 5월 7일 자 사설	"지방공기업 서울메트로의 적폐가 지하철 사고 불렀다" • 서울메트로와 감독 당국인 서울시의 한심한 행태 • 서울메트로와 서울시는 …… 신호 오류가 난 사실을 몰랐다고 거짓말을 했다. • 박원순 서울시의 선심성 인사
《스포츠경향》 5월 3일 자	"박원순 서울시장 당일 사과문에 누리꾼 '누군 14일 만에 ……'" • 박원순 시장의 발 빠른 사고 수습과 진심 어린 사과가 누리꾼들 사이에서 화제를 모으고 있다. • 누리꾼들을 감동시키기도 했다.
《오마이뉴스》 5월 3일 자	"박 시장 '출동 시간'에 집착하는 《조선일보》, 엉뚱하네" • 《조선일보》만의 박 시장 비판 코드 • 서울시장이 119처럼 사고 발생 2분 후에 현장에 도착했어야 한다는 말인가
《일요신문》 5월 11일 자	"서울 지하철노조 '지하철 2호선 추돌 사고, 이명박·오세훈 시장 탓' 지적" • 서울 지하철노동조합이 …… 전동차 추돌 사고에 대해 "이명박, 오세훈 서울시장 시절에 무차별적으로 전개된 구조 조정 탓"이라고 지적했다. • " …… 박근혜 정부는 올해 3월 내구연한 규정을 아예 폐지해버렸다"고

소 편향적 제목을 가지고 있는 기사들을 비교해보면 언론의 정파적 경향을 분명히 알 수 있다.

기사의 제목이나 내용, 실린 사진을 통해서도 보도의 정파적 성격이나 편향성이 나타난다. 〈그림 3-4〉는 《중앙일보》 5월 23일 자에 실린 "헬멧 쓴 정몽준 …… 배낭 멘 박원순"이라는 제목의 기사에 사용된 사진이다. 세월호 참사와 연이은 서울 지하철 2호선 사고가 중요한 캠페인 이슈로 부상한 가운데, 이러한 사진은 한 사람은 안전을 중요시하고 다른 한 사람은 안전에 무책임하다는 이미지를 강하게 나타낸다는 점에서 박원순 지지자

〈그림 3-4〉 정몽준 후보와 박원순 후보의 선거운동을 보도한 ≪중앙일보≫와 ≪오마이뉴스≫
비판 기사

≪중앙일보≫의 "헬멧 쓴 정몽준 …… 배낭 멘 박원순" 사진 기사와 설명

"22일 서울시장 선거에 출마한 새누리당 정몽준 후보는 강북에서, 새정치민주연합 박원순 후보는
강남에서 지방선거 공식 선거운동을 시작했다"며 "정 후보가 성산대교 철골 구조 하부를 돌아보
며 다리 안전을 살피고 있고, 배낭을 멘 박 후보는 삼성동에서 시민들에게 인사하고 있다."

"정몽준 도와주는 ≪중앙일보≫의 '악마의 편집'", ≪오마이뉴스≫ 기사 일부 발췌

" …… 이 사진 기사만 보면 마치 정 후보가 강북과 안전을 챙길 때, 박 후보는 강남에서 배낭 메
고 여유로운 시간을 보낸 것처럼 보인다. 그러나 이날 박 후보는 사고가 났던 상왕십리역 안전 점
검에 나서며 공식 선거운동을 시작한 바 있다. 두 후보 모두 '안전'을 챙기는 모습을 보여줬지만
≪중앙일보≫는 정 후보의 모습만 부각해 보도했다."

자료: ≪중앙일보≫(2014.5.23), ≪오마이뉴스≫(2014.5.27).

들의 비판의 대상이 되었다. 진보적인 성향의 인터넷 신문인 ≪오마이뉴
스≫와 인터넷 대표 논객인 '아이엠피터'는 이 기사에 대한 강도 높은 비판
을 가했다.

이 밖에도 친여당·친정부적 성향을 가장 강하게 띤 여러 TV 종합편성
채널들은 뉴스와 갖가지 뉴스쇼들을 통해 서울시와 박원순 시장의 서울
지하철 사고에 대한 책임론을 강하게 주장했다. 또한 공영방송인 KBS의
노동조합은 2014년 5월 16일 기자회견을 통해 KBS가 서울 지하철 사고를
의도적으로 부풀렸으며 이 과정에서 외부의 개입이 있었다는 의혹을 제기

〈표 3-3〉 변희재 대표와 진중권 교수의 서울 지하철 사고 관련 트위터 멘션 (2014년 5월 2일)

변희재 대표	진중권 교수
"박원순은 우방국 독일의 수해 현장을 보면서 '아름답다'며 쾌감에 떤 자입니다. 이번만큼은 참사에 쾌감 떨지 말고, 시장직 걸고 사태수습 하라는 겁니다." "박원순은 또 쾌감에 부르르 떨지 말고 즉각 현장에 가서 서울 시민 구조하십시오." "세월호로 박 대통령 퇴진 요구하는 자들이 이번에 박원순 퇴진 요구하는지 잘 지켜봅시다." "세월호는 민간 선박이나 지하철 2호선은 서울시가 운영 주체이고 총책임자는 서울시장 박원순입니다. 손석희, 조국, 진중권, 뭐라고 이야기할지 재밌겠군요."	"사고 소식을 듣자마자 현장으로 달려가 지휘를 한 박원순 시장은 당장 사퇴하라! 수백 명이 사망해도 3일 뒤에야 현장으로 달려간 각하의 신중함과 진중함이 그립습니다." "박원순, 지하철 2호선 추돌 사고 현장 수습지휘 '위기 대처 능력 엿보여' 사고가 났는데 위기 대처 능력이나 보여준 박원순은 사퇴하라, 사퇴하라, 사퇴하라. 사퇴 촉구했습니다. 시비 걸기 없기"

했다. 실제로 2014년 5월 2일부터 9일까지 KBS의 메인 뉴스인 〈뉴스9〉에서는 사고 관련 소식이 총 22건 보도되었으며 당일인 2일에는 톱뉴스를 비롯한 7개의 소식이, 3일에는 톱뉴스와 6개의 관련 소식이, 그리고 사고가 난 지 8일째인 9일에도 4개의 뉴스가 보도되었다. 한편 박원순 시장이 5월 2일 자신의 트위터에 사과문을 게재한 것은 보도되지 않았으며 방송 3사 모두 박원순 시장의 사과를 보도하지 않은 것으로 알려졌다(≪PD저널≫, 2014.5.16).

소셜 미디어에서도 이용자들의 정치적 성향에 따라 이 이슈에 대한 전혀 다른 시각들이 드러났다. 사고 당일 가장 강력하게 자신의 의견을 개진한 사람은 대표적인 친여당·반야당 성향의 트위터 논객인 변희재 미디어워치 대표였다. 〈표 3-3〉에 나타난 것처럼 박원순 시장에 대한 변희재 대표의 공격과는 대조적으로, 진보적 성향의 논객인 진중권 동양대 교수는 박원순 시장의 대응 능력에 대한 칭찬을 반어적 표현을 사용해 트위터에 올렸다.

　서울 지하철 사고 관련 이슈 외에 다른 이슈들에서도 언론사별로, 그리고 미디어별로 정파적인 접근을 한 사례를 쉽게 찾아볼 수 있다. 예를 들어 정파적 성향을 띤 미디어가 선거 막판 주요 이슈로 부각해 2014년 5월 26일 후보자 토론회의 핵심 논쟁 이슈였던 서울시 농약 급식 문제를 어떻게 다루었는지 살펴보자. 먼저 2014년 5월 27일부터 29일 사이에 보도된 보수 성향의 ≪조선일보≫와 진보 성향의 ≪경향신문≫에서 '농약 급식'을 제목에 넣고 있는 기사를 비교해보면 ≪조선일보≫는 40개 가까이나 되는 반면 ≪경향신문≫은 1개의 기사밖에 발견되지 않았다. ≪조선일보≫의 기사가 대부분 중립적인 제목으로 작성되었지만, 몇몇 기사는 박원순 후보에게 부정적 느낌이 나는 제목들을 실었다. 예컨대 "'서울시장토론회' 정몽준 '농약급식이다' vs 박원순 '사실무근' 팽팽"이나 "'서울시장 후보 토론회' 무상 급식이 아닌 '농약 급식'? …… '전량 폐기했다'"와 같은 기사 제목들이 어느 정도 중립적인 제목이라고 할 수 있지만 "서울시장 후보 토론회, 與 '농약급식' 총공세 …… '박원순 발목 잡나'", "서울시장토론회 '농약 급식' 大격돌 농식품부 해명 보니 …… '헉'" 등의 기사 제목은 농약 급식을 기정사실화하는 느낌을 주면서 박원순 서울시장에게 다소 불리하게 작용할 수 있는 제목들이라고 할 수 있다.

　그러나 5월 27일 이 이슈에 관한 기사 제목보다 더 관심을 가질 만한 문제는 유권자들이 이 이슈에 대해 얼마나 노출되었나 하는 것이다. 기사 제목이 어떠한 형태든지, 그리고 그 기사의 진위 여부에 관계없이 서울시 농약 급식이라는 이슈 자체는 박원순 서울시장에 대한 부정적 이미지를 형성하면서 박원순 후보에게 불리하게 작용했다. 박원순 서울시장이 농약 서울시장 토론회, 정몽준 "농약 급식했다" vs 박원순 "사실무근" …… 진실은?

서울시장 토론회, 정몽준 "무상 급식에 농약" vs 박원순 "모두 폐기"

'서울시장 토론회' 정몽준 "서울시 급식=농약" vs 박원순 "공급전 폐기"

'서울시장 토론회', 정몽준 "농약 급식이다" vs 박원순 "전량 폐기했다" 진실은?

'서울시장 토론회' 정몽준 "친환경 급식=농약 급식" vs 박원순 "전량 폐기"

서울시장 토론회, 정몽준 "아이들 농약 급식 먹어" vs 박원순 "전량 폐기"

'서울시장 토론회' 鄭 "농약 급식이다" vs "사실무근" 진실은?

'서울시장 토론회' 무상 급식이 아닌 "농약 급식?" vs "전량 폐기했다"

서울시장 후보 토론회, 농약 급식 놓고 대립 …… "먹었다" vs "폐기됐다"

'서울시장 후보 토론회' 鄭 "농약 급식 사과하라" vs "사실무근이다"

급식을 부정한다고 해도 모든 유권자들이 그 말을 곧바로 믿어주지도 않거니와, 정치에 별로 관심 없는 또는 정파성이 뚜렷하지 않는 중도적 유권자들은 이슈와 관련한 자세한 내용에는 관심을 두지 않고 떠들썩하게 이슈가 되는 것을 그대로 믿어버리는 경향이 있기 때문이다. 즉, '농약 급식'이라는 단어로 인해 사람들은 박원순 시장이 농약 급식을 제공했거나 최소한 관련이 있다는 인식을 하게 되는 것이다. 이러한 관점에서 ≪조선일보≫가 5월 27일 하루 동안 38개의 관련 기사를 내보낸 것은 새누리당 후보를 지지하는 보수적인 성향의 신문으로서 농약 급식 문제를 이슈화하고 박원순 후보에 대한 부정적 이미지를 확산시키기 위한 의도가 상당 부분 있었다고 평가된다. 기사의 제목뿐 아니라 내용도 대부분 반복된다는 점이 이러한 의도성을 확인시켜준다. 5월 27일 하루 동안 ≪조선일보≫가 보도한 서울시장 토론회에서의 '농약 급식 논쟁' 기사 제목 중 여러 차례 반복된 제목은 〈표 3-4〉와 같다.

반면 5월 27일과 29일 사이에 게재된 ≪경향신문≫ 기사를 살펴보면 기사 제목에 '농약급식'이라는 말이 포함되어 있는 기사는 "서울시장 선거 '농약 급식' 공방에 농민들 '정치적 악용 말라'"라는 제목의 기사밖에 없다 (≪경향신문≫, 2014.5.29). 제목에서 나타나듯이 농약 급식 공방을 비판하는 유기농 농민들의 의견을 게재하고 있는 기사로서, 제목에서 이미 농약 급식 공방 자체를 부정적으로 평가하는 듯한 인상을 주고 있다. 선거일이 다가오면서 정몽준 후보는 농약 급식 이슈를 캠페인의 주요 의제로 만들고자 더욱 강하게 유세의 초점을 농약 급식에 맞추고 박원순 후보를 집중 공격했다. 그 과정에서 5월 30일 감사원은 "식자재에 대한 농약 검사를 벌인 정부 기관이 그 결과를 서울시에 알려주지 않아 벌어진 일"이라면서 "이 건에 대해서는 서울시에 책임을 묻지 않았다"고 밝혔다. 진보 성향의 인터넷 신문인 ≪오마이뉴스≫는 이를 "867개교 농약 급식? 감사원 '서울시 책임 아니다'"라는 제목으로 보도했다(≪오마이뉴스≫, 2014.5.31). ≪오마이뉴스≫ 외에 서울시의 책임이 아니라는 감사원의 발표를 제목에서 알 수 있도록 보도한 기사는 보이지 않는다.

이렇게 보수와 진보 성향의 뉴스 미디어 간 보도량의 차이는 정몽준 후보에게 불리하게 작용했던 정몽준 후보 막내 아들의 페이스북 발언에 관한 뉴스 미디어의 정파적 보도에서도 나타났다. 진보적인 성향의 뉴스 미디어는 보수적인 성향의 뉴스 미디어에 비해 현저히 많은 종류의 보도를 '정몽준 후보 아들 이슈'에 할애했다. 진보 성향의 미디어는 페이스북 발언의 전문뿐 아니라 주요 논객들의 반응, 패러디, 세월호 참사 유족들의 고소 등 다양한 이슈를 다량 보도한 반면, 보수 성향의 미디어는 이 문제에 대한 보도를 최소화하는 모습을 보였다. 그러나 농약 급식 문제와 비교했을 때 보수·진보 성향 미디어의 보도량 및 보도 방식에서는 큰 차이를 보이지 않았다. 이는 농약 급식 이슈가 사실 확인이 완전히 되지 않은 상황에서 어느 정도 네거티브적 캠페인 전략의 성격을 띤 반면, 정 후보 아들의 발언은 부인할 수 없는 사실로 소셜 미디어 및 오프라인에서 비난 여론이 이미 형성된 이슈라는 점 때문에 나타난 현상이었을 것이다.

한편 농약 급식 문제에 있어서도 변희재 미디어워치 대표와 진중권 동양대 교수의 트위터 공방이 이슈가 되었다. 변희재 대표는 5월 27일 트위터를 통해 "정몽준은 감사원 감사를 근거로 박원순의 서울시 책임을 물었고 박원순은 오히려 사전에 이를 적발 폐기했으니 칭찬받아야했다고 반박했습니다. 진위 여부를 따져 박원순이 칭찬받을 일을 하지 않았다면 후보에서 사퇴해야 할 사안입니다"라고 주장했다. 이어 "이제 박원순 패들의 농약 급식 문제가 전체 지자체 선거 판도를 좌우할 변수가 되었습니다. 왜냐하면 이건 거짓과 진실의 싸움이기 때문입니다. 애국 진영 전체가 총력을 다해 진실을 밝혀내야 합니다"라고 언급했다. 반면 진중권 교수는 같은 날, "정몽준의 '농약 급식' 알고 보니 '문용린 디스', '박원순의 친환경 유통센터 VS 문용린의 학교급식 전자 입찰'"이라는 멘션과 함께 진보적 대안 매체인 고발 뉴스 기사를 링크한 후 "이젠 팀킬까지?"라는 말을 덧붙였다. 이는 서울시의 농약 급식 논란이 박원순 시장보다 보수 성향의 현직 서울시 교육감인 문용린 교육감의 책임이라는 주장에 바탕을 둔 것이다.

이 밖에도 5월 24일 정몽준 후보 측은 박원순 후보 부인의 모습이 보이지 않는다는 점에 대해 문제를 제기하고 잠적 의혹을 제기했다. 이 시점에 인터넷 및 소셜 미디어에서는 박 후보 부인의 성형설이 제기되어 빠르게 확산되었으며 변희재 대표 또한 여러 차례 비난성 글을 올린 바 있다. 예를 들어 "이제 보니 박원순은 공개된 가족사진이 한 장도 없습니다. 김정일 가족도 그랬었죠" 또는 "박원순, 정몽준보다 더 뛰어난 능력 갖춘 사람들 중, 가족들의 사생활 보호 때문에 공직 진출을 꺼리는 사람들이 많습니다. 박원순처럼 부인, 아들, 딸 다 숨겨놓고 마음대로 산다면 누가 공직에 못 나가겠습니까" 등의 언급과 함께 박원순 시장 부인의 사진을 게재한 사이트를 링크했다. 이러한 공세에 대해 진중권 교수는 트위터를 통해 "자꾸 네거티브로 나가는데 그 수준이 민망하다"고 말하면서 "상대 후보 놔두고 포스터랑 경쟁하실 건가요? 남의 아내 얘기는 왜 꺼냅니까? 게다가 상대 후보의 피부에는 왜 그렇게 관심이 많으신지 ……. 주식은 많으시겠지만 참 없어 보입니다"라는 말로 정몽준 후보에 대해 비판을 가했다.

이처럼 대부분의 경우 보수 성향의 소셜 미디어 논객과 진보 성향의 논객은 동일한 이슈에 대해 전혀 다른 접근을 한다. 소셜 미디어는 법적으로나 윤리적으로나 정보의 유통과 주장에 있어서 신문이나 TV에 비해 내용의 제한이 거의 없기 때문에 정당이나 후보자 지지에 따라, 또는 이념적 성향에 따라 정보와 주장의 차이가 크며 정파성이 매우 강하게 나타나는 경향이 있다. 따라서 소셜 미디어 이용자가 선택적 노출을 강하게 할 때, 즉 자신의 이념이나 정치적 가치에 부합하는 정보를 제공하는 사람들과만 관계를 맺고 정보를 유통할 때, 그 이용자는 매우 극단적이고 일방적인 정보에 노출될 확률이 전통적 미디어보다 더 크다고 할 수 있다.

한편 2014년 서울시장 선거 캠페인은 네거티브 공세가 매우 심했던 캠페인으로 평가된다. 무엇보다 캠페인 초기에 세월호 사건이 발생하고 '정 후보의 막내 아들 사건'이 이슈화되자 정 후보의 지지율이 크게 떨어졌다. 이에 정몽준 후보는 전세를 뒤집기 위해 네거티브 전략을 본격적으로 사용했다. 그러면서 서울시장 선거는 더욱 강한 네거티브 선거전이 되었다고 할 수 있다. 유권자들, 특히 누리꾼들은 정책 이슈에 대한 공방보다 정몽준 후보가 제기한 박원순 후보 부인의 성형, 박 후보의 피부과 방문, 정면을 바라보지 않고 왼쪽을 바라보는 박 후보의 포스터 사진 등 정책 이슈와는 동떨어진 비정치적 사건들에 집중하는 경향을 보였다. 이렇게 네거티브 선거전이 계속될 경우 각 후보를 지지하는 정파적 유권자들은 상대 후보에 대해 더욱 적대적인 감정을 가지게 되고, 특정 후보에 대한 지지가 강하지 않은 중도적 또는 무당파 유권자들의 경우 선거전에 환멸을 느끼게 된다. 선거전 막판까지 정몽준 후보가 초점을 맞추어 강하게 제기했던 농약 급식 문제가 선거전을 반전으로 이끄는 데 실패했던 데에는 아마도 이 이슈의 네거티브성으로 기존의 정 후보 지지자들 외의 유권자들에게 크게 어필하지 못한 점이 한몫했을 것이다. 정치적으로 양극화되어 있는 사회에서 유권자의 정파적 성향은 선거 정보에 의해 더욱 강화되는 경향이 있다. 따라서 상대편의 네거티브 전략에 의해 지지 후보를 바꾸지 않는 것이 일반적이다. 또한 중도적 유권자는 그러한 양극화된 정치에 대해 평소 부정적인 생각을 가지고 있는 경우가 많기 때문에 다른 한쪽에 대한 강한 네거티브 전략은 정치에 대한 이들의 부정적 평가를 더욱 부채질하게 된다. 특히 명확한 근거가 부족한 가운데 네거티브 캠페인이 전개될 경우 후보자의 전략이 성공하기는 쉽지 않다.

2014년 서울시장 선거에서 정몽준 후보가 박원순 시장에게 패하게 된데는 정책과 인물의 적합도에서 유권자들의 지지를 많이 받지 못했다는 점이 가장 근본적인 이유로 작용했을 것이다. 그러나 위에서 논의했듯이 농약 급식, 박 후보 부인에 관한 문제, 박 후보 선거 포스터의 사진과 같이 명확한 근거가 부족하거나 핵심에서 비껴간 문제들에 대해 정 후보 측이 지속적인 네거티브 전략을 펼친 것도 영향을 미쳤다는 평가 또한 가능하다. 정 후보의 강한 네거티브 전략이 떨어진 지지율을 회복하는 데 오히려 부정적인 요소로 작용했을 수 있다는 것이다. 위에서 살펴본 대로 정몽준 후보의 네거티브 전략은 보수 성향 미디어의 지원하에 이루어졌다. 보수 성향 미디어는 반복적 기사와 부정적 제목 및 내용을 통해 정몽준 후보를 지지하는 정파적 모습을 보여주었다. 반대로 진보 성향의 미디어는 박원순 후보에 대한 우호적인 제목 및 내용과 함께 정몽준 후보의 주장과 보수 미디어의 기사에 대해 반박하면서 박원순 후보에게 우호적인 모습을 보였다. 이러한 상황에서 다소 진보적인 유권자들은 정 후보를 더 강하게 반대하는 경향을 보였다. 2014년 서울시장 선거는 특정 정당 후보자의 네거티브 공세가 강할 때, 반대 정당 후보의 지지자들이 어떻게 미디어를 선택하고 그에 반응하는지를 보여주는 적절한 사례가 될 수 있을 것이다.

2) 정당은 유권자들의 미디어 선택에 어떻게 영향을 미치는가

한국 사회의 미디어가 이념과 정치적 입장에 따라 강하게 나뉘는 가운데 선거 이슈와 관련한 수많은 정보들 중 일부를 선택해야 했던 서울시장 선거 유권자들은 자신이 선호하는 정당이나 자신의 이념적 성향에 따라 미디어와 정보에 접근하고 선택하는 정파적 선택 경향을 보였다. 일반적으로 한국 사회에서 정파성을 설명할 때에는 지지하는 정당과 이념 성향에 바탕을 두고 설명한다. 그런데 최근 한국 사회가 정치적으로 양극화되는 경향을 보이면서 한 개인이 지지하는 정당과 이념적 성향이 상당 부분 겹쳐서 나타나고 있다. 즉, 보수적 성향의 유권자는 새누리당을, 진보적

〈그림 3-5〉 정당별 유권자의 성별, 이념 구성

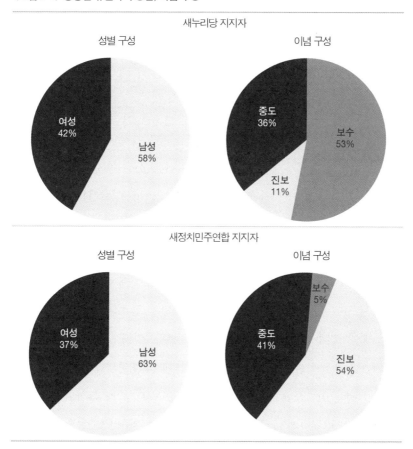

새누리당 지지자

성별 구성

여성
42%

남성
58%

이념 구성

중도
36%

보수
53%

진보
11%

새정치민주연합 지지자

성별 구성

여성
37%

남성
63%

이념 구성

보수
5%

중도
41%

진보
54%

주: 쏠림과 불평등 중형연구단이 2014년 3월 말부터 6월 지방선거 직후까지 다섯 차례에 걸쳐 서울 시민을 대상으로 조사
  한 패널 데이터를 사용했다. 표본은 패널에 동의한 유권자들을 대상으로 매 조사당 1주일씩 이메일을 통해 수집되었
  으며 연령별, 지역별 다층표본추출 방식을 사용해 대표성을 확보했다.
자료: 쏠림과 불평등 중형연구단 서울시장 유권자 조사 자료(2014).

성향의 유권자는 새정치민주연합을 비롯한 야당을 지지하는 경향을 보이
는 것이다. 이 글에서는 정당에 대한 지지를 유권자들의 미디어에 대한 정
파적 노출을 유도하는 가장 핵심적인 요인으로 간주하고, 지지하는 정당
에 따라 유권자들이 미디어를 어떻게 선택하고 또 그 정치적 결과가 어떻

게 나타나는지를 논의한다.

한국연구재단이 지원하는 한국사회과학연구(SSK) 사업의 '쏠림과 불평등' 중형연구단이 2014년 서울시장 선거 유권자들을 대상으로 실시한 설문조사 결과에 따르면 유권자의 약 30%가 새누리당을, 약 28%가 새정치민주연합을 지지하고 약 42%는 지지하는 정당이 없다고 답했다. 전체의 40% 이상을 차지하는 유권자들이 지지하는 정당이 없다고 응답했지만 여기서는 몇 %의 유권자가 정당 지지자인가 하는 사실보다 과반의 정당 지지자들이 얼마나 강하게 정파성을 바탕으로 미디어를 선택하고 또 그것이 정치적 결과에 어떻게 영향을 미치는지에 관심을 가지고 살펴보겠다. 과반의 유권자가 객관적 또는 사실에 근거한 정보에 노출되지 못하고 다소 편향적 정보에 노출된다는 것은 심각한 현상이 아닐 수 없다.

〈그림 3-5〉에 나타나듯이 여당인 새누리당을 선호하는 유권자들과 야당인 새정치민주연합을 선호하는 유권자들은 성별 구성과 이념적 성향에서 상당히 큰 차이를 보인다. 성별에 있어서는 남성보다 여성이 새누리당에 대한 높은 선호를 보인다. 이념적 성향을 보면 양 정당 지지자간의 이념적 차이가 뚜렷하게 나타나는데, 새누리당 지지자의 53%가 스스로를 보수적이라고 생각하고 11%가 진보적이라고 생각하고 있으며, 새정치민주연합 지지자의 54%가 자신을 진보적이라고 생각하고 5%만이 스스로를 보수적이라고 생각하는 것으로 나타난다. 이 밖에도 나이가 많은 유권자들과 가계소득이 상대적으로 높은 유권자들이 새누리당을 더 많이 지지하는 것으로 나타났다. 한편 지지하는 정당이 없는 유권자들의 경우, 과반수가 여성이고 평균 연령이 낮았으며, 학력 및 정치적 지식과 관심 또한 가장 낮은 것으로 나타났다. 예상할 수 있듯이 이념적으로 지지하는 정당이 없

는 유권자들이 세 그룹 중 가장 중도적인 그룹에 속한다. 이 글에서는 정당에 대한 지지가 미디어 선택과 어떠한 연관성을 가지며, 또 미디어 선택이 다시 정당에 대한 지지 및 이슈에 대한 입장에 어떻게 영향을 미치는지를 주로 살펴보고자 한다. 이 때문에 지지하는 정당이 없다고 대답한 유권자들보다 새누리당이나 새정치민주연합을 지지하는 유권자들의 미디어 선택에 초점을 맞추어서 이야기하려 한다.

2014년 서울시장 선거에서 유권자들이 어떻게 정파적으로 미디어를 선택했는지 알아보기에 앞서, 우선 유권자들이 지지하는 정당에 따라 선거 관련 소식 및 정보를 주로 습득하는 미디어가 어떻게 다른지 살펴보자. 앞서 언급했듯이 한국은 다른 나라들과 달리 미디어 유형에 따라 지지 정당도 다르고 이념도 다른 특징을 보인다. 주로 보수적이거나 새누리당을 지지하는 사람들이 TV나 주요 종이 신문들을 많이 접했고, 진보적이거나 야당을 지지하는 사람들은 뉴미디어를 많이 접하는 것으로 나타났다.

서울시장 선거 유권자들도 마찬가지로 새누리당 지지자와 새정치민주연합 지지자 간에 선거 정보를 주로 습득하는 미디어에서 의미 있는 차이를 보였다. 〈그림 3-6〉에서 알 수 있듯이, 양당 지지자들이 선거 관련 정보를 습득하는 매체에서 TV가 차지하는 비율이 가장 높았고 인터넷 뉴스 및 포털 이용이 그 뒤를 이었다. 그러나 새누리당을 지지하는 유권자와 새정치민주연합을 지지하는 유권자 간에 미디어 채널에 따른 이용 빈도는 크게 차이가 나는 것을 알 수 있다. 새누리당을 지지하는 유권자들의 약 76%가 TV 및 종이 신문과 같은 전통적 미디어에서 정보를 주로 습득하는 데 반해, 새정치민주연합 선호 유권자들은 약 52%가 전통적 미디어에서 얻었으며 43%가 인터넷이나 소셜 미디어 등 뉴미디어에서 선거 정보를 주로

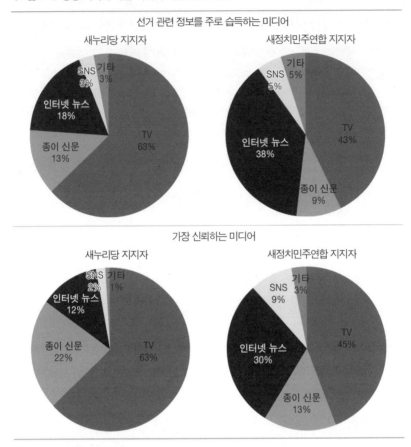

〈그림 3-6〉 정당 지지에 따른 미디어 사용 및 신뢰도

선거 관련 정보를 주로 습득하는 미디어

새누리당 지지자

SNS 3% 기타 3%
인터넷 뉴스 18%
종이 신문 13%
TV 63%

새정치민주연합 지지자

기타 5%
SNS 5%
인터넷 뉴스 38%
TV 43%
종이 신문 9%

가장 신뢰하는 미디어

새누리당 지지자

SNS 2% 기타 1%
인터넷 뉴스 12%
종이 신문 22%
TV 63%

새정치민주연합 지지자

기타 3%
SNS 9%
인터넷 뉴스 30%
TV 45%
종이 신문 13%

자료: 쏠림과 불평등 중형연구단 서울시장 유권자 조사 자료(2014).

습득하는 것으로 나타났다. 즉, 전통적 미디어와 뉴미디어에 의존하는 빈도에서 큰 차이를 보이지 않는 것이다. 한편 〈그림 3-6〉에는 나타나 있지 않지만 선호하는 정당이 없는 유권자들은 미디어 이용 빈도에서 주로 새누리당 지지자와 새정치민주연합 지지자의 사이에 위치했다.

미디어에 대한 신뢰 정도 또한 미디어 선택에 중요한 영향을 미치는 요인이다. 사람들은 신뢰하지 않는 미디어보다 자신이 신뢰하는 미디어에서 더 자주 정보를 얻고 그 정보를 믿는 경향을 보인다. 2014년 서울시장 선거 유권자들의 미디어 신뢰도를 살펴본 결과 〈그림 3-6〉에서처럼 새누리당을 선호하는 유권자들은 새정치민주연합을 선호하는 유권자들에 비해 TV와 종이 신문에 대한 신뢰도가 높은 반면, 새정치민주연합을 선호하는 유권자들은 인터넷과 소셜 미디어에 대한 신뢰가 상대적으로 높았다.

한편 미디어 사용 빈도와 미디어에 대한 신뢰도를 비교해보면 TV 사용 빈도와 신뢰도가 거의 일치하는 것으로 나타났다. 그러나 종이 신문은 실제 사용 빈도에 비해 정보 습득 매체로서 더 많이 신뢰하는 것으로 조사되었다. 반대로 인터넷은 사용 빈도에 비해 정보 신뢰도가 매우 낮은 미디어로 나타났다. 소셜 미디어의 경우, 사용 빈도에 비해 정보 매체로서의 소셜 미디어에 대한 새누리당 선호 유권자들의 신뢰도가 매우 낮았고 새정치민주연합 선호 유권자들은 소셜 미디어의 정보에 대한 신뢰가 실제 사용 빈도보다 높은 것으로 조사되었다.

요약하자면 서울시장 선거 유권자들은 지지하는 정당에 따라 정파적으로 미디어를 선택하고 신뢰한다는 것을 알 수 있다. 새누리당을 지지하는 유권자들은 새정치민주연합 지지자보다 TV나 종이 신문에서 선거 정보를 얻는 빈도가 높고 이러한 전통적인 미디어에 대한 신뢰도도 높은 편이다. 반면 새정치민주연합 지지자들은 새누리당 지지자들에 비해 TV나 종이 신문을 통해 선거 정보를 얻는 빈도가 현저히 낮고 대신 인터넷에서 정보를 많이 획득하는 것으로 나타났다. 새정치민주연합 지지자들은 인터넷에 대한 신뢰도도 상당히 높은 것으로 조사되었다. 새누리당 지지자들의 상당수도 인터넷을 선거 정보를 획득하기 위한 중요한 미디어로 사용하기는

했으나, 인터넷에서 제공하는 정보에 대한 신뢰도는 상대적으로 낮았다.

선거 기간에 각 정당의 지지자들이 어느 미디어를 통해 주요 이슈들을 가장 먼저 접했는지를 비교해보면 유권자들이 미디어를 정파적으로 선택한다는 사실이 또다시 증명된다. 기존의 연구들은 여당 후보를 지지하는 유권자들은 주로 전통적인 미디어에서, 그리고 야당 후보를 지지하는 유권자들은 주로 뉴미디어에서 선거 정보를 더 많이 얻는 경향이 있는 것으로 나타났다. 2014년 서울시장 선거 유권자들의 미디어 선택 또한 비슷한 형태를 보인다. 특히 새누리당 지지자들은 TV를 통해 이슈를 처음 접하는 빈도가 매우 높은 반면, 새정치민주연합 지지자들은 인터넷을 통해 이슈를 처음 접하는 경우가 상당히 많았다.

그러나 이슈별로 좀 더 구체적으로 들여다보면 유권자들의 미디어 선택과 노출 방식이 조금 차이가 나는 것을 알 수 있다. 예를 들어 정몽준 후보 아들의 발언 및 정몽준 후보의 반값 등록금 발언 등은 TV보다 인터넷을 통해 처음으로 접하는 경우가 많았다. 특히 다른 이슈에 비해 이 두 이슈의 경우에는 새누리당 지지자들도 소셜 미디어를 통해 처음 접한 비율이 상당히 높았다. 이는 이러한 이슈들이 전통적인 미디어보다 인터넷을 통해 특히 많이 유포되었음을 의미한다. 위에서 언급한 정몽준 후보 아들에 관한 이슈는 이후 수많은 "미개○○○" 패러디를 양산해내면서 소셜 미디어를 강타했다. 예를 들어 유명 대중음악 작곡가인 김형석 씨가 트위터에 "아 …… 난 미개 작곡가"라는 글을 남기자 "난 미개한 팬", "난 미개 직장인", "난 미개 대학생" 등의 패러디가 쏟아졌다. 이러한 과정을 통해 이 이슈는 기존의 뉴스 미디어보다 소셜 미디어에서 훨씬 많이 확산되었다.

그렇다면 2014년 서울시장 선거의 유권자들은 자신들이 지지하는 후보

〈그림 3-7〉 후보 및 정당의 SNS를 구독하는 양당 지지자들의 비율

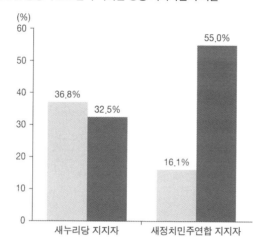

자나 후보자 소속 정당의 소셜 미디어를 어떤 방식으로 구독했을까? 〈그림 3-7〉은 지지 정당에 따른 유권자들의 후보자 및 정당의 소셜 미디어 구독 비율이다. 전체적으로 살펴보면 새정치민주연합을 지지하는 유권자들은 새누리당을 지지하는 유권자에 비해 정당 및 후보자의 소셜 미디어 계정에 접근하는 비율이 훨씬 높다. 반면 이들이 상대 정당이나 후보자의 소셜 미디어 계정에 접근하는 비율은 매우 낮다. 그림에 나타나 있지는 않지만 소셜 미디어를 종류별로 살펴보면, 박원순 후보가 적극적으로 활용하는 트위터의 경우 양당 지지자 간의 차이가 매우 크게 나타난다. 반면 새누리당을 지지하는 유권자들이 정몽준 후보 및 새누리당 소셜 미디어에 접근해 정보를 획득하는 비율과 박원순 후보 및 새정치민주연합 소셜 미디어를 구독하는 비율이 크게 다르지 않은 경향을 보인다.

이러한 현상에는 박원순 후보가 소셜 미디어를 통한 소통을 훨씬 적극

적으로 전개한다는 점이 하나의 원인으로 작용할 수 있을 것이다. 또한 미디어 채널을 선택하는 데 있어서도 친여적 또는 보수적 메시지에 대한 야당 지지자들의 거부감이 친야적·진보적 메시지에 대한 여당 지지자들의 거부감보다 더 크다는 점도 작용했을 것이다. 최근 야당 지지자들의 친여적·보수적 성향을 띤 미디어 채널이나 메시지에 대한 신뢰도가 매우 낮아지고 있으며, 특히 세월호 참사 이후 야당 성향의 유권자들 사이에서 전통적인 미디어에 대한 신뢰가 급격히 하락했다. 반면 야당 지지자들의 소셜 미디어 메시지에 대한 신뢰와 이를 통한 정보 습득 비율은 높아지고 있어 미디어 선택에 있어서 정치적 편향성이 더욱 뚜렷해졌다고 할 수 있다. 이러한 상황에서 반여당적 정서를 지닌 유권자들은 미디어의 역할과 신뢰에 지속적인 문제제기를 하고 있다. 따라서 선호하지 않는 이념 성향을 띤 메시지를 회피하는 것은 여당 지지자들이나 무당파 유권자들보다 야당 지지자들에게서 더 일반화되었을 것이라고 예상할 수 있다.

한편 신문 구독에서는 보다 복합적인 경향이 나타난다. 〈그림 3-8〉은 새누리당 지지자들과 새정치민주연합 지지자들이 일주일 간 이용한 보수 성향의 신문(≪조선일보≫, ≪중앙일보≫, ≪동아일보≫)과 진보 성향의 신문(≪한겨레신문≫, ≪경향신문≫, ≪한국일보≫)을 분석한 비율이다. 종이 신문 노출 비율만 보면 새누리당 지지자들이 더 강한 정파적 선택을 한 것으로 보인다. 새누리당 지지자의 약 1/2이 보수 성향의 신문을 구독하는데 이는 진보 성향 신문에 노출되는 비율보다 3배 이상 높은 비율이다. 반면 새정치민주연합 지지자들은 보수 및 진보 성향의 신문에 노출되는 비율이 비슷한 것으로 나타난다. 또 무당파 유권자는 보수 성향 신문에 더 많이 노출되고 있는 것으로 조사되었다. 이러한 결과는 무엇보다도 보수 성향 신

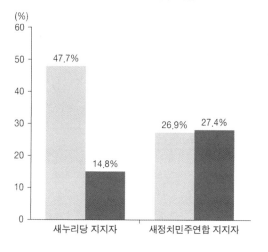

〈그림 3-8〉 정당 선호에 따른 보수·진보 성향 신문 이용 비율

문이 진보 성향 신문보다 구독량이 훨씬 많은 데에서 연유했을 것이다. 한국언론진흥재단에서 주관한 2013 언론수용자 의식조사는 한국리서치에서 2013년 9월 10일~10월 31일에 걸쳐 전국의 만 19세 이상 성인 5082명을 대상으로 미디어 이용 행태와 언론에 대한 인식, 평가 등을 조사한 결과이다. 이 조사에 따르면 ≪조선일보≫, ≪중앙일보≫, ≪동아일보≫의 구독자 점유율은 72.2%이며 ≪한겨레신문≫, ≪경향신문≫, ≪한국일보≫의 구독자 점유율은 약 11.7%이다. 보수 성향 신문의 구독자 비율이 진보 성향 신문의 비율보다 훨씬 높은 상황에서, 새정치민주연합 지지자들의 양쪽 신문 이용 비율이 유사하다는 것은 사실상 야당 성향의 유권자들이 전체 한국인들에 비해 진보적 신문에 매우 빈번히 노출되고 있음을 의미한다. 즉, 보수 성향의 메시지를 회피하는 경향이 크다는 것이다.

위에서 보았듯이 한국 유권자들은 선거 정보를 습득하는 매체를 선택하는 데 있어서 정당 편향적인 모습을 보인다. 한국 정치의 양대 정당인 새누리당과 새정치민주연합을 지지하는 유권자들은 후보자에 대한 정보나 이슈를 습득하는 데 있어서 미디어별로 강한 정파적 선택성을 보여준다. 특히 새정치민주연합 지지자들에게서 이러한 정파적 성향이 더욱 강한 것으로 나타나는데, 이는 거대 언론사들이 대부분 친여적 성향을 띤 한국의 미디어 환경을 반영한 것으로 평가된다.

4. 정파적 미디어 노출의 정치적 결과

1) 정파적 미디어 노출은 정당 및 후보자에 대한 선호를 양극화시키는가

미디어 채널을 선택적으로 이용하는 유권자들의 경향이 그들의 정치적 선호나 태도에 어떠한 영향을 미칠까? 이 장의 2절에서 살펴본 대로 미디어 전문가들과 연구자들은 정파적 채널과 메시지가 늘어나고 있다는 점에는 동의하지만 사람들이 정파적으로 미디어를 선택하는지, 그리고 그 결과가 어떻게 나타나는지에 대해서는 서로 다른 결과를 도출했다. 이 장의 3절에서 2014년 서울시장 선거 당시 미디어의 행태와 유권자들을 살펴본 결과, 한국의 미디어는 매우 정파적이며 유권자들은 이러한 정파적 미디어에 대해 상당한 수준의 선택적 노출을 하고 있다는 것을 알 수 있었다. 그렇다면 선택적 노출이 이 유권자들의 정치적 편향성을 더욱 강화시키는 역할을 할까? 정파적 미디어 선택은 유권자들의 편향적인 정치적 선호나 태도와 어떠한 관련성이 있을까? 역시 서울시장 선거 유권자들을 대상으

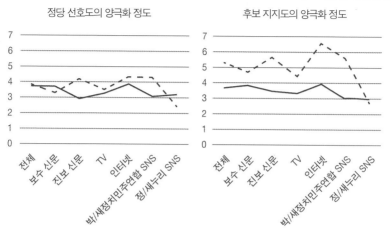

〈그림 3-9〉 각 매체를 접한 양당 지지자들의 정당 및 후보자에 대한 양극화 정도

(단위: 10점 만점)

정당 선호도의 양극화 정도   후보 지지도의 양극화 정도

― 새누리 지지자   - - 새정치민주연합 지지자   ― 새누리 지지자   - - 새정치민주연합 지지자

로 살펴보기로 하자.

먼저 새누리당을 지지하는 유권자들과 새정치민주연합을 지지하는 유권자들이 각 정당을 선호하는 정도와 싫어하는 정도, 그리고 양 후보를 지지하거나 반대하는 정도에서 차이가 어떻게 나타나는지를 조사해보았다. 새누리당을 매우 좋아하고 새정치민주연합을 매우 싫어하는 사람들, 정몽준 후보를 매우 지지하고 박원순 후보에 대해서는 매우 반대하는 사람들, 또는 그 반대의 입장을 지니고 있는 사람들은 호불호의 차이가 아주 큰 사람들이라고 간주한다. 호불호의 차이가 큰 사람들이 많을수록 유권자들의 정당 및 후보자에 대한 지지와 선호는 양극화를 이루게 된다.

〈그림 3-9〉는 새누리당을 지지하는 유권자들과 새정치민주연합을 지지하는 유권자들의 정치적 양극화 정도가 다른 종류의 미디어에 노출됨에 따라 어떻게 변화하고 있는가를 보여준다. 실선은 새누리당 지지자의 선

호와 지지의 양극화 정도를 나타내며 점선은 새정치민주연합 지지자의 양극화 정도를 나타낸다. 먼저 〈그림 3-9〉의 왼쪽 그림에서 나타난 선호 정당에 대해 보자면, 양 정당 지지자들의 정당에 대한 호불호는 노출되는 미디어에 따라 그다지 다르지 않다. 다만 조금 자세히 보면 새누리당 지지자들이 진보 신문을 구독하고 박원순·새정치민주연합 소셜 미디어를 접할 경우 양극화 정도가 완화되는 것으로 나타나고 있으며 새정치민주연합 지지자들의 양극화 정도는 더욱 강한 것으로 나타나고 있다. 그러나 이 경우에도 두 정당 지지자 간의 양극화 차이는 총 10점 중 1점 정도로 아주 미약했다. 그런데 정당에 대한 선호가 아니라 후보자에 대한 지지도를 살펴보았을 때는 새누리당 지지자들과 새정치민주연합 지지자들 간의 호불호 차이가 매우 크게 나타남을 알 수 있다. 새정치민주연합 지지자들이 박원순 후보를 지지하고 정몽준 후보를 반대하는 정도가 새누리당 지지자들이 정몽준 후보를 지지하고 박원순 후보를 반대하는 정도보다 훨씬 크게 나타났다. 즉, 새정치민주연합 지지자들의 후보자에 대한 호불호가 새누리당 지지자들의 호불호보다 훨씬 양극화되어 있다는 것이다.

양당 지지자들의 선호도 차이에 선택적 미디어 노출이 미치는 영향은 다음과 같이 정리될 수 있다. 먼저 정당 선호와 후보자 지지에 있어서 새정치민주연합을 지지하는 유권자들이 새누리당을 지지하는 유권자들보다 미디어의 영향으로 양극화되는 경향이 더 큰 것으로 나타났다. 미디어 이용에 따른 이러한 양극화 경향은 정당 선호도 측면보다 후보자 지지도 측면에서 더 뚜렷하게 나타나고 있다. 특히 새정치민주연합 지지자들의 후보 지지에 대한 양극화는 인터넷을 이용할 경우 더욱 커졌다.

둘째, 인터넷을 제외한 매체들에서 예상했던 결과가 나타났다. 보수 성향을 가진 신문과 SNS는 새누리당 지지자들의 양극화를 촉진하고 진보 성향의 신문과 SNS는 새정치민주연합 지지자들의 양극화를 촉진하는 경향을 보인 것이다. 하지만 그 정도를 비교해보면 진보 성향 신문과 SNS가 새정치민주연합 지지자들의 양극화를 더욱 촉진시킨다고 할 수 있다. 흔히 보수 성향의 채널로 분류되는 보수 신문, TV, 정몽준·새누리 SNS는 새누리당 지지자들의 선호의 극화를 특별히 야기하지는 않는 것으로 보인다. 이러한 결과는 뉴미디어 이용자에 비해 전통적 미디어를 이용하는 사람들 사이에서 태도의 극화가 낮게 나타난다는 기존의 연구 결과와 유사하다.

셋째, 새정치민주연합을 지지하는 유권자가 자신의 이념적 성향과 다른 미디어에 노출될 경우 양쪽 후보자에 대한 호불호 격차가 확연하게 줄어드는 것을 알 수 있다. 특히 새정치민주연합을 지지하는 유권자가 정몽준·새누리 SNS를 구독하는 경우, 정몽준 후보와 박원순 후보에 대한 지지 정도의 차이가 크게 감소했다. 새누리당을 지지하는 유권자들이 진보 성향의 신문에 노출될 경우, 양쪽 후보자에 대한 선호의 차이가 크게 완화되지는 않았지만 특정 정당이나 후보자에 관계없이 후보자와 정당의 SNS에 노출될 경우에는 양극화 현상이 감소하는 경향을 보였다. 이는 새정치민주연합을 선호하는 유권자들이 박원순·새정치민주연합의 SNS를 구독하는 경우, 두 후보에 대한 선호의 차이가 더 커지는 것과는 대조적이다. 새누리당 지지자 중 후보자 및 정당의 SNS를 구독하는 유권자들은 새누리당의 강한 고정적 지지층인 중장년층이 아니라 상대적으로 젊은 유권자들일 가능성이 높다. 이들은 선거 과정 중 정몽준 후보에게 실망하면서 정 후보 지지 그룹에서 이탈한 유권자층이라고 예상할 수 있다. 전체적인 결과를 통해 볼 때, 자신과 정치적 성향이 다른 소셜 미디어에 노출될 경우 한국 유권자들의 강한 정당 편향적 선호가 중화되는 효과가 있었다. 이 점에서 자신의 정치적 이념과 입장에 부합하는 미디어와 메시지만 선택하고 그렇지 않은 메시지는 회피하는 선택적 미디어 노출의 문제점에 대해 다시 한 번 지적할 수 있다.

2) 정파적 미디어 노출은 선거 이슈에 대한 태도를 양극화시키는가

정당 편향적인 미디어 선택이 선거 이슈에 대한 유권자들의 태도 양극화에 어떠한 영향을 미칠까? 이에 대한 답을 찾기 위해 서울시장 선거 과정에서 부각되었던 서울 지하철 2호선 사고와 정몽준 후보 아들의 미개 국민 발언에 대해 각 정당을 지지하는 유권자들이 얼마나 양극화된 태도를 보였는지 살펴보자. 두 이슈 중 전자는 박원순 후보에게, 후자는 정몽준 후보에게 불리하게 작용했던 이슈라는 점을 기억하자.

〈그림 3-10〉에서 우리는 두 이슈 사이에 매우 재미있는 특징을 발견할 수 있다. 미디어 노출과 관계없이 정당 지지자들 전체를 보았을 때 양당 지지자 간에 두 이슈에 대한 양극화 정도의 차이를 발견하기가 어렵다. 하지만 인터넷이나 SNS를 접할수록 박원순 시장이 불리한 이슈에 대한 새누리당 지지자들의 양극화 정도가 새정치민주연합 지지자들의 양극화 정도보다 더 크다는 것을 알 수 있다. 반대로 정몽준 후보가 불리한 이슈에는 새정치민주연합 지지자들의 양극화 정도가 훨씬 크게 나타나고 있다. 특히 정파적 성향을 띤 미디어가 정 후보 아들의 SNS 발언 이슈에 관해 새정치민주연합 지지자들에게 미치는 영향은 매우 크고 뚜렷했다.

서울 지하철 2호선 사고 이슈에 관해서 인터넷을 주로 이용하는 새누리

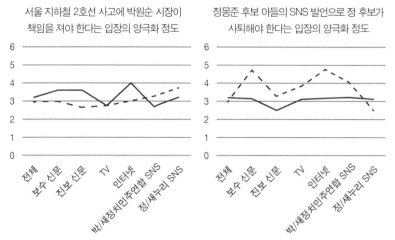

〈그림 3-10〉 각 매체를 접한 양당 지지자들의 주요 이슈에 대한 태도

(단위: 10점 만점)

서울 지하철 2호선 사고에 박원순 시장이
책임을 져야 한다는 입장의 양극화 정도

정몽준 후보 아들의 SNS 발언으로 정 후보가
사퇴해야 한다는 입장의 양극화 정도

— 새누리 지지자 - - 새정치민주연합 지지자   — 새누리 지지자 - - 새정치민주연합 지지자

당 지지자들의 태도 극화 정도는 상대적으로 큰 편이고, 정 후보 아들의
발언 이슈에 있어서는 보수 성향 신문과 인터넷, 박원순·새정치민주연합
SNS를 구독하는 새정치민주연합 지지자들의 양극화 정도가 매우 큰 편이
다. 자신의 이념과 다른 성향의 미디어인 보수 성향 신문에 노출되었음에
도 새정치민주연합 지지자들이 정 후보 아들의 SNS 발언 이슈에 대해 강
한 극화 현상을 보이는 것은 이 이슈가 신문뿐 아니라 소셜 미디어와 오프
라인에서도 여론의 주목을 크게 받았던 이슈였기 때문일 것이다. 따라서
보수 성향 신문을 통해 새로운 정보를 접하기보다 자신의 관점에 반하는
정보에 더욱 반감을 가지게 되지 않았을까 하고 추측해볼 수 있다. 한편
자신의 이념과 상반되는 성향을 가진 SNS를 구독하는 경우, 상대 후보에
게 불리하게 작용하는 이슈들에 대해 상당히 완화된 태도를 보인 것으로
나타났다. 박원순 후보에게 불리한 지하철 사고 이슈에 대해서는 박원순·

새정치민주연합의 소셜 미디어를 구독하는 새누리당 지지자들의 태도가 그리고 정몽준 후보에게 불리한 발언 이슈에 관해서는 정몽준·새누리당의 SNS를 구독하는 새정치민주연합 지지자들의 태도가 상당히 완화되었으며 양극화 정도가 감소했다.

요컨대 특정 정당을 선호하는 유권자들의 정파적·선택적 미디어 노출은 이들의 이슈에 대한 태도의 양극화에 영향을 미친다. 특히 인터넷은 두 이슈 모두에서 그 이슈를 전략적으로 이용할 수 있는 지지자들, 즉 서울 지하철 2호선 사고 이슈에서는 새누리당 지지자, 그리고 정 후보 아들 발언 이슈에서는 새정치민주연합 지지자들의 태도를 극화시키는 중요한 요인으로 작용했다. 한편 이슈에 따라 그 영향력이 차이를 보이지만 정파적 유권자들이 자신과 다른 이념 성향의 미디어에 노출되는 경우, 특히 상대 후보에게 불리한 이슈일 경우, 유권자들의 태도 양극화 정도가 완화되는 경향을 보인다. 이러한 결과를 통해 자신의 이념이나 정치적 입장과 다른 미디어에 노출되는 교차 노출의 중요성을 다시 한 번 확인할 수 있다.

3) 정파적 미디어 노출은 후보자 선택에 어떤 영향을 미칠까

그렇다면 유권자들의 선택적 미디어 노출이 후보자 선택에 어떠한 영향을 미칠까? 〈그림 3-11〉은 각기 다른 미디어에 노출되는 정도에 따라 박원순 후보에게 투표할 확률이 어떻게 변하는지를 보여주는 시뮬레이션 결과이다. 각각의 그림은 개별 미디어 채널에 전혀 노출되지 않을 경우와 전적으로 노출될 경우의 확률을 비교해 보여주고 있다.

〈그림 3-11〉은 모든 미디어의 노출 정도가 크게 변화할 때 박원순 후보

〈그림 3-11〉 미디어의 선택적 노출에 따른 박원순 후보에게 투표할 확률의 변화

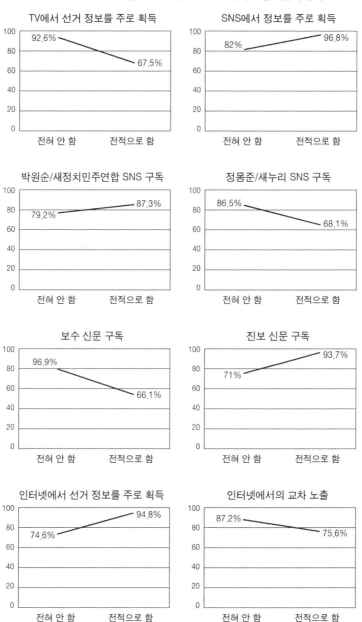

TV에서 선거 정보를 주로 획득

SNS에서 정보를 주로 획득

박원순/새정치민주연합 SNS 구독

정몽준/새누리 SNS 구독

보수 신문 구독

진보 신문 구독

인터넷에서 선거 정보를 주로 획득

인터넷에서의 교차 노출

에게 투표할 확률도 크게 변하는 것을 보여준다. 특히 TV, 보수 성향 신문, 진보 성향 신문, 인터넷이 후보 선택에 매우 큰 영향을 미치는 미디어인 것으로 조사되었다. 정당 및 후보자에 대한 선호의 양극화나 이슈에 대한 태도의 양극화에 매우 중요한 영향을 미치는 것으로 나타난 후보자 및 정당 소셜 미디어는 투표 선택에 있어서 TV, 인터넷 및 성향에 따른 신문에 비해 그 효과가 상대적으로 낮다는 결과가 흥미롭다. TV, 보수 성향 신문, 진보 성향 신문, 그리고 인터넷에서 전적으로 정치정보를 획득하는 경우, 그 매체에서 정치정보를 전혀 얻지 않는 경우에 비해 박원순 후보를 선택할 확률이 각각 (-)25.1%, (-)30.8%, (+)23.6%, 그리고 (+)20.2%의 차이를 보이고 있다. 반면 박원순·새정치민주연합 SNS에서 전적으로 정치정보를 획득하는 경우는 그 반대의 경우에 비해 박 후보를 선택할 확률이 8.1% 밖에 높아지지 않는다. SNS에서 정치정보를 전적으로 획득하는 경우와 인터넷에서 교차 노출을 통해 정보를 얻는 경우도 TV나 신문으로 인한 차이에 비해 상대적으로 적은 차이를 보이고 있다.

전체적으로 미디어에 대한 선택적 노출은 후보자 선택에 중요한 영향을 미친다. 그러나 그 영향력은 미디어에 따라 다르게 나타난다. 특히 정치적 선호와 태도의 양극화에는 보수 성향과 진보 성향의 신문 구독, 그리고 후보자 및 정당의 SNS 노출이 보다 큰 영향을 미친 반면(〈그림 3-9〉, 〈그림 3-10〉), 후보자 선택에 있어서 TV, 인터넷, 신문 등 보다 많은 사람들이 접하는 미디어의 영향력이 상대적으로 크다는 것은 흥미로운 결과이다.

5. 한국의 미디어 환경과 정파적 선택

이 장에서는 2014년 6월 4일에 실시된 서울시장 선거 과정에서 미디어가 보여준 정보의 유통 방식, 그리고 유권자들의 미디어 선택과 이에 따른 정치적 태도를 살펴봄으로써 한국 사회에 나타나는 정당 편향적 성격의 미디어와 이 미디어에 대한 유권자들의 선택적 노출 및 그 정치적 결과에 대해 이야기해보았다. 국내외의 많은 연구들을 통해 '유권자들은 선택적으로 미디어에 노출되는가'라는 질문에 대한 답이 다양하게 나타났다. 그러나 한국인들이 피부로 느끼는 미디어의 정파성 또는 정치적 편향성과 그에 따른 정파적 미디어 선택의 정도는 현재 매우 강하다고 할 수 있다. 특히 한국은 공중파 TV 뉴스 및 종합편성채널과 조·중·동으로 대변되는 보수 성향의 전통 미디어 채널, 그리고 인터넷 및 소셜 미디어로 대변되는 진보 성향의 뉴미디어 채널이 대비되는 미디어 환경이 나타난다.

전통적인 미디어 채널과 뉴미디어 채널이 모두 증대되어감에 따라 이용자들이 선택할 수 있는 미디어 채널도 더욱 확대되고 있다. 그러나 이러한 미디어의 다양성 및 선택성의 확대는 정치적 의견과 태도의 다양성을 오히려 감소시키고 정치적 사안에 대한 태도를 양극화시키는 결과를 초래하고 있다. 특히 태도의 양극화는 지지 정당 및 이념에 따라 집단적으로 나타나고 있어 사회 전체가 정치적으로 또는 이념적으로 양분되는 양상이 우려된다. 각 미디어 채널과 메시지들은 정치적으로 반대되는 의견을 가진 사람들을 설득하는 힘을 잃어버렸고, 그 대신 정치적으로 유사한 생각을 가진 사람들의 태도를 더욱 강화시켜 집단의 동질화를 심화하는 역할을 한다. 우리 사회는 현재 정당에 대한 지지나 정치적 이념과 같은 강한 정치적 동기를 바탕으로 객관적 정보 환경이 어려워진 상황에 있다고 할 수 있다.

이 장에서 보여주는 서울시장 선거 유권자 사례는 한국 유권자들이 선거 정보를 습득할 때 이용하는 미디어 채널이 상당히 정파적이며 선택적이라는 것을 보여준다. 새누리당을 선호하는 유권자들과 새정치민주연합을 선호하는 유권자들은 후보자에 대한 정보를 습득하는 데 있어서나 주요 이슈에 대한 정보를 획득하는 데 있어서 모두 정파적인 미디어 선택을 하는 것을 알 수 있었다. 이러한 선택적 미디어 노출이 정치적 이슈에 대한 태도를 양극화시키는 데에도 중요한 역할을 하는 것으로 나타났다. 특히 진보적 성향의 신문과 소셜 미디어는 야당 지지자들의 태도 양극화를 심화시키는 중요한 기제로 작동했다. 그러나 한편 이러한 미디어 채널은 여당 지지자들의 태도 양극화를 완화시키는 역할도 함께 하는 것으로 분석되었다. 마찬가지로 이러한 양극화된 태도의 완화는 '조·중·동' 또는 여당 및 여당 후보의 소셜 미디어에 노출되는 새정치민주연합 지지자에게서도 나타난다. 이 때문에 자신의 이념적 성향과 다른 미디어에 대해 노출되는 교차 노출의 경우 태도의 양극화가 완화됨을 알 수 있었다(〈그림 3-11〉 참조). 그러나 안타깝게도 한국 사회에는 정파적 미디어 선택이 일반화되어 있으며, 태도의 양극화를 완화시킬 만큼 충분한 교차적 미디어 노출이 활발하지 못한 상황이다. 다른 이념과 정치적 입장을 가진 미디어에 노출될 기회를 늘리는 것이 점차 양극화되어가는 한국 사회의 문제점을 극복하는 데 매우 중요할 것이다.

한편 우리는 이 장에서 야당을 지지하는 유권자들이 여당을 지지하는 유권자들보다 더 정파적·선택적으로 미디어에 노출되고 있으며 진보적 성향의 미디어 채널들이 야당 선호 유권자들의 선호와 태도를 더욱 양극화시킨다는 것을 알았다. 반면 보수적 성향의 미디어 채널들이 여당을 지지하는 유권자들의 선호 및 태도 양극화에 미치는 영향은 상대적으로 미미한 것으로 나타났다. 선택적 노출과 태도의 양극화가 야당 지지자들에게서 더욱 강하게 나타난다는 결과는 기존의 몇몇 연구 결과들에서도 발견되고 있다. 그렇다면 왜 한국의 야당 지지자들 또는 진보적 유권자들은 여당 지지자들 또는 보수적 유권자들에 비해 미디어를 정파적으로 선택하는 경향과 태도의 양극화가 더 강하게 나타날까? 이와 반대로 왜 여당 지지자들은 선택적 미디어 노출의 경향도 상대적으로 낮고, 선택적 미디어 노출의 경우에도 태도의 양극화 경향이 상대적으로 적게 나타나는 것일까? 더불어 소셜 미디어와 인터넷 또는 진보적 성향의 신문이 보수적 콘텐츠를 주로 생산해내는 거대 미디어보다 선호나 태도의 극화에 더 큰 영향을 미치는 이유는 무엇일까?

이러한 질문에 답하기 위해서 무엇보다 한국의 정치 및 정보 환경에 대해 먼저 생각해보아야 할 필요가 있다. 보수적 성향의 미디어가 시장의 대부분을 점유한 상황에서 야당 및 진보 성향의 유권자들은 거대 미디어 산업에 대한 비판을 가하게 되고 이러한 비판은 보수 성향의 미디어에 대한 거부와 메시지 회피로 나타난다. 이 때문에 보수 성향에 대응할 대안적 미디어로 인식되는 소셜 미디어와 인터넷은 단순한 정보 습득 채널로서의 의미를 넘어 대항 미디어로서의 성격을 띠게 된다. 이러한 미디어 환경에서 대항적 성격의 미디어 이용자들인 반여당·친야당 성향의 유권자들은 미디어에서 정보를 얻는 것을 일차적 목적으로 하는 거대 미디어 이용자들보다 훨씬 더 정치적으로 민감한 미디어 선택과 결정을 하게 될 가능성이 크다. 더불어 정보에 대한 선택과 회피가 더 자유로워진 인터넷과 소셜 미디어 환경 또한 이들의 선택적 노출과 태도의 극화를 부채질하는 요소로 작용하는 것도 사실이다.

반면 친여적·보수적 유권자들은 쉽게 접근 가능한 거대 정보 소스가 존재하는 상황에 있기 때문에 인터넷이나 소셜 미디어와 같이 '직접 찾아가야 하는 정보'가 크게 필요하지 않은 상황이다. 또 뉴미디어가 가진 강한 진보적 색채를 받아들이기 힘들기 때문에 진보 성향의 미디어에 대한 관심도 낮을 것이다. 따라서 자신의 이념과 다른 미디어 및 정보에 대해 거부감을 갖거나 의도적 회피를 하는 경우가 야당 지지자 및 진보적 유권자들보다 낮을 것이라고 예상할 수 있다. 더불어 보수정당 지지자들은 이합집산이 상대적으로 적기 때문에 이념적 동질성과 안정성을 가진다. 이 또한 친여당·보수 성향 유권자들이 미디어의 영향을 적게 받는 이유 중 하나일 것이다.

이런 정치적 상황과 미디어 환경을 고려해볼 때 우리는 또 다른 질문에 직면하게 된다. 바로 "태도의 양극화는 결국 정파성을 강하게 띤 거대 미디어 산업이 지배하는 미디어 환경이 초래한 결과라고 할 수 있지 않을까?"라는 질문이다. 이 장에서 미디어 시장의 구체적 메커니즘에 대해 정교한 논의를 하지는 않을 것이기에 이 질문에 대한 대답을 하기는 어렵다. 향후 연구들에서는 유권자들의 미디어 선택 양태뿐 아니라 그러한 선택과 관련된 우리 사회의 미디어 구조와 콘텐츠, 그리고 이들과 정치적 양극화 현상의 관계를 좀 더 깊이 탐구할 필요가 있다. 그런 과정을 통해 정파적이고 선택적인 미디어 노출과 태도의 극화가 우리 정치와 민주주의에 지니는 함의에 대해 보다 심도 있게 논의해야 할 것이다.

참고문헌

김민성·용미란·이인혜·김지아·한미향·김성태. 2013.「지지후보자에 따른 유권자의 선택적 정보 접근에 관한 연구」.≪정치커뮤니케이션 연구≫, 30호, 5~45쪽.

노정규·민영. 2012.「정치 정보에 대한 선택적 노출이 태도 극화에 미치는 효과: 비정치적 온라인 커뮤니티 이용자들을 대상으로」.≪한국언론학보≫, 56권 2호, 226~248쪽.

서현진. 2013.「18대 대통령 선거에서의 미디어 이용과 후보 선택」. 이내영·서현진 공편.『변화하는 한국유권자 5: 패널조사를 통해 본 2012 총선과 대선』. 동아시아연구원.

쏠림과 불평등 중형연구단. 2014「서울시장 선거 유권자 패널조사」.

오미영. 2011.「인터넷 여론과 소토의 집단 극화」.≪현상과 인식≫, 35권 3호, 39~58쪽.

장덕진·김기훈. 2011.「한국인 트위터 네트워크의 구조와 동학」.≪언론정보연구≫, 48권 1호, 59~86쪽.

최윤정·이종혁. 2011.「온라인 뉴스 사이트에서의 기사 선택에 관한 연구: 반대의견 노출과 의견변화를 중심으로」.≪한국언론학보≫, 55권 4호, 54~75쪽.

≪경향신문≫. 2014.5.29. "서울시장 선거 '농약 급식' 공방에 농민들 '정치적 악용 말라'".

≪오마이뉴스≫. 2014.5.27. "정몽준 도와주는 ≪중앙일보≫ '악마의 편집'".

_____. 2014.5.31. "867개교 농약 급식? 감사원 '서울시 책임 아니다'".

≪중앙일보≫. 2014.5.23. "헬멧 쓴 정몽준 ⋯⋯ 배낭 멘 박원순", 5면.

≪PD저널≫. 2014.5.16. "KBS 윗선, 지하철 사고 박원순 흠집 의도적".

Fischer, P., E. Kpnas, D. Frey and S. Schulz-Hardt. 2005. "Selective Exposure to Information: the Impact of Information Limits." *European Journal of Social Psychology*, 35, pp.469~492.

Garrett, R. 2009. "Echo Chambers Online? Politically Motivated Selective Exposure among Internet News User." *Journal of Computer-Mediated Communication*, 14, pp.265~285.

Iyengar, S., KS. Hahn, J. Krosnick and J. Walker. 2008. "Selective Exposure to Campaign Communication: The Role of Anticipated Agreement and Issue Public Membership." *Journal of Politics*, 70, pp.186~200.

Kim, YM. 2009. "Issue Publics in the New Information Environment: Selectivity,

Domain-specificity, and Extremity." *Communication Research*, 36, pp.254~284.

Messing, S. and S. Westwood. 2012. "Selective Exposure in the Age of Social Media: Endorsements Trump Partisan Source Affiliation When Selecting News Online." *Communication Research*, 20, pp.1~23.

Prior, M. 2013. "Media and Political Polarization." *Annual Review of Political Science*, 16, pp.101~127.

Stroud, Natalie Jomini. 2011. "Media Effects, Selective Exposure, and Fahrenheit 9/11." *Political Communication*, 24, pp.415~432.

_____. 2007. *Niche News: The Politics of News Choice*. Oxford: Oxford University Press.

Taber, Charles and Milton Lodge. 2006. "Motivated Skepticison in the Evaluation of Political Beliefs." *American Journal of Political Science*, 50, pp.755~769.

Zaller, Jone. 1992. *The Nature and Origins of Mass Opinion*. Cambridge: Cambridge University Press.

2부

소셜 미디어와
거버넌스

4장
한국 정당의 공천 역사와
인터넷의 역할*

김범수

1. 국민참여경선의 세 가지 동인

한국 정당의 대통령 후보 선정 방식은 크게 변화되어왔다. 1987년에는 정당의 총재가 대의원들의 찬성투표나 지명, 추대를 통해 대통령 후보를 선출했다. 그러나 최근 25년 사이 정당의 대통령 후보 선정 방식이 하향식에서 상향식(bottom-up)으로 바뀌었고 총재 1인이 결정하던 방식에서 수십만의 당원과 국민이 정당의 후보를 선정하는 국민참여경선 방식으로 바뀌었다.

2012년 한국의 주요 정당인 새누리당과 새정치민주연합은 당원과 함께

---

* 이 장은 ≪사회이론≫ 47호에 실린 「인터넷의 등장과 정치변동: 정보화시대 국민참여경선의 등장의 의의와 한계」를 수정, 재집필하여 작성한 것이다.

4장 _ 한국 정당의 공천 역사와 인터넷의 역할 **169**

일반 국민이 대통령 후보를 선정하는 국민참여경선을 실시했다. 새누리당은 20만 명의 선거인단을 구성했으며 이 중 8만 명이 투표에 참여했다. 새정치민주연합은 108만 명의 선거인단을 구성했고 이 중 61만 명이 참여했다. 한국 정당정치에서 일반 국민이 정당의 의사 결정에 대규모로 참여하는 것은 이제 일반적이고 보편적인 현상이 되었다. 한국 정당의 공천 역사는 국민참여경선을 도입하고 활성화한 역사라고 할 수 있다. 또한 공천 방식도 총재 1인이 정당의 의사를 결정하던 총재 중심의 하향식 지배 구조에서 경쟁과 참여에 의해 아래로부터 결정되는 민주적 의사 결정 구조로 변화하는 등 정당정치 민주화가 이루어졌다.

한국 정당들이 경쟁과 참여에 기반을 둔 국민참여경선이라는 의사 결정을 도입하게 된 직접적인 원인은 정당 내부의 세력 간 경쟁이다. 새누리당의 전신인 민주자유당(이하 민자당)은 노태우의 민주정의당(이하 민정당)계, 김영삼의 통일민주당계, 그리고 김종필의 신민주공화당(이하 공화당)계의 세 정파가 물리적 결합을 이룬 정당이다. 민자당은 서로 다른 정파로 구성되어 있었기 때문에 1992년 14대 대통령 선거를 앞두고 후보를 선정할 때 경쟁이 불가피했다. 이러한 정당 내 정파 간 권력 경쟁은 2012년 새누리당에서 박근혜 지지파와 비박 세력 간에도 지속되었다. 새정치민주연합도 2012년 대선 후보를 결정하는 시점에서 문재인 지지파와 경쟁 세력 간에 경쟁 구도가 만들어졌고, 그것이 곧 정당 내 경선의 원인이 되었다. 이처럼 한국 정당은 경선을 통해 대통령 후보를 선정하게 되었으며 과거와 같이 추대와 지명 방식을 적용할 수 없게 되었다.

정당 내 정파 간 경쟁이 국민참여경선을 도입하게 된 내적 원인이라면 1987년 이후에 국민들이 갖게 된 주권 의식과 참여에 대한 열망은 국민참여경선의 외적 요인이라고 할 수 있다. 1987년 호헌 철폐와 직선제 쟁취라는 구호를 외치며 길거리로 나선 국민들의 시위는 한국 역사에서 '6월 민주 항쟁'으로 기록된다. 6월 민주 항쟁은 국민들이 집회와 시위라는 비제도적이고 폭발적인 정치 참여를 통해 정부의 결정을 바꾸고 국민의 의사를 관철시킨 사건이다. 당시 정부는 대통령 간선제를 유지하려 했고 국민들은 직선제를 요구했다. 국민의 강한 민주화 요구는 국민의 정치적 지위를 높이고 영향력을 강화시켰다. 국민들은 통치하려는 권력자의 권위주의 질서를 수용하거나 인정하지 않았다. 1인 1투표라는 평등한 정치적 권리에 대한 인식은 정치 질서와 권력 구조를 형성하는 대원칙이 되었다.

그러나 국민 다수가 상향식 의사 결정을 할 경우 대규모 참여를 어떻게 관리할 것인가라는 문제에 직면할 수 있다. 이 문제를 해결한 것이 2002년 새천년민주당의 국민참여경선이다. 190만 명의 국민이 선거인단을 희망했고 이 중 3만 5000명을 추첨해 국민 선거인단을 구성했다. 대규모 국민참여경선을 효율적으로 관리하고 참여를 활성화할 수 있었던 기술적 요인은 인터넷과 디지털 정보통신기술(이하 ICT)이었다. 한국 사회에 인터넷이 등장하고 활용되기 시작한 시점과 정당들이 대규모 국민참여경선을 실행하기 시작한 시기가 2000년 이후로 일치한다. 인터넷이라는 기술적 요인과 평등권에 대한 국민들의 인식 고양, 그리고 정당 내 정파 경쟁의 심화가 한국 정당이 국민참여경선을 도입하게 된 원인이라 할 수 있다.

국민참여경선은 두 가지 민주주의 원리를 담고 있다. 로버트 달(Robert Dahl)은 다원적 민주주의를 정의하면서 보통선거권의 실현과 같이 제한 없이 참여하는 포괄성(inclusiveness)과 개인과 집단 간 경쟁을 의미하는 경쟁성(competitiveness)을 민주주의를 규정하는 두 가지 원리로 제시했다

(Dahl, 1961). 대통령 후보를 선정하는 데 당원과 일반 국민이 선거인단으로 참여하도록 한 한국 정당들의 국민참여경선은 참여의 확대이자 포괄성의 확대이다. 국민참여경선은 정당 내 서로 다른 정파들이 경쟁하는 것으로서 민주주의의 경쟁성을 실현한 것이다. 또한 인터넷은 참여의 확대와 경쟁의 심화를 가능하게 한 기술적 기반이 되었다.

2. 정당 위기와 인터넷의 등장

1) 정치 미디어로서 인터넷

정당은 인터넷을 적극적으로 활용하고 있다. 각 정당은 홈페이지를 통해 당헌과 당규 같은 정당 운영의 기본 규칙을 제공하고 정당의 역사를 보여주며 정당의 조직 구조를 제시한다. 정당의 당원은 물론 일반 국민들도 홈페이지를 방문해 정당의 정체성을 알 수 있으며 누가 정당을 움직이고 있는지 알게 된다. 또한 현안에 대한 정당의 입장을 파악하고 정당의 최근 활동도 알 수 있다. 정당은 홈페이지에 정보를 제공하고 국민들로부터 긍정적 평가를 얻으려 한다. 그리고 당원과 국민은 홈페이지 정보를 검색해 정당의 최근 활동과 정책적 입장을 평가한다. 인터넷은 정당과 국민이 정보를 공유하고 정책적 입장을 공감하는 정치 미디어인 것이다. 게다가 인터넷은 낮은 비용으로도 대규모의 이용자가 소통할 수 있다는 면에서 놀라운 효과를 지닌 정치 미디어이다.

인터넷을 통해 정당은 국민에게 정보를 제공하고 국민은 자신들의 의견을 정당에 전달한다. 이렇게 정당과 국민이 정치정보를 상호 교환하는 것은 인터넷이 정치 토론의 공론장으로서 기능을 수행하는 것을 의미한다. 정당들은 홈페이지에 자유게시판을 만들고 당원과 국민들은 자유게시판에 의견을 게시한다. 국민들은 정당이 최근 결정한 정책에 대해 찬성과 반대 의견을 제시하며 그 의견이 기반을 둔 근거와 구체적인 정책의 방향을 제시한다. 또한 국민들은 자신들이 중요하게 여기는 정책 의제를 게시해 정당이 그 문제를 다루어줄 것을 제안하기도 한다. 국민이 새로운 정책의제를 제안하는 것은 '의제 설정권(agenda setting)'으로 볼 수 있다. 민주주의가 활성화되었을 때 국민이 정치에 적극적으로 참여하는 구체적인 행위가 정책 의제 제안이다. 인터넷 홈페이지는 국민이 의제 설정권을 쉽게 행사할 수 있도록 돕는다. 그리고 인터넷 홈페이지는 국민과 정당이 정책을 토론하는 공론장을 형성한다.

최근 정당들은 홈페이지 외에도 트위터나 페이스북과 같은 소셜 미디어를 적극 활용하고 있다. 정당뿐 아니라 정치인들도 국민과 인터넷 가상공간에서 정치적 네트워크를 만들려고 노력한다. 즉, 연계망을 시도하는 것이다. ICT의 발달 단계에서 보면 홈페이지는 웹 1.0에 해당한다. 웹 1.0이란 읽기만 하는 웹(read only web)을 의미한다. 정당은 정치정보를 생산해 홈페이지에 게재하고 국민은 그 정보를 읽는다. 반면 트위터와 페이스북은 읽고 쓰는 웹(read-write web)으로 웹 2.0이라 불린다. 트위터는 정당과 국민이 서로 팔로우와 팔로워로서의 관계를 맺고 소통하는 공간이다. 페이스북은 친구 맺기를 통해 상호 소통한다. 그래서 웹 2.0은 관계 맺기를 통한 정보 소통이라는 특성을 갖는다. 2012년 미국 대통령 선거 때 당시 대선 후보였던 오바마가 국민의 특성에 맞는 미디어 전략을 펼쳐 승리한 것은 이미 유명한 사례다. 오바마의 미디어 선거운동 핵심 키워드는 '미세 표적화(micro targeting)'이다. 미세 표적화는 오바마 후보 선거운동 본부가 국민들의 미세한 욕구를 파악해 정교하게 대응한다는 의미를 갖는다. 오바마 선거운동 본부는 시카고에 '동굴(The Cave)'이라는 디지털 미디어 선거사무소를 만들어 법이 허용하는 범위 내에서 트위터와 페이스북에 있는 국민들의 정보를 수집했다. 동굴은 국민의 성별, 연령, 취미, 관심 분야 등을 수집한 후 그 자료를 범주화해 국민들의 정치적 성향과 관심을 분류했다. 또 국민의 성향과 관심을 고려해 지지를 호소하거나 선거 자금을 요청하고 자원봉사를 제안하는 등 이메일을 보냈다. 수신자에 따라 이메일의 내용이 달랐기 때문에 이메일 작성에 수많은 자원봉사자가 필요했다. 동굴은 국민 자원봉사자가 수많은 이메일을 보낼 수 있도록 연결하는 역할을 했다.

사람들은 흔히 정당이 위기에 직면했다고 말한다. 국민이 정당을 신뢰하는 수준이 과거에 비해 낮아졌으며 당비를 납부해 적극적으로 책임을 다하는 권리 당원, 책임 당원의 수도 적어졌다. 또한 오늘날의 정당은 표를 얻는 일이라면 정당의 정체성도 고려하지 않게 되었다. 진보정당은 보수적인 정책을 표방하고 보수정당은 복지 문제를 전면에 내세우기도 한다. 정당이 맞이한 위기의 근본에는 '국민의 삶과 정책에 대한 토론'과 '심사숙고의 부재'가 있다고 할 수 있다. 정당이 국민들의 정책적 요구보다 자신들의 권력적 이해를 우선하기 때문이다. 이러한 정당의 위기를 인터넷으로 타개해 나갈 수 있을까? 정당은 지금처럼 홈페이지를 통해 국민에게 정책 정보를 전달하고, 정치인과 국민이 트위터와 페이스북을 통해 정책 네트워크를 형성해서 소통하는 것들이 앞으로 활발해질까? 이 질문에 답하기 위해서는 정당과 정당정치에 대한 국민이 가진 불신의 근거를 살펴볼 필요가 있다.

2) 정당정치 불신의 근거

정당정치 이론과 한국에 나타나는 정당정치의 실제는 매우 다르다. 그동안 한국 정당은 권력을 지향하는 정치인들의 도구이자 수단으로 존재해왔다. 정치인들은 국민을 동원해 대통령이 되기 위해 정당을 이용했다. 이 때문에 한국의 정당은 유력 정치인에 의한 하향식 정당 성격을 띠었다.

이론적으로 볼 때 정당은 시민사회로부터 상향식으로 구성된다. 정당은 시민사회의 다양성에 토대를 두며 시민사회의 정책적이고 정치적인 필요에 의해 생성되고 탄생한다. 이 때문에 정당은 홀로 전체가 될 수 없다. 시민사회의 다양성만큼 다양한 정당들이 생성되고 탄생하는 것이다. 다양한 정당들은 시민사회의 이해와 요구를 집약시키고 표출하면서 경쟁적 정당 체제를 형성한다. 정당의 근본은 다양한 시민사회에 있다. 이 점을 고려할 때 정당의 본질이 시민사회와 권력체인 정부를 매개하는 것이라고 할 수 있다.

정당이 시민사회와 정부를 매개하는 역할을 온전히 하지 못할 때 시민사회는 정당을 불신하게 된다. 국민은 정당이 시민사회가 요구하는 정책보다 정치인이 추구하는 권력을 위한 도구로 이용될 때 불신한다. 한국의 정당 역사는 정치인이 정치권력을 우선하고 국민을 동원하기 위해 정당을 이용했음을 보여준다. 그동안 한국의 정당들은 권력을 추구하는 정치인이 대통령이 되기 위해 이용한 수단으로서 만들어지고 유지되고 소멸되어왔다. 제1공화국 시기에 이승만 대통령이 자유당을 만든 것이나, 제3공화국 시절에 박정희 대통령(당시 국가재건최고회의 의장)이 민주공화당을 만든 것, 그리고 제5공화국 때 전두환 대통령(당시 국가보위비상대책위원회 위원장)이 민정당을 만든 것이 그 예이다. 1987년 민주화 이후 유력한 정치인들은 상향식 민주화를 내세웠지만 정당 운영은 총재 중심의 하향식 지배구조였다. 정치인들은 대통령이 되기 위한 정치적 기반이자 선거운동 조직으로 정당을 이용했다. 1987년 김영삼 후보의 통일민주당, 김대중 후보가 만든 평화민주당, 그리고 김종필 후보의 공화당이 그 예이다.

현재에도 정당이 유력한 정치인들에 의해 생성·소멸되는 역사가 계속되고 있다. 2012년 한나라당에 대한 국민의 불신이 높아지자 한나라당 수뇌부는 당의 정체성과 조직은 계승하면서 이름을 달리한 새누리당을 창당했다. 새누리당은 2012년 4월에 실시한 19대 총선에서 새로운 정책적 모습을 보여줄 것을 내세웠지만, 창당의 기저에는 2011년 보궐선거에서 패배한 이후 새로운 돌파구를 모색하려는 박근혜 한나라당 비상대책위원장과 지도부의 결정이 있었다. 새정치민주연합은 2014년 새정치연합과 민주당이 통합해서 새롭게 만든 당이다. 통합과 창당은 새정치연합의 안철수 창당준비위원회 중앙운영위원장과 민주당의 김한길 대표가 주도했다. 그러나 창당 과정에서 국민들의 의견을 반영하지 못한 것은 물론, 정당 수뇌부 안에서의 토론과 협의도 부족했다. 정당이 유력한 정치인들의 지도력에 따라 운영되는 것은 당연하다. 그러나 민주주의 질서를 표방하는 정당은 시민사회라는 근본적인 토대를 떠나서는 국민으로부터 신뢰를 얻을 수 없다. 한국 정당의 역사에서 유력했던 정치인들은 자신의 권력이 국민들로부터 나오고 정당은 시민사회를 매개한다는 것을 국민에게 보여주지 못했다. 오히려 유력 정치인들은 자신들의 판단에 따라 정당을 만들고 해산하고 통합했다. 한국 정당의 역사에서 국민은 정당의 근본이자 토대임에도 불구하고 정당으로부터 인정받지 못한 것이다. 정당이 국민을 인정하지 않으므로 국민도 정당을 불신하게 되었다. 정당은 유력 정치인들이 권력을 추구할 때 이용되는 도구였으며 국민을 동원하는 수단이었다. 즉, 한국 정당은 시민사회의 이해와 요구를 토대로 정부를 구성하거나 통제하지 못한 것이다.

정당이 정부의 정책 결정을 통제하는 것이 정당하다고 볼 수 있는 근거는 정당이 활동의 뿌리를 시민사회에 두었다는 데 있다. 만약 정당이 시민사회에 근거하지 않고 유력한 정치인들의 이해와 요구를 토대로 정부를 통제한다면 민주적인 정당이라고 할 수 없다. 유력 정치인들의 권력적 목적을 최우선으로 하는 정당은 정당이 아닌 파벌이다. 파벌은 정치 공동체에 해가 될 뿐이다.

정당은 사회 구성원들이 자발적으로 만든 정치적 결사체다. 이러한 정치 공동체가 유지되는 과정에서 여러 가지 현안과 쟁점이 나온다. 그리고 현안과 쟁점에 대한 의견은 공동체의 구성원만큼이나 다양하다. 공동체의 구성원들은 대화를 통해 의사를 전달하고 생각을 나누면서 자신들의 입장을 이해하고 의견을 들어줄 집단을 구성한다. 그리하여 정치 공동체는 서로 다른 입장을 가진 집단들로 구분되고 상호 대립하게 된다. 서로 다른 입장을 가진 집단들로 정치 공동체를 구분한 것을 균열(cleavage)이라 한다. 유럽의 역사에서 처음 나타난 균열은 신교와 구교로 인한 종교 균열이며, 그 후 중앙과 지방의 균열, 자본과 노동의 균열, 그리고 농업과 공업의 균열이 있었다. 한국 정치에서는 영남과 호남이라는 지역을 경계로 구분되는 지역 균열, 젊은 세대와 노년층이 서로 다른 입장을 보이는 세대 균열, 그리고 진보와 보수로 나뉘는 이념 균열 등이 대표적인 균열이다.

정치 공동체 균열은 사회의 다양성 때문에 중첩되기보다 교차할 가능성이 크다. 다양한 쟁점이 발생하고 쟁점에 대한 다양한 입장이 존재하는 것은 자연스러운 현상이다. 사회의 교차 균열(cross-cutting cleavages)은 민주주의를 혼란스럽게 하는 원인인 동시에 정치 공동체가 민주주의 질서를 갖추어야 하는 이유이기도 하다. 다양한 시민사회에서 서로 다른 구성원들이 상호 견제하면서 공존하기 위해서는 민주주의 질서가 꼭 필요하다.

이런 면에서 헌법을 포함해 민주주의를 지향하는 국가들은 '복수 정당제'를 정치 원리로 삼는다. 사회의 다양한 집단들이 정치 결사체를 구성하고 정당들은 경쟁적 정당 체계를 이룬다. 정당들은 경쟁을 통해 사회 구성원의 이해와 요구를 정책에 적극적으로 반영하게 된다. 민주주의에서 경쟁은 민주주의를 민주주의답게 만드는 요소이다. 정당(party)은 부분(part)이므로 전체가 될 수 없다. 경쟁적 정당 체제라는 제도를 통해 정당은 개인들의 자유를 보장하고 국민을 위한 정책 경쟁을 시도한다. 즉, 정당 경쟁이 활성화될 때 정당은 시민사회와 정부의 매개 역할을 적극적으로 수행하게 된다.

3) 정당의 공천 권력

민주적인 정당은 시민사회와 정부를 매개하기 위해 세 가지 기능을 수행한다. 첫째, 시민사회의 이해와 요구를 집약해 정책으로 만들어 표출하는 정책 기능을 한다. 둘째, 사회 구성원들이 정당 조직을 구성하고 강화하는 조직 기능을 수행한다. 정당 조직은 당을 민주적으로 운영해 구성원들의 신뢰를 확보하고 사회 구성원들을 당원으로 계속 충원하면서 더욱 확대되고 강화된다. 세 번째는 정당의 권력 기능이다. 정당은 시민사회의 이해와 요구를 토대로 정부의 정책을 통제한다. 정당이 정부를 통제하는 권력은 국민들로부터 나온다. 민주적인 권력 구조를 가진 정당은 정부로 하여금 국민이 원하는 정책을 펼치도록 영향력을 미친다.

정치권력은 공동체의 규칙이나 정책을 결정하는 힘이라 할 수 있다. 민주 체제에서 정당은 국민의 뜻을 정부의 정책 결정에 반영해 민주적 질서와 정치권력 구조를 실현하는 역할을 한다. 정당이 정부를 통제하는 방식 중 가장 쉽고 명확한 방법이 바로 공직 후보를 추천하고 당선시키는 것이다. 공직에 당선되면 정당이 추구하고자 하는 정당 정책을 직접 추진할 수 있기 때문이다. 그런 차원에서 볼 때 정당이 공직 선거에 후보를 추천하는 '공천 과정'은 민주적으로 이루어져야 마땅하다. 정당이 당원과 국민의 의사에 따라 공직 후보자를 선정할 때 정당은 비로소 민주적 정당성을 인정받게 된다.

공천권자는 대통령이나 국회의원 선거를 앞두고 정당이 후보를 공천하는 과정에서 후보를 선정하는 주체이다. 정당의 총재가 후보를 선정할 경우 공천권자는 총재 1인이 된다. 반대로 당원 전체가 투표로 후보를 선정할 경우 공천권자는 당원 전체가 된다. 공천권자가 확대되는 것은 정당의 공천 방식이 민주화된 것이라고 해석할 수 있다. 즉, 정당이 민주적으로 운영되고 있는지 아닌지를 확인하는 가장 쉽고 명확한 방법은 정당의 공천을 분석하는 것이다. 다수가 모여 후보를 민주적으로 선정하는 정당은 민주적인 정당이라 할 수 있고, 총재 혼자 또는 수뇌부가 모여 후보를 선정하고 당원의 참여를 배제하는 정당은 민주적인 정당이라 할 수 없다.

17~18세기 영국 정당들이나 미국의 초기 정당들은 소수 간부들만 모아 후보를 선정했다. 이렇게 정당의 총재와 당직자들로 구성된 수뇌부가 정당의 간부를 형성했기 때문에 초기 정당을 '간부 정당(cadre party)'이라 부른다. 간부 정당은 소수 간부들로 당원을 구성하기 때문에 전체 당원의 수가 적다. 또한 간부 정당은 일반 국민에게 참여의 기회를 제공하지 않는다. 반면 19세기에 등장한 사회주의 정당들은 많은 수의 당원들로 구성되었다. 노동조합 회원들이 당원으로 구성된 사회주의 정당에서는 당원들이 공천 권력을 행사할 수 있었다. 이처럼 노조와 같이 사회적 요구와 이념을 공유하는 다수의 당원들에 의해서 만들어지고 당원들의 의사가 반영되는 정당을 '대중정당(mass party)'이라고 부른다. 대중정당에서는 당원들의 참여와 책임에 의해 당이 운영되므로 공천을 결정할 때 당원들의 영향력이 커진다. 대중정당은 공천 권력을 다수의 당원들이 행사한다.

20세기 후반에 이르러 노조와 이념의 영향력이 약화되면서 당원 중심의 권력 구조도 새로운 변화를 맞이했다. 노조와 이념의 약화는 당비를 내는 당원의 수를 감소시켰고, 당원의 당비에 운영비를 의존했던 정당은 새로운 공급원으로 국가보조금을 활용하기 시작했다. 정당은 국민의 동의와 지지에 근거해 정당법과 공직선거법을 개정했고 부족한 당비 문제를 해결할 수 있었다. 그리고 정당은 국민의 지지를 극대화하는 것을 최우선 목표로 하게 되었고 정당의 이념을 달리하는 정책이라도 국민이 좋아한다면 그 정책을 공약으로 내세웠다. 이러한 정당을 '포괄정당(catch-all party)'이라고 한다. 포괄정당은 선거에서 승리하기 위해 진보적인 정책에서부터 보수적인 정책까지 모두를 아우르며 득표에 도움이 된다면 모든 정책을 공약으로 내세운다. 포괄정당은 당원과 국민을 권력 기반으로 하기 때문에 국민이 정당의 의사 결정에 참여하는 것을 허용한다. 이 때문에 포괄정당에서 후보를 선정할 때 공천권자는 당원과 국민이 된다.

이처럼 정당의 공천 과정에 일반 국민이 참여하는 방식을 예비선거(primary election)라고 한다. 예비선거는 포괄정당의 후보 공천 방식이라 할 수 있다. 예비선거는 미국의 정당정치에서 등장한 개념이다. 미국의 정당들은 1920년대 진보의 시대(the progressive era)를 맞이했다. 이전까지 미국의 정당들은 지도자(boss)와 간부가 정당을 운영했는데 이러한 지도자 중심의 정당에서 돈으로 관직을 사는 부정부패가 매우 심했다. 국민들은 정당정치를 비판하고 반정당 운동을 펼쳤으며 국민들이 직접 정치에 참여하는 풀뿌리 정치 운동을 주창했다. 정당들은 반정당 분위기 속에서 공천 방식을 바꾸었다. 소수 지도자와 간부가 후보를 선정하는 방식이 더 이상 국민들로부터 인정받지 못했기 때문이다. 정당들은 후보 선정에 국민을 참여시키는 예비선거를 도입했고 1910년 미국의 오리건 주에서 대통령 후보를 선출할 때 예비선거가 처음 도입되기 시작했다. 현재는 미국의 모든 주에서 예비선거를 실시하고 있다. 예비선거 방식은 미국의 주별로 조금씩 다르다. 예비선거는 정당이 국민에게 개방하는 정도에 따라 세 가지로 구분된다. 국민이 선호하는 정당을 표명한 후 그 정당의 예비선거에만 참여하는 방식이 폐쇄형 예비선거(closed primary election)이다. 국민이 선호 정당을 밝히지는 않지만 하나의 정당의 예비선거에만 참여하는 방식은 개방형 예비선거(open primary election)이다. 그리고 국민에게 선호 정당을 묻지 않고 여러 정당의 예비선거 참여를 허용하는 방식이 완전 개방형 예비선거(blanket primary election)이다.

정당의 공천권자 규모가 정당의 권력 구조를 결정한다. 공천권자가 소수이면 비민주적이고 다수이면 민주적이라 할 수 있다. 공천권자가 소수인 경우 당내 유력자가 소수의 공천권자에게 사적 이득을 제공해 자기가 원하는 후보를 선정할 수 있다. 총재가 정당이 보유하고 있는 예산이나 공직과 같은 자원을 공천 심사 위원들에게 제공하고 그들이 총재가 원하는 후보를 선정하게 할 수 있다. 공천권자가 다수가 되면 총재가 제공하는 사적 혜택은 줄어들게 되고 총재가 정당의 예산을 사적으로 이용하기도 더욱 어려워진다. 즉, 총재의 자원을 다수에게 나누어야 하므로 사적 혜택의 영향력이 감소하고 다수가 감시하기 때문에 총재가 공적 예산을 사적으로 유용하기가 어렵게 된다. 공천권자가 다수가 되면 총재의 비민주적 의사 결정은 다수의 통제를 받게 된다. 이 때문에 정당의 공천권자가 소수이면 정당의 권력 구조는 독재 체제가 되고 공천권자가 다수이면 정당의 권력 구조는 민주 체제가 된다고 볼 수 있다(Bueno de Mesquita et al., 2003).

다수가 정당의 정책 결정에 참여하는 것은 수많은 정보를 공유하고 집단적인 의사 결정을 내리는 것을 의미한다. 그렇다면 정당은 무엇을 이용해 다수에 의한 의사 결정을 할 수 있을까? 바로 인터넷이다. 인터넷은 대규모의 당원과 국민들이 정당의 의사 결정에 참여하는 정치 미디어를 제공한다. 2000년대 이후 사용되기 시작한 인터넷은 정당이 국민과 소통할 수 있도록 돕는 동시에 다수에 의한 의사 결정을 가능하게 했다. 인터넷은 정당정치의 민주화를 심화시키는 역할을 한 것이다. 하지만 인터넷은 도구에 불과하므로 정치 행위자의 의도에 따라 다른 효과를 낼 수 있다. 다음으로 인터넷이 정치 참여에 미치는 긍정적 효과와 부정적 효과를 살펴보려 한다.

4) 인터넷의 정치적 효과

　정치에서 인터넷이 큰 관심을 끄는 이유 중 하나는 정치 참여를 활성화할 수 있다는 기대 때문이다. 정치인과 언론인뿐 아니라 일반 국민들 중에서도 정치에 관심 있는 국민들은 컴퓨터와 인터넷 망을 이용해 정치정보를 생산하고 유통시킨다. 인터넷을 통해 다수가 유통시키는 정치정보는 과거와 비교해 상상할 수 없을 정도로 다양해졌다. 그리고 국민들은 다양한 정치정보를 쉽고 편리하게 검색하고 읽어볼 수 있게 되었다. 정보량이 많아지고 정보를 거래하는 비용이 낮아지면서 인터넷은 정치 참여의 비용을 낮추는 긍정적 효과를 발휘했다.

　인터넷이 개발되기 전에 국민들은 정당의 활동을 파악하기 위해 정당을 직접 방문하거나 신문에 의지해야만 했다. 그러나 지금 국민은 정당 홈페이지를 방문해 정당의 입장을 직접 확인할 수도 있고 수많은 인터넷 언론과 개인 블로그에 올라온 뉴스들을 검색해 정당에 관한 입체적인 정보를 확보할 수 있게 되었다. 나아가 국민들은 정당 홈페이지를 통해 자신의 의견을 제시하거나 아고라와 같이 인터넷 포털이 제공하는 온라인 토론방에서 의제를 제안할 수도 있다. 이렇게 인터넷과 ICT의 발달은 정치정보의 거래 비용을 낮추어서 정치 참여를 활성화시켰다. 또 인터넷은 젊은 층을 비롯한 정치 무관심 계층을 정치에 참여시켜 새로운 정치 참여를 불러일으킬 수 있는 매체로 평가된다. 인터넷이 정치 참여에 기여한다는 이 주장을 정치 동원화 가설(mobilization hypothesis)이라고 부른다.

　그러나 실제 정치 현장에서 인터넷의 효과가 다르게 나타난다는 주장도 있다. 이러한 주장을 하는 사람들은 인터넷을 주로 활용하는 주체가 정당과 정치인, 정치 유관심자와 같이 오프라인에서 정치적 영향력을 갖고 있는 사람들이라는 점을 지적한다. 그리고 결국 인터넷에 의한 정치 활성화가 오프라인의 권력 구조를 더욱 강화시킬 뿐이라고 주장하며 인터넷을 통해 오프라인에서 배제되었던 사람들이 새롭게 정치에 참여하는 경우가 많지 않다고 주장한다. 이러한 주장을 하는 이들은 인터넷을 통해 정치정보를 생산하고 유통하는 국민들은 원래 정치에 관심이 많았던 국민들이며 인터넷이 없던 과거에도 정치에 참여했던 사람들이라고 주장한다. 이러한 경험에 기초해 동원화 가설을 비판하면서 나온 주장이 강화 가설(enforcement hypothesis)이다.

경험적으로 볼 때 인터넷의 영향은 부분적으로 나타난다. 인터넷이 사회 전체의 정치 참여를 높인다고는 볼 수 없지만 정치에 소극적이었던 젊은 계층을 투표의 장으로 유인하는 등 부분적인 동원 효과는 있었다. 젊은 층들은 트위터에 투표 인증 사진을 올리거나 독도 문제와 같은 현안에 대해 오프라인과 온라인 활동을 하기도 했으며 아고라와 같은 인터넷 공론장이나 포털 카페 같은 인터넷 커뮤니티를 구성해 활동하기도 한다. 인터넷은 젊은 계층과 정치에 관심이 많은 집단에서 주로 활용되며 새로운 정치 참여를 불러일으킨다. 이것은 인터넷의 선순환 효과 때문이다. 노리스 피파(Norris Pippa)의 선순환 이론(virtuous cycle theory)은 인터넷을 적극적으로 이용하는 국민에게는 인터넷을 통한 정치 참여 활성화 효과가 나타나고, 인터넷을 이용하지 않는 국민에게는 그 효과가 나타나지 않는 점에 주목했다(Norris, 2000). 즉, 인터넷을 활용해 정치정보를 검색하는 계층은 더욱 정치에 적극적이 되도록 만드는 선순환 효과가 있고 인터넷을 이용하지 않는 계층은 정치로부터 더욱 멀어지는 악순환 효과(vicious cycle)가 있다고 본다. 이 이론은 인터넷이 기술이자 도구라는 점을 강조하면서 도구의 효과가 도구를 이용하는 이용자에게 달려 있음을 강조한다. 다시 말해 인터넷이 정치 참여 효과를 발휘하기 위해서는 인터넷을 적극적으로 이용하는 행위자와 결합되어야 한다는 주장이다. 새로운 정치 참여는 인터넷이라는 기술적 요인과 정치 참여에 대한 적극적인 참여 문화가 결합될 때 나타난다. 인터넷이 적극적인 참여 문화와 결합되면 시너지 효과를 일으켜 정치 참여 효과가 배가 될 수 있다는 것이다.

그렇다면 인터넷의 적극적 활용이란 무엇일까? 그것은 인터넷을 정치적 소통의 중요한 수단으로 활용하는 것이자 정치정보를 생산하고 유통시키는 것, 그리고 정치 행위자들과 트위터, 페이스북 등을 통해 네트워크를 형성하고 소통하는 것, 마지막으로 아고라와 같은 정책 토론장에 참여하거나 정책 의제를 제안하는 것 등을 의미한다. 요약하자면 적극적인 인터넷 활용은 인터넷 미디어를 정치적 소통의 장이나 토론의 장으로 활용하는 것이다. 이와 반대로 인터넷을 일방적인 홍보의 도구로 이용하는 것, 상대편의 이야기를 듣기보다 나의 주장을 확산시키고자 하는 것과 같은 경우에는 인터넷이 새로운 정치 참여를 불러일으키기 어렵다.

한국의 정당은 국민의 불신과 정당 정체성 약화라는 위기에 봉착해 있다. 정당이 위기를 극복하기 위해서는 시민사회의 이해와 요구에 충실해야 하며 국민과 소통하는 데 적극적이어야 할 것이다. 인터넷은 정당이 시민사회와 소통하고 대다수 국민들이 정당의 의사 결정에 참여하게 만드는 정치 미디어로서의 가능성을 갖고 있다. 정당이 인터넷을 이용해 당원, 국민과 소통하고 토론하면서 상향식 의사 결정을 한다면 정당의 위기를 극복할 수 있을 것이다. 또 국민이 정당의 홈페이지를 통해 정당의 입장을 이해하고 정책 의제를 제안한다면, 그리고 정당과 국민이 트위터와 페이스북을 통해 정보와 의견을 교환하고 정치적 신뢰를 형성한다면 국민이 정당을 신뢰할 수 있을 것이다. 하지만 정당의 홈페이지가 주요 정치인들의 일정을 홍보하고 결정된 사항들을 일방적으로 홍보하는 것에 머문다면 국민은 정당을 더욱 불신하게 될 것이다.

다음으로 한국 정당들이 인터넷을 어떻게 이용해왔는지를 분석하려 한다. 한국 정당은 인터넷을 국민과 소통하고 정당에 대한 신뢰를 높이는 정치 참여의 기제로 활용했는가? 아니면 단지 권력 추구의 도구로 이용했는가? 정당이 인터넷을 통해 시민사회의 이해와 요구를 집약한다면 인터넷은 정당에 대한 불신에서 시작된 위기를 해소시키는 정치 참여 기제가 될 수 있을 것이다.

3. 공천 역사와 인터넷

인터넷으로 정당의 위기가 완벽하게 해결될 수는 없으나 정당이 당원과 국민들의 이해와 요구에 좀 더 가까이 가도록 만들 수는 있을 것이다. 한국의 정당정치에서 인터넷이 적극적으로 활용되었던 시기를 2000년 이후로 보고 그 이전과 이후를 비교해서 한국 정당들의 공천 과정을 살펴보자.

1) 2000년 이전: 정당 엘리트에 의한 후보 선정

1987년부터 1997년까지 세 번의 대통령 선거 동안 각 정당의 후보 선출은 소수에 의해 이루어졌다. 당 총재가 지명하거나 대의원을 선거인단으로 구성해 선출하는 방식이었다. 정당은 국민에게 민주화라는 명분을 제시할 뿐, 국민이나 당원이 정당의 공천 과정에 참여할 수 있는 기회는 제공하지 않았다.

(1) 1987년: 총재에 의한 선정

13대 대통령 선거에 출마한 정당의 후보는 총 네 명이었다. 네 명의 후보 중 노태우 후보가 가장 먼저 대선 후보가 되었다. 특이한 점은 경선에 출마한 후보가 투표권을 가진 대의원을 '격려 순방'했다는 데 있다(≪중앙일보≫, 1987.6.9). 전당대회 전야인 1987년 6월 9일, 노태우 후보는 대의원 숙소를 방문해 대의원을 격려했다. 민주적 권력 관계에서 보면 대의원들에게 공천 결정권이 있으므로 노태우 후보는 대의원의 동의를 구해야 하는 것이 마땅하다. 그런데도 노태우 대표가 후보 신분으로 대의원을 '격려' 했다는 표현은 대의원이 실질적인 공천 결정권을 갖고 있지 않았음을 뜻한다.

실질적인 공천권은 당시 총재인 전두환 대통령에게 있었다. 전당대회가 있기 전인 1987년 6월 2일에 청와대에서 소위 '여권 모임'이 있었다. 여권 모임에 민정당의 수뇌부가 모였고 이 자리에서 당 총재인 전두환 대통령이 노태우 대표를 민정당의 대선 후보로 추천했다. 그로부터 8일 뒤인 6월 10일에 열린 전당대회는 그 결정을 추인하는 자리였다. 이 대회에서 대의원 약 7400명이 공천권자로 참여했다. 후보자가 노태우 후보 1인이었기 때문에 선정 방식은 찬반 투표로 진행되었다. 선거관리위원장이 경선에 출마한 유일한 후보인 노태우 후보를 추천하고 대의원들은 투표용지를 받

〈표 4-1〉 1987년 정당들의 대통령 후보 선정 방식

후보	소속 정당	후보 선출 방식	후보 선정 일자	선거인단
노태우	민정당	전당대회를 열어 후보 1인에 대한 투표	1987.6.10	대의원 7400명
김영삼	통일민주당	임시 전당대회를 열어 후보 추대함	1987.11.9	대의원 1200명
김대중	평화민주당	정당 창당 대회를 열어 후보 추대함	1987.11.12	대의원 3300명
김종필	공화당	정당 창당 대회를 열어 후보 지명함	1987.10.30	대의원 3200명

자료: ≪중앙일보≫(1987.6.10, 1987.10.30, 1987.11.9, 1987.11.12).

아 찬성·반대를 표시했다. 당시의 평당원은 대통령 후보 선정을 위한 선거인단이 될 수 없었다.

야권 3당도 당 총재와 정당 엘리트들이 후보를 선정했다. 통일민주당은 1987년 11월 9일 임시 전당대회를 열어 김영삼 총재를 대통령 후보로 추대했고 대의원 1200명의 동의와 박수로 후보를 선정했다. 그로부터 3일 뒤에는 평화민주당이 창당 대회를 열어 김대중 총재를 대통령 후보로 추대했고 대의원 3300명이 모여 투표 없이 후보를 선정했다. 공화당도 10월 30일 창당 대회를 개최해 김종필 후보를 대통령 후보로 지명했다. 김영삼, 김대중, 김종필 후보는 모두 정당의 총재인 동시에 대통령 후보였다.

시민들은 박정희 정부와 전두환 정부, 둘 다 군인 출신 대통령을 경험한 직후였기 때문에 민주적인 정부를 기대했었다. 김영삼과 김대중 두 정치인이 후보 단일화를 한다면 민정당의 노태우 후보를 압도할 수 있는 사회적 지지를 갖추게 되는 것이었다. 그러나 두 정치인은 시민사회의 기대에 부응하지 않았다. 그리고 정당은 두 정치인의 권력적 이해를 실현하는 도구로 이용되었다. 즉, 정당이 국민들로부터 신뢰를 얻을 수 있는 기회를

놓친 것이라 해석할 수 있다.

(2) 1992년 : 정파 간 경쟁에 의한 선정

1987년 정당의 공천이 총재에 의한 선정으로 이루어졌다면 1992년 정당들의 공천은 당내 정파들 사이의 경쟁 선거로 이루어졌다. 정당 내부에 서로 다른 정치적 정파가 생겨났고 정파들은 각각의 후보를 중심으로 대통령 후보가 되기 위해 경쟁했다. 정파들은 대통령 후보를 선정하는 방식을 두고 갈등을 빚었다. 정파들의 갈등은 곧 권력 경쟁을 의미했다. 권력 경쟁 속에서 국민의 이해와 요구를 적극적으로 집약하고 표출하려는 정책 경쟁은 존재하지 않았다.

1992년에 민자당 총재는 노태우 대통령이었고 대표는 김영삼 의원이었다. 김영삼 민자당 대표는 노태우 총재로부터 대통령 후보로 지명받기를 원했다. 총재에 의한 지명과 당 수뇌부의 추인은 1987년 민자당의 전신인 민정당의 공천 방식이었다. 그러나 민자당의 당내 정파적 구성은 민정당처럼 통일적이지 않았다. 민자당은 1991년 노태우 총재의 민정당, 김영삼 총재의 통일민주당, 그리고 김종필 총재의 공화당이 합당한 정당이었다. 이 때문에 민자당 안에는 세 개의 정파가 경쟁하고 있었다. 1992년 초 민자당 내에서 민정당계가 다수파였고 김영삼이 이끄는 통일민주당계는 소수파였다. 3당 합당 시 당내 대의원 구성은 민주정의당계가 65%, 통일민주당계가 24%, 공화당계가 11%로 추산되었다(≪조선일보≫, 1991.12.25).

김영삼 대표는 대의원에 의한 투표로는 대통령 후보가 선정될 수 없다고 판단하고 경선보다 지명을 원했다. 하지만 당내 최대 정파인 민정당계가 김영삼을 지지하지 않는 상황이었기 때문에 노태우 대통령은 총재로서 김영삼 대표를 지명하기 어려웠다. 결국 노태우 대통령은 지명 대신 당내 경선 방법을 제안했다. 김영삼 대표는 초기에는 반대하다가 나중에는 수용했다. 김영삼 대표도 상향식 후보 결정이라는 시대적 흐름에 역행할 수 없었던 것이다. 또 그는 자신을 대적할 만한 민정당계 출신의 강력한 후보가 없다는 현실적인 판단에서 경선을 수용했다.

김영삼 대표가 경선 방식을 수용하자 민자당 내 민정당계는 후보 조율을 통해 이종찬 의원을 내세웠다. 그런데 시간이 지나면서 민정당계 일부가 김영삼 대표를 지지하기 시작했다. 이러한 흐름은 노태우 대통령이 김영삼 대표를 지원한 결과라는 인식이 있었다. 그리고 김영삼 대표는 같은 해 3월, 14대 국회의원 선거를 앞두고 민정당계 소속 지구당위원장을 국회의원 후보로 승인했고 승인받은 민정당계 지구당위원장들이 김영삼 대표를 지지했다. 이러한 이유로 당내 대의원 투표에서 소수였던 통일민주당계의 김영삼 대표가 후보로 선정될 수 있었다.

민자당 경선의 성과이자 한계는 대의원 선출 방식이다. 대의원은 당연직 대의원과 선출직 대의원으로 구성되었다. 당연직 대의원은 당 총재, 최고의원, 당무위원, 국회의원, 시·도의원 등으로 총 1700여 명이다. 선출직 대의원은 지구당위원장이 12명씩 선출한 인원과 국회의원 1인에게 추가로 주어지는 대의원 5명, 그리고 15개 시·도지부에서 20명씩 선출한 인원으로 구성된다. 그리고 당무위원회와 중앙위원회가 각 700명씩 선출한다. 대의원들은 선출된다고 하지만 실제로는 지구당위원장이 임명했다. 지구당에서 당원들의 투표로 대의원을 선출하기보다 지구당위원장이 자신에게 충성하는 당원을 대의원으로 추천하기 때문이다. 대의원들은 지구당위원장의 지배에서 벗어나 독립적인 판단을 할 수 없는 권력 관계 안에 있었다. 지구당위원장은 중앙 정당의 총재와 유력한 정치인들의 영향력하에 있었다. 총재, 지구당위원장, 그리고 대의원이 연결되어 있는 권력 관계 속에서 대의원은 자유롭고 독립적으로 투표할 수 없었다. 민자당은 대의원의 자유 경선을 지향했다. 하지만 대의원들은 지구당위원장의 지배하에 있었기 때문에 민정당의 대의원 투표가 온전한 상향식 경선이라고는 할 수 없었다.

야당인 통일민주당 내에서도 두 정파가 경쟁했다. 1992년의 민주당은 김대중 대표를 지지하는 구 평화민주당 정파와 이기택 대표를 지지하는 통일민주당 정파로 구성되어 있었다. 1990년 통일민주당의 김영삼 총재가 '3당 합당'을 해 '민자당'을 만들자, 통일민주당 내에서 3당 합당에 반대하고 잔류한 정파가 김대중 총재의 평화민주당과 함께 민주당을 만들었다. 통일민주당 내에 지구당위원장을 임명하고 당직자를 결정하는 과정에서 정파 간 경쟁이 있었다. 그러나 당내 정파 갈등에 정책적 차이보다 권력을 누가 갖는지가 중심이 되었다. 1992년 5월 26일 민주당 대통령 후보 경선 결과, 대의원 2426명 중 2348명이 투표에 참여했다. 김대중 후보가 60.2%인 1413표를 얻었고 이기택 후보가 39.4%인 925표를 얻었다. 통일민주당의 대의원들도 지구당위원장이 선정한 의원들과 중앙당 내 김대중 지지파와 이기택 지지파가 타협을 통해 선정한 대의원들로 구성되었다. 또한 민주당의 대의원은 자발적 신청과 당원에 의한 선출이라는 상향식 참여로 세워지지 않았다. 대의원 투표에는 지구당위원장과 중앙당 유력 정치인들의 하향식 지배력이 큰 힘을 발휘했다.

1992년 민자당과 민주당의 대통령 후보 선정 과정에서 경쟁 선거가 등장했다. 당내 경선은 당원과 국민의 이해와 요구에 기초할 때 비로소 민주

〈표 4-2〉 1992년 정당들의 대통령 후보 선정 방식

후보	소속 정당	후보 선출 방식	일자	선거인단
김영삼	민자당	전당대회에서 대의원에 의한 투표	1992.5.19	대의원 6882명
김대중	민주당	단, 대의원 선정은 하향식	1992.5.26	대의원 2426명

자료: ≪조선일보≫(1992.5.20, 1992.5.27).

적 정당성을 얻고 국민의 신뢰를 얻게 된다. 그러나 두 정당의 경선은 정 파 사이의 권력 경쟁일 뿐 시민사회의 정책적 요구에 기반을 둔 경쟁이 아 니었다. 시민사회와 거리를 둔 당내 경선은 국민들로부터 신뢰를 얻을 수 없다. 정당들이 경선 방식을 도입한 것은 그들의 성과로 볼 수 있으나 선 거권자인 대의원을 위원장이 지명한다는 점은 정당의 한계를 보여주는 것 이다. 아직 한국 정당은 아래로부터의 의견을 수렴하는 민주적 권력 구조 를 형성하지 못한 상태라고 할 수 있다.

(3) 1997년: 당내 정파 간 경쟁의 확대

1997년 대선을 앞두고 정당들의 경선이 더욱 심화되었다. 1987년에 시 작된 민주화 요구는 1997년 대선 정국에도 영향을 끼쳤다. 시민사회는 정 당이 국민의 이해와 요구를 적극적으로 수용할 것을 기대하고 있었다. 그 러나 정치인들은 권력에만 관심이 있었고 정당을 권력 경쟁의 장으로 만 들었다. 정당의 경쟁 선거 과정에서 정책 경쟁은 미미한 반면 권력 경쟁은 치열했다. 한국 정당정치에서 김영삼, 김대중, 김종필의 3김(三金) 시대가 지나고 있었다. 3김이라는 유력한 정치인들이 퇴장하면서 새롭게 등장한 정치인들이 권력 경쟁의 지형을 새롭게 만들었다.

경쟁이 심화되면서 참여도 확대되었다. 경쟁하던 정치인들은 자신의 지

지 세력을 적극적으로 동원하고 조직했다. 그 결과, 정당들의 경선에 참여하는 대의원 수가 증가했고 국민을 경선에 참여시키자는 '예비선거'를 주장하는 세력이 등장했다. 더불어 대의원들의 자기 결정권도 커졌다. 여당이었던 신한국당의 경선에 참여한 대의원 수는 1만 2068명으로 1992년 민자당의 경선에 참여했던 대의원 수인 6882명보다 약 2배 증가한 수치였다. 또 1992년 당시에는 민자당 경선에서 지구당위원장이 대의원에 영향력을 미치는 것이 당연시되어왔으나 1997년 신한국당 경선에서는 후보 간 경쟁이 심화되면서 지구당위원장의 지배가 논란이 되었다. 즉, 대의원이 스스로 후보를 결정해야 한다는 자유의사의 원칙이 강조되었다.

여당이었던 신한국당에서는 이회창, 이인제, 이한동, 김덕룡, 이수성, 그리고 최병렬 후보가 당내 경선에 출마했다. 그리고 대의원 1차 투표에서 유효 투표수 1만 2068중 이회창 후보가 41.1%인 4963표를, 이인제 후보가 14.7%인 1776표를 얻었다. 3위는 1771표를 얻은 이한동 후보였다. 경선 규칙은 1차 투표에서 1위가 50% 이상을 얻지 못할 경우 2차 투표를 진행하는 결선투표제 방식이었다. 2위와 3위가 불과 다섯 표밖에 차이가 나지 않는 상황에서 이인제 후보가 결선투표에 진출하게 되었다. 2차 투표에서는 이회창 후보가 60%인 6922표를 얻고 이인제 후보가 4622표를 얻어 이회창 후보가 신한국당의 대통령 후보로 선정되었다.

야당인 새정치국민회의는 대통령 선거에 네 번째 도전한 김대중 총재와 3김 이후 새 정치를 주장하며 나선 비주류 정파가 경쟁했다. 비주류파는 김대중 총재가 대통령 후보로 선정되자 당 총재로도 재선출되는 것을 막으려 했다. 비주류파는 대권이나 당권을 1인이 독점하는 것을 문제시해 대선 후보와 총재를 분리하자고 제안했다. 또한 비주류파는 국민참여경선을

<표 4-3> 1997년 정당들의 대통령 후보 선정 방식

후보	소속 정당	후보 선출 방식	일자	선거인단
이회창	신한국당	전당대회에서	1997.7.21	대의원 1만 2068명
김대중	새정치국민회의	대의원에 의한 투표	1997.5.19	대의원 4368명

자료: ≪연합뉴스≫(1997.5.19, 1997.7.21).

주장했으며 정당 조직이 김대중 총재의 영향력하에 있는 점을 고려해 당 밖의 여론을 대선 후보 결정에 반영하려 했다.

비주류파는 당원 투표로 당 총재를 뽑고 국민참여경선으로 대통령 후보를 선정할 것을 주장하면서 두 선거의 분리를 제안했다. 그러나 주류파는 일정이 늦어진다는 이유로 분리를 반대했다. 또 국민참여경선을 진행하기 위한 준비 시간이 부족하다는 이유를 내세웠다. 국민참여경선은 국민의 의견을 정당의 의사 결정에 반영하는 제도이다. 그러나 비주류파는 권력 경쟁에서 이기기 위한 수단으로 국민참여경선을 제안했고 주류파 역시 국민참여경선이 권력 유지에 불리할 것이라고 판단해 이를 반대했다. 당시 정치인들은 국민참여경선을 정책 경쟁을 활성화하기 위한 수단보다 권력 경쟁의 수단으로 활용했던 것이다.

주류파와 비주류파는 정치적 타협을 통해 규칙을 정하고 경선을 치렀다. 주류파는 비주류파가 제안한 대의원 수 확대 안을 받아들이는 대신 국민참여경선을 도입하지 않는 것으로 타협을 이끌어냈다. 경선에서 대의원 4368명 중 4157명이 투표에 참여했고 김대중 후보가 78%인 3228표를, 정대철 후보가 907표를 얻어 김대중 후보가 대선 후보로 선출되었다.

2) 2002년 이후: 예비선거 도입

2000년 이후는 인터넷의 시대라고 할 수 있다. 2000년 이후부터 인터넷이 대중화되었고 이용자층이 증가했다. 고학력인 사람들이나 젊은 층만이 인터넷을 사용하던 시대에서 국민 모두가 인터넷을 이용하게 된 것이다. 인터넷의 대중화로 정당정치에서도 정치 참여 양상이 바뀌었다. 정당은 홈페이지에 정당의 경선 규칙을 공개했고 대규모의 선거인단을 홈페이지와 휴대폰을 통해 모집했으며 모바일 투표를 활용해 국민이 참여하는 국민참여경선제를 실시했다.

(1) 2002년: 국민 선거인단의 등장

2002년 한나라당과 새천년민주당은 당내 경선에 국민을 참여시켰고 경선 선거인단을 대의원, 당원, 일반 국민으로 구성했다. 두 정당 모두 국민 선거인단이 전체 선거인단의 50%를 차지했다. 나머지 50%는 당원과 대의원 선거인단이었다. 민심(民心)과 당심(黨心)이 같은 비율을 이뤘다. 정당이 국민 선거인단을 구성한 것과 민심과 당심이 같은 비율로 반영된 것은 한국 정당 역사에 일어난 큰 변화였다.

국민 선거인단은 전국 시·도별 인구 비례에 따라 구성되었다. 기존에 대의원과 당원만으로 구성된 선거인단은 정당의 지지 기반 불균형으로 인해 특정 지역의 의사가 과대 대표되는 양상을 보이기도 했다. 예를 들어 호남 지역을 지지 기반으로 한 정당은 호남 출신의 국회의원, 시·도의원, 당직자들이 많았다. 이때 국회의원과 당직자는 경선에서 당연직으로 대의원 선거인단이 되는데 당연직 대의원만으로 경선을 할 경우 호남 출신의 대의원이 결과를 좌우하게 된다. 반면 영남 지역을 지지 기반으로 한 정당은 같은 이유로 영남 지역의 의견이 과대 대표된다. 지역별 비례에 의한 국민 선거인단으로 이러한 불균형을 완화할 수 있었다.

국민 선거인단은 신청자 중에서 추첨해 뽑았다. 새천년민주당에 국민 선거인단으로 신청한 국민은 약 190만 명이었다. 190만 명 중 서면으로 신청한 국민이 157만 명이고 인터넷 홈페이지를 통해 신청한 국민은 33만 명이었다(≪매일경제≫, 2002.4.11). 한나라당은 최종적으로 2만 5000명의 국민 선거인단을 구성했는데 이 정도의 국민 선거인단이 구성되기까지 더 많은 수의 신청자가 있었을 것이다. 많은 국민이 인터넷을 통해 정당의 중요한 의사 결정에 참여했다고 볼 수 있다.

후보들은 국민 선거인단을 모집하는 과정에서 대규모 팬클럽을 활용했으며 인터넷 미디어를 적극적으로 활용하는 방식으로 팬클럽을 구성하고 운영했다. 새천년민주당의 노무현 후보는 '노사모(노무현을 사랑하는 사람들의 모임)' 조직과 홈페이지를 활용했고 이인제 후보는 '아이러브 IJ' 조직과 홈페이지를 이용했다. 그리고 김근태 후보와 한화갑 후보 등도 인터넷을 활용해 국민 선거인단을 모집했다(≪연합뉴스≫, 2002.1.16). 정당의 공천 과정에 참여하려는 국민들은 홈페이지에서 신청 서류를 다운로드한 뒤 서면으로 신청하면 되는 편리함을 누렸다. 정당은 홈페이지에 국민 선거인단 모집을 알리고 신청 방법을 제공하면서 국민 참여를 활성화시켰다.

정치적 시민단체들도 정당의 국민 선거인단에 조직적으로 참여했다. 전대협 동우회와 민주동문회는 '정치 개혁과 정당 민주주의를 위한 국민경선 청년운동본부'를 만들고 인터넷 홈페이지(www.2002president.org)를 개설했다. 또 인터넷 홈페이지를 통해 정당 경선에 참여할 회원을 모집했다

(≪연합뉴스≫, 2002.1.14). 새천년민주당은 전국 16개 시·도를 돌며 순회 경선을 실시했는데, 이때 인터넷이 순회 경선 결과를 시시각각 국민에게 전달하는 중요한 매체로 활용되었다. 인터넷은 선거인단 모집, 경선 관리, 결과 홍보에 이용되었다. 새천년민주당 경선 결과 노사모를 앞세워 경선 에서 큰 인기를 얻은 노무현 후보가 선출되었다. 1만 7568표를 얻은 노무 현 후보가 1위를 했고 정동영 후보는 6767표를 받았다. 중간에 경선을 포 기한 이인제 후보는 9822표를 받았다. 경선 투표율은 7만 769명의 선거인 단 중 3만 4381명이 참여해 48.6%이었다. 새천년민주당은 2002년 국민 선 거인단을 도입해 획기적으로 정치적 지지를 동원할 수 있었다. 새천년민 주당이 국민참여경선을 시작하기 전에는 당내에 한나라당의 이회창 후보 를 대적할 만한 후보가 없었다. 그러나 국민 선거인단을 도입함으로써 노 무현이라는 새로운 인물이 대통령 선거에서 당선될 수 있었다. 그리고 그 과정에서 인터넷은 정치적 지지를 동원하는 도구였다.

한나라당의 이회창 총재는 국민참여경선에 부정적이었다. 국민참여경 선을 하게 되면 정치적 비용이 증가하고 혼란이 가중된다는 이유에서였 다. 당시 이회창 총재는 한나라당을 장악하고 있었기 때문에 당원과 대의 원으로 구성된 선거인단이 투표할 경우 쉽게 대통령 후보로 선출될 수 있 는 상황이었다. 이 때문에 이회창 총재에게 국민참여경선은 손해가 될 수 있었다. 그러나 당시 국민은 정당의 민주화를 요구했고 보스 정치를 반대 했다. 이러한 흐름을 기반으로 박근혜 부총재는 총재 중심의 운영체제를 집단지도체제로 전환하는 것과 국민참여경선을 주장했다. 이회창 총재는 시대적 흐름과 당내의 강력한 요구, 그리고 새천년민주당의 국민 선거인 단 구성에 영향을 받아 국민참여경선을 수용했다.

〈표 4-4〉 2002년 정당들의 대통령 후보 선정 방식

후보	소속 정당	후보 선출 방식	일자	선거인단(비율)
이회창	한나라당	인천을 시작으로 서울까지 11개 권역별 순회 경선	2002.4.13~ 5.9	5만 명 (대의원:당원:국민=3:2:5)
노무현	새천년민주당	제주를 시작으로 서울까지 16개 시·도를 순회 경선	2002.3.9~ 4.28	7만 769명 (대의원:당원:국민=2:3:5)

자료: MBC(2002.5.9), ≪파이낸셜뉴스≫(2002.5.9), ≪동아일보≫(2002.4.30).

그러나 이회창 총재는 집단지도체제로의 전환을 수용하지 않았고 이러한 태도를 비판한 박근혜 부총재는 한나라당을 탈당했다. 이회창 총재의 경쟁자였던 박근혜 부총재가 탈당하자 한나라당 경선은 경쟁의 의미를 잃어버렸다. 이회창 총재가 압도하는 경선은 국민의 관심을 끌 수 없었다. 2002년 5월 9일 한나라당 경선 결과에서 예상대로 이회창 후보가 유효표의 68%인 1만 7481표를 얻어 대통령 후보로 선출되었다. 5만 명의 선거인단 중 약 2만 6000명이 투표에 참여해 53.3%의 투표율을 기록했다.

2002년에 정당들이 국민 선거인단을 구성한 것은 새로운 정치를 기대하는 국민들의 기대에 부응한 것이었다. 새천년민주당의 국민 선거인단 모집에 신청한 국민의 수는 190만 명이었다. 그러나 정당들은 국민 선거인단을 권력 경쟁에 활용한 측면이 더 크다. 국민 선거인단이 원하는 정책과 요구보다 국민 선거인단의 표에 무게 중심을 둔 것이다. 이 과정에서 인터넷은 국민 선거인단을 모집하는 데 상당히 큰 역할을 했지만 정치인과 국민이 소통할 수 있고 정책을 토론하며 공감할 수 있는 장으로 거듭나지는 못했다는 한계점을 갖는다.

(2) 2007년: 인터넷에 의한 국민 동원

2007년 대통령 선거를 앞둔 한나라당과 대통합민주신당은 대통령 후보 선출 과정에 국민의 여론을 다양한 방법으로 반영했다. 한나라당과 대통합민주신당 모두 대의원 선거인단, 당원 선거인단, 그리고 일반 국민 선거인단과 여론조사 의견을 총합해 후보를 선정했다. 대통합민주신당은 모바일 투표를 추가로 적용하기도 했다.

한나라당은 대의원 투표 20%, 당원 투표 30%, 일반 국민 투표 30%, 여론조사 20%의 비율로 경선 결과를 합산했다. 대의원 선거인단은 당대표와 당무위원, 국회의원과 시·도의원에 해당하는 당연직 대의원과 국회의원 선거구의 당원협의회에서 추천한 대의원들로 총 4만 6195명이었다. 당원 선거인단은 당비를 내는 책임당원 중에서 50%를 선정하고 나머지 50%는 탈락한 책임당원과 당적을 갖는 당원 중에서 뽑았으며, 그 인원은 6만 9496명이었다. 일반 국민 선거인단 수는 당원 선거인단과 같은 수인 6만 9496명으로 여론조사 기관에 의뢰해 성별, 연령별, 지역별 비율에 따라 모집했다. 따라서 국민 선거인단은 여론조사 기관의 제안을 받아들인 국민들이기에 자발적인 참여자라고 보기 어렵다. 여론조사 결과는 4만 6195명의 가중치로 전환해 합산되었다.

한나라당 경선에서 총 선거인단의 수는 18만 5187명이었다. 2002년 한나라당 경선에 참여한 선거인단의 규모가 5만 명인 것에 비하면 대폭 증가한 수치였다. 또한 여론조사 기관이 모집하는 국민 선거인단과 여론조사 결과가 경선의 50% 비중을 차지했는데 이것은 당심과 민심을 5 대 5 비율로 반영한 것이었다.

18만여 명(대의원, 당원, 일반 국민 선거인단)에 달하는 한나라당 선거인단

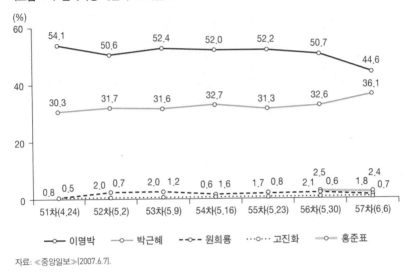

〈그림 4-1〉 한나라당 대선 후보 적합도

(%)

	51차(4.24)	52차(5.2)	53차(5.9)	54차(5.16)	55차(5.23)	56차(5.30)	57차(6.6)
이명박	54.1	50.6	52.4	52.0	52.2	50.7	44.6
박근혜	30.3	31.7	31.6	32.7	31.3	32.6	36.1

─○─ 이명박   ─○─ 박근혜   ─◦─ 원희룡   ⋯○⋯ 고진화   ∞○∞ 홍준표

자료: ≪중앙일보≫(2007.6.7).

투표가 2007년 8월 18일 전국 시·군·구 248개 투표소에서 실시되었다. 총18만 4709명 중 13만 1086명이 참여해 70.96%의 투표율을 보였다. 투표 결과 이명박 후보가 6만 4216표, 박근혜 후보가 6만 4648표를 얻어 박근혜 후보가 432표 앞서는 것으로 나왔으나, 20%에 해당하는 여론조사에서 이명박 후보가 51.55%, 박근혜 후보가 42.73%를 얻어 이명박 후보가 8.82% 앞섰다. 다시 8.82%를 환산해 종합한 결과 8만 1084표를 얻은 이명박 후보가 7만 8632표를 얻은 박근혜 후보를 2452표차로 앞섰다. 그러나 당시 박근혜 후보의 지지율이 점점 높아져 이명박 후보의 지지율에 근접해가는 추세였다. 경선이 좀 더 나중에 실시되었다면 결과가 달라질 수도 있었을 것이다.

경선 과정에서 한나라당의 인터넷 이용은 표면적으로 강조되지는 않았지만 18만 명에 달하는 선거인단 구성과 경선 관리 측면에서 인터넷이 주요한 역할을 했을 것으로 예상할 수 있다. 대통합민주신당은 인터넷과 핸드폰을 이용해 100만 명 이상의 선거인단이 참여하는 경선을 추진했다. 이러한 결정은 2002년 새천년민주당의 경험에 근거한다. 대통합민주신당의 경선 방식은 완전 개방형 예비선거였다. 그리고 투표소 투표와 모바일 투표 방식으로 이루어졌다. 이와 함께 여론조사 결과를 전체 값의 10% 비중으로 반영했으며 이후 제주도를 시작으로 전국 16개 시·도를 순회한 경선도 2002년과 동일하게 실시되었다. 투표소 투표는 당원은 물론 유권자 누구나 참가할 수 있었다. 선거인단 모집은 2007년 8월 21일부터 26일까지 6일간 진행되었다. 6일 동안 접수된 신청자 수는 96만 6295명에 달했다. 이 중 인터넷을 통한 접수자는 52만 5071명으로 전제 모집의 54.3%였다. 서류 접수자는 33만 5195명으로 34.7%였고 전화 접수자는 6만 5000명이었다(≪연합뉴스≫, 2007.8.27). 선거인단 모집에서 인터넷을 통한 방법은 서류 접수나 전화 접수보다 더 큰 효과를 발휘했다. 이는 인터넷 홈페이지가 전화나 서류보다 이용자에게 더 편리한 참여 도구라는 것을 보여준다.

대통합민주신당은 인터넷과 함께 휴대폰을 이용한 모바일 투표를 처음으로 정당 경선에 도입했다. 모바일 투표는 인터넷과 연동한 방식으로서 인증 번호와 비밀번호를 사용해 신청자가 직접 투표할 수 있는 방식이다. 경선에 참여하려는 유권자는 정당 홈페이지를 방문해 경선 선거인단에 신청한다. 신청 시 성명, 주민등록번호, 주소, 휴대전화번호를 입력하고 휴대전화에서 인증 번호 확인 절차를 거친다. 인증 번호를 받아 신청서에 써넣고 비밀번호를 배정받는다. 이 비밀번호는 휴대폰 투표 시 개인 인증용으로 사용되었다. 대통합민주신당은 총 24만 286명의 모바일 선거인단을 모집했으며 이 중 23만 8486명이 인터넷을 통해 신청했다. 그리고 그중

〈그림 4-2〉 모바일 선거 등록 및 투표 방식

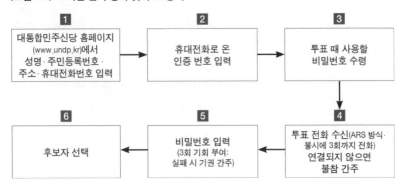

자료: ≪경향신문≫(2007.9.17).

1800명은 휴대폰으로 네이트온(Nate On)에 접속해 신청했다. 모바일 선거인단 대부분이 인터넷을 활용해 신청했다는 사실은 인터넷에 의한 참여 효과를 실증적으로 보여주었다.

인터넷은 대통합민주신당의 선거인단 모집 과정에서도 효력을 발휘했다. 약 100만 명에 달하는 투표소 선거인단의 절반 이상이 인터넷 홈페이지를 통해 접수했고 24만 명의 모바일 선거인단의 대다수가 인터넷을 이용했다. 그리고 70만 명 이상이 인터넷을 통해 선거인단으로 참여했다. 이것을 볼 때 인터넷이 대통합민주신당의 국민참여경선에서 핵심적인 도구로 활용되었음을 알 수 있다.

투표에서도 인터넷의 효과는 더욱 컸다. 투표는 16개 시·도별 순회 방식으로 실시되었다. 2007년 9월 15일 제주에서 시작해 10월 14일 서울을 비롯한 8개 지역에서 순회 경선이 실시되었다. 투표소 선거인단 최종 신청자는 총 104만 6565명으로, 이 중 26만 8868명이 투표에 참여해 25.7%의 투표율을 보였다. 모바일 투표는 2007년 10월 9일부터 10월 14일까지 세

〈표 4-5〉 2007년 정당들의 대통령 후보 선정 방식

후보	소속 정당	후보 선출 방식	일자	선거인단
이명박	한나라당	대의원 선거인단 투표	2007.8.19	4만 6195명
		당원 선거인단 투표		6만 9496명
		국민 선거인단 투표		6만 9496명
		여론조사 (6000명)		선거인단 20%인 4만 6195명으로 환산
정동영	대통합 민주신당	지역 선거인단 투표 (1인 1표)	2007.9.15~ 10.15	104만 6565명 (16개 시·도 순환 경선)
		모바일 선거인단 투표 (1인 1표)	2007.10.9~ 10.14	24만 286명 (3차 투표)
		여론조사 (5000명)	2007.10.10~ 10.11	선거인단 유효 투표의 10%로 환산

자료: ≪뉴시스≫(2007.8.20), ≪한겨레신문≫(2007.10.16).

차례에 걸쳐 전화로 진행되었다. 모바일 선거인단 24만 286명 중 17만 7453명이 참여해 73.9%의 투표율을 보였다. 투표자를 기준으로 할 때 투표소 투표자와 모바일 투표자의 차이는 8만 9415명에 불과했다. 6일 동안 세 차례 걸쳐 실시된 모바일 투표의 영향력이 한 달 동안 16개 시·도를 돌며 실행된 투표소 투표의 영향력에 버금간 것이다. 또한 모바일 투표율은 73.9%로 투표소 투표율 25.7%의 약 세 배였다. 인터넷과 핸드폰을 정치 참여에 이용함으로써 투표율을 크게 높일 수 있다는 것을 확인할 수 있는 사례다. 즉, 인터넷의 동원 효과가 모바일 투표의 사례로 증명되었다고 할 수 있다.

대통합민주신당 경선 결과 정동영 후보가 승리했다. 정동영 후보는 투표소 선거인단 투표에서 총 13만 2996표를 얻어 49.5%를 차지했고 손학규 후보는 8만 1243표로 30.2%, 이해찬 후보는 5만 4628표로 20.3%를 얻었다. 정동영 후보가 손학규 후보보다 5만 1753표로 앞섰다. 모바일 투표에

서는 정동영 후보가 6만 2138표(35%), 손학규 후보가 7만 31표(39.5%), 이해찬 후보가 4만 5284(25.5%)를 얻었다. 대통합민주신당은 여론조사 결과를 10% 비중으로 반영했다. 여론조사에서 정동영 후보가 44.6%, 손학규 후보가 35.5%, 이해찬 후보가 20.6%를 얻었고, 종합 결과 정동영 후보가 대선 후보로 확정되었다.

(3) 2012년: 인터넷 동원의 한계

2012년 4월 19대 국회의원 선거가 끝난 직후, 새누리당 내부에서 박근혜 비상대책위원장을 지지하는 주류파와 박근혜의 권력 집중에 도전하는 정몽준 의원, 이재오 의원, 김문수 지사 등 비주류파 간에 경선 규칙을 두고 갈등을 빚었다. 새누리당 내의 주류파는 당내 조직 장악력이 확고했기 때문에 당원으로 대통령 선거의 선거인단을 구성할 경우, 박근혜 비상대책위원장이 쉽게 후보로 확정될 것이라 예상했다. 당시 당헌에는 당심과 민심을 5 대 5로 반영한다는 내용의 대선 후보 경선 방식이 규정되었는데, 이는 2007년 한나라당이 경선에 적용한 규정이었다. 대의원과 당원으로 구성된 선거인단을 전체 경선 결과에 20%와 30%로 반영하고 일반 국민 선거인단과 여론조사 결과를 30%와 20% 비율로 반영하는 규정이었다.

비주류파는 대통령 후보 선출에 민심 반영 비율을 더 높여야 승산이 있을 것으로 판단하고 완전 개방형 예비선거를 주장했다. 이 방식은 선거인단의 규모를 제한하지 않고 국민 누구든지 경선에 참여할 수 있는 것이 특징이었다. 선거인단 규모가 수십만 명으로 확대되면 당원과 대의원이 경선 결과에 미치는 영향력이 작아진다. 결과적으로 경선은 당심이 아닌 민심에 의해 결정되는 것이다. 또 비주류파는 경선을 늦출 것과 순회 경선을 실시할 것을 주장했다. 그들은 수십만 명의 선거인단을 모집하고 투표를 관리하기 위해 시간이 필요하다고 주장했다. 그리고 경선이 연기될 경우 소수파인 비주류파가 시간적 여유를 얻게 될 것이라고 여겼다. 2002년 민주당 경선에서 소수였던 노무현 후보는 순회 경선을 통해 극적으로 이인제 후보를 이길 수 있었다. 세력이 약한 비주류파는 16개 시·도를 순회하면서 박근혜 후보를 역전해 승리할 것을 기대하고 있었다.

박근혜 비상대책위원장을 대변하는 주류파는 완전 개방형 예비선거를 수용하지 않았다. 다만 선거인단 규모를 20만 명 수준으로 늘리는 안을 제시했다. 2007년 17대 대선의 선거인단 수가 18만 명이었던 것에 비해 선거인단 수가 큰 폭으로 증가한 것은 아니었다. 한편 비주류파는 대통령 선거 120일 전에 경선을 실시해야 한다는 당헌의 규정을 내세워 2012년 8월 21일에 경선을 실시할 것을 주장했다. 또 순회 경선 안을 거부하고 2007년 당시와 같이 경선 투표일을 정해 전국 투표소에서 투표할 것을 주장했다. 주류파가 다수결을 통해 자신의 안을 경선 규칙으로 정하자 비주류파 중 유력한 경선 후보인 정몽준 의원과 이재오 의원은 2012년 7월 9일 경선 불출마를 선언했다. 새누리당에서 김문수 경기도지사는 경선을 포기하지 않았으나 박근혜 후보가 압도적인 지지를 받고 있었기에 극적인 반전을 기대할 수 없었다.

새누리당은 2012년 7월 21일부터 8월 18일까지 전국을 돌며 합동 연설회 10회, 정책 토론회 3회를 실시했으며 7월 31일에는 선거인단을 확정해 후보에게 교부했다. 전체 선거인단은 20만 1320명이었다. 선거인단의 규모는 2012년 4·11 총선 유권자 총수의 0.5%로 정해졌다. 박근혜 후보는 비주류파의 완전 개방형 예비선거 요구에 대한 타협안으로서 선거인단을

50만 명까지 늘릴 것을 검토했으나 결과적으로는 20만 명 수준으로 결정되었다. 선거인단은 대의원 선거인단, 당원 선거인단, 일반 국민 선거인단으로 구성되었다. 그리고 여론조사 결과가 선거인단 투표 결과와 함께 경선 결과에 반영되었다. 대의원 선거인단은 전체 선거인단의 20%인 5만 330명이었다. 대의원 선거인단은 246개 당원 협의회가 추천한 인원 중에서 선정되었다. 추천 기준으로는 여성 50% 이상 45세 미만 기준(시 단위 30% 이상, 군 단위 20% 이상)이었다. 이 기준을 충족하면 인터넷 홈페이지에서 자동으로 접수되었고, 그 자료는 중앙당의 서버로 연결되어 전체 명부가 작성되었다. 인터넷 홈페이지를 통해 전국의 246개 당원 협의회가 연결되었으며 대의원을 수집·관리할 수 있었다.

당원 선거인단은 전체 선거인단의 30%로 총 7만 5495명이었다. 당원 선거인단은 책임당원과 일반 당원을 대상으로 성별, 연령을 고려해 무작위 추출했다. 7만 명이 넘는 당원 선거인단을 선정하고 관리하는 데 인터넷이 활용되었다. 국민 선거인단도 전체 선거인단의 30%인 7만 5495명이었다. 국민 선거인단은 2012년 7월 5일부터 12개 여론조사 기관을 통해 모집되었다. 1300여 명의 전화 면접원이 전국 246개 국회의원 선거구를 분담해 모집했으며, 새누리당은 20만 명에 달하는 선거인단의 개인 정보 보호를 위해 실제 휴대전화번호를 대신하는 '안심 번호'를 제공했다. 안심 번호는 인터넷상에서 신청해 발급받을 수 있었다. 이처럼 인터넷은 새누리당의 경선 과정에서 선거인단을 모집·수집·관리하는 데 사용되었다. 그러나 인터넷은 당원이나 국민의 의견을 듣고 정책을 토론하는 도구로서는 활용되지 않았다.

새누리당 결선에서 박근혜 후보가 압승했다. 2012년 8월 19일에 이루어

<표 4-6> 2012년 정당들의 대통령 후보 선정 방식

후보	소속 정당	후보 선출 방식	일자	선거인단
박근혜	새누리당	대의원 선거인단 투표	2012.8.20	5만 330명
		당원 선거인단 투표		7만 5495명
		국민 선거인단 투표		7만 5495명
		여론조사(6000명)		선거인단 20%인 5만 330명으로 환산
문재인	민주통합당	모바일 투표 투표소 투표 대의원 투표	2012.8.25~ 9.16	108만 5004명 (16개 시·도 순회 경선)

진 선거인단 투표와 8월 19일 낮 12시부터 오후 9시까지 6000명에 대한 여론 조사가 실시되었다. 결과는 2012년 8월 20일에 발표되었으며 선거인단과 여론조사를 합산한 결과, 박근혜 후보가 전체의 84%인 8만 6589를 얻어 대선 후보로 선정되었다. 그러나 투표 참여율은 저조했다. 8월 19일 전국 251개 투표소에서 투표가 실시되었고 20만 449명의 선거인단 중 8만 624명이 참여해 투표율은 40.2%이었다. 이는 2007년 이명박 후보와 박근혜 후보가 경쟁했을 때의 투표율인 71%의 절반이 조금 넘는 수준이다. 그리고 이회창 총재가 압승했던 2002년 경선의 투표율인 53.3%보다 더 낮았다. 새누리당은 20만 명의 선거인단을 모집하는 데에는 성공했으나 선거인단을 투표 참여로 연결시키지는 못했다. 정당이 인터넷이라는 기술을 활용해 선거인 명단을 작성하는 것은 정당의 일방적 행위로 가능하다. 그러나 선거인단이 투표에 참여하는 것은 정당이 선거인단에게 참여할 동기와 신뢰를 주어야 가능하다. 정당이 인터넷을 통해 당원 및 국민과 상호작용할 때 비로소 인터넷의 정치 참여 효과가 발휘될 수 있다.

한편 민주통합당은 완전 개방형 예비선거 방식으로 경선을 치렀다. 이는 2002년 새천년민주당 경선에 190만 명의 국민이 선거인단으로 신청했던 것과 2007년에 대통합민주신당이 120만 명의 선거인단을 구성했던 전통을 이은 것이다. 민주통합당은 서류 접수와 함께 인터넷 홈페이지와 스마트폰 애플리케이션을 통해 선거인단 접수를 진행했다. 또한 2007년에 이어 휴대전화를 이용한 모바일 투표를 실시했다. 하지만 이러한 경선 방식이 쉽게 결정된 것은 아니었다. 2012년 12월 대선을 앞두고 7월에 민주통합당 내 후보들 간에 경선 규칙에 대한 갈등이 있었다.

민주통합당 내 경선 규칙을 둘러싼 갈등은 가장 높은 지지도를 갖고 있었던 문재인 후보와 이에 도전하는 손학규·정세균·김두관 후보 3인 사이에서 발생했다. 문재인 후보는 완전 개방형 예비선거를 주장했다. 문재인 후보의 당내 지지 기반은 영남을 포함한 비호남 지역이었으므로 당심보다 민심을 경선 결과에 반영하는 것이 유리했다. 이것을 아는 손학규 후보를 비롯한 3인은 민심의 영향력을 줄이는 방식을 제안했다. 비(非)문재인 후보들이 주장한 방식은 국민배심원제와 결선투표제였으며 현장 투표와 모바일 투표, 국민 배심원 투표를 1 : 1 : 1 비율로 하는 안이었다. 국민배심원제는 일정 규모의 배심원을 구성한 뒤 국민배심원들이 후보들의 의견을 듣고 토론한 후 후보를 결정하는 방식이다. 이는 설문 응답자가 토론과 질의응답을 한 후에 선택하는 공론 조사 방식을 적용한 의사 결정 제도이다. 이 방식을 경선에 적용하면 지지도가 낮은 후보도 토론에서 배심원을 설득해 유력자를 이길 수 있다. 결선투표제는 경선을 2차 투표로 끌고 간 후, 세 명의 후보가 연합해 문재인 후보에게 대적하겠다는 의도를 담고 있다. 그리고 현장 투표와 모바일 투표 그리고 배심원 투표의 반영 비율을 동일하게 하자는 주장은 소수에 의한 국민 배심원의 결과를 다수에 의한 현장 투표나 모바일 투표의 결과에 버금가게 하겠다는 의도였다. 후보들 간의

<그림 4-3> 선거인단 신청 방법 및 단계

신청 방법

❶ 콜센터 신청
전화번호 **1688-2000**
운영시간 **오전 10시~오후 9시**
모바일 투표, 투표소 투표 신청 가능

❷ 홈페이지 신청
접속주소 **www.2012win.kr**
운영시간 **24시간 (평일과 공휴일 불문)**
모바일 투표, 투표소 투표 신청 가능

❸ 서류 신청
접수처 **중앙당, 시·도당 서류 접수처**
운영시간 **오전 10시~오후 6시**
투표소, 투표만 신청 가능

신청 단계

01 실명 인증/ 신청 여부 확인	→	02 투표 방법 선택	→	03 본인 인증	→	04 개인 정보 입력 및 확인	→	05 신청 완료

자료: 민주통합당 홈페이지(www.minjoo.kr).

갈등이 심해지자 민주통합당 최고위원회는 2012년 7월 17일 회의를 개최
해 후보들 사이의 타협을 유도하고 7월 18일 당무회의에서 경선 규칙을 확
정했다(≪연합뉴스≫, 2012.7.18). 경선 규칙은 순회 경선과 완전 개방형 국
민참여경선을 하되 결선투표는 적용하고 국민배심원제는 적용하지 않는
것이었다.

경선 규칙이 결정된 후 선거인단 모집이 시작되었다. 선거인단은 19세
이상 국민이면 누구나 신청할 수 있었다. 신청 방법은 인터넷이나 스마트
폰 앱 또는 콜센터를 활용하도록 했다. 또한 직접 시·도당을 방문해 서면
접수 할 수 있도록 했다. 인터넷 접수는 www.2012win.kr에서 이름, 주민
등록번호, 주소 및 본인 명의의 휴대전화번호를 접수하고 실명 인증과 공
인 인증, 휴대전화 인증 절차를 거쳐 완료하도록 했다.

2012년 8월 8일부터 9월 4일까지 28일간 선거인단을 모집한 결과, 총
108만 5004명의 선거인단이 모집되었다. 자동으로 등록된 대의원과 권리
당원인 약 20만 3000명을 제외하면 88만 명이 일반 국민 선거인단이었다.
선거인단 모집 과정에서 한국노동조합총연맹(한국노총)이나 대한의사협회

<표 4-7> 2012년 민주통합당 경선 결과(유효 투표수 기준)

(단위: 명)

	대의원 투표	투표소 투표	모바일 투표	계
문재인	2,676	7,790	336,717	347,183
손학규	2,309	6,040	127,856	136,205
김두관	1,379	4,208	82,255	87,842
정세균	1,297	2,550	9,180	13,027
계	7,661	20,588	556,008	584,257

자료: ≪동아일보≫(2012.9.17).

와 같은 직능단체들이 조직적으로 선거인단에 참여했다. 대한의사협회에서 2만 8000여 명, 대한간호협회에서 4만 2000여 명, 대한간호조무사협회에서 3만 4000여 명 등 총 10만 명이 등록했다고 보고되었다(≪데일리팜≫, 2012.9.7). 시민단체나 이익단체들이 단체의 홈페이지를 활용해 선거인단 관련 정보를 공유하고 회원들이 선거인단에 접수하도록 했다.

경선은 2012년 8월 25일 제주를 시작으로 9월 16일 서울까지 순회하며 실시되었다. 각 지역 순회 경선일을 기준으로 모바일 투표는 순회 경선일 직전에 이틀간 실시했고 투표소 투표는 순회 경선일 하루 전에 시·군·구 투표소에서 실시되었으며, 대의원 투표는 순회 경선일 당일 경선 대회장에서 진행되었다. 열 번째 경선이었던 세종·대전·충남 경선을 예로 들어 보겠다. 이 지역의 경선일은 9일이었는데 그 전에 7일과 8일 이틀 동안 모바일 투표를 실시했으며 8일에 투표소 투표를 실시하고 순회 경선 당일인 9일에 대의원 투표를 진행했다. 세종·대전·충남 순회 경선에서 투표에 참여한 투표자 수는 4만 6887명이었다. 이 중 모바일 투표자는 3만 8090명 (81.2%)이었고 투표소 투표자는 7879명(16.8%)이었다. 모바일 투표자 수가 압도적으로 많았다. 이것은 모바일 투표가 투표소에 가지 않고도 휴대폰으로 투표할 수 있는 편리성을 가진 방식이었기에 가능했던 것으로 보인다. 9월 15일에 실시된 경기 지역 순회 경선에서도 모바일 투표율이 가장 높았다. 모바일 투표율은 63.6%였고 투표소 투표율은 8.26%였으며 대의원 투표율은 39.7%였다. 모바일 투표가 결과에 가장 큰 영향을 미쳤다.

전체 투표율은 108만 5004명의 선거인단 중 58만 4257명이 참여해 53.8%였다. 선거인단 108만 명은 20만 명의 대의원 및 당원 선거인단과 88만 명의 일반 국민 선거인단으로 나눌 수 있다고 보고되었다. 실제 투표에 참여한 대의원과 당원의 수를 정확히 알 수는 없으나 〈표 4-7〉에서 대의원 투표와 투표소 투표자를 대의원과 당원으로 보면 투표율을 예측할 수 있다. 대의원 투표와 투표소 투표에 참여한 투표자 수가 2만 8249명이므로 이를 20만 명의 대의원 및 당원 선거인단으로 나누면 이들의 투표 참여율은 14%가 된다. 모바일 투표에 참여한 수가 55만 6008명이므로 88만 명의 선거인단으로 나누면 63%의 투표 참여율이 된다. 즉, 민주통합당 경선 결과는 국민으로 구성된 선거인단에 의해 결정된 것이라 볼 수 있다. 그런데 투표 결과 대의원 투표, 투표소 투표, 모바일 투표 모두에서 문재인 후보가 1위를 차지했다. 따라서 당심과 민심 사이에 큰 차이는 없다고 볼 수 있다. 다만 모바일 투표에서 문재인 후보의 득표수가 2위인 손학규 후보의 득표수에 비해 월등히 높다는 점은 국민들이 당원보다 문재인 후보를 더 많이 지지하고 있다는 것을 보여준다. 만약 모바일 투표 없이 현장 투표만 진행했다면 결과는 달랐을 수도 있다. 대의원 투표와 투표소 투표 결과를 보면 문재인 후보가 전체 유효 득표의 50%를 넘지 못한다. 이 경우 경선 규칙에 따라 결선투표를 하게 된다. 또한 2, 3, 4위 후보가 선거연합을 할 경우 문재인 후보가 당선되지 않을 수도 있다.

민주통합당은 선거인단 모집 과정에서 인터넷을 적극적으로 활용했다. 국민은 인터넷 홈페이지나 스마트폰 앱을 통해 선거인단에 쉽고 편하게 신청할 수 있었다. 사무실이나 가정 등 인터넷이 연결되는 곳 어디에서나 선거인단에 참여할 수 있었다. 신청자가 성명과 주소, 전화번호, 그리고 공인인증서를 이용해 신청할 수 있었기에 별도의 서류가 필요하지 않았고 인터넷을 통한 선거인단 신청은 모바일 투표로 바로 연계되었다. 인터넷 신청자는 모바일 투표와 투표소 투표 방식 중 하나를 선택할 수 있었으며 대다수 신청자들은 쉽고 편한 모바일 투표를 선호했다.

모바일 투표는 전체 유효 투표수의 95.2%를 차지했다. 이것은 모바일 투표가 경선 결과를 결정했다는 의미로도 해석할 수 있다. 또한 문재인 후보가 모바일 투표에서 월등하게 높은 득표를 했기 때문에 전체 득표율의 50%를 넘어 결선투표를 하지 않았다. 문재인 후보가 승리할 수 있었던 핵심 원인은 모바일 투표라고 할 수 있다. 모바일 투표는 국민 선거인단을 대규모로 동원할 수 있다는 장점이 있다. 그러나 대규모 동원 과정에서 선거인단의 질적 가치가 떨어질 수 있다. 모바일 투표가 정당의 신뢰도를 높이는 정치 참여 도구가 아니라 기계적으로 국민을 동원하는 수단이 될 수 있기 때문이다.

민주통합당의 낮은 투표율은 그러한 우려를 낳았다. 선거인단의 투표율이 53.8%로 낮아진 것이다. 전체 선거인단 108만 명 중 약 58만 명이 투표에 참여했고 나머지 50만 명이 기권했다. 선거인단이 자발적으로 선거인단 접수를 했다면 쉽고 편리한 모바일 투표에 참여했을 것이다. 그러나 이들이 모바일 투표조차 하지 않았다는 것에서 그 자발성이 의심된다. 즉, 타인에 의해 동원되었을 가능성이 높다. 인터넷의 활용이 선거인단을 모집하는 역할은 수행했지만 진정한 의미의 참여로 이끌지는 못했다고 볼 수 있다. 인터넷 홈페이지와 스마트폰 같은 ICT 도구들이 정당과 국민이 정치적 소통을 할 수 있도록 만들고 신뢰를 형성하는 수준으로는 활용되지 못했다고 평가할 수 있다.

4. 인터넷 정치 참여의 특징과 과제

1987년 한국의 정당들이 대선 후보를 정할 때 총재 중심의 하향식 결정을 한 반면, 그로부터 25년 뒤인 2012년에는 수백만, 수십만의 당원과 국민이 참여하는 국민참여경선을 도입해 상향식으로 결정했다. 이러한 변화의 원인을 1987년 민주화 운동에서 시작해 오늘날까지 지속되고 있는 시민사회의 역량 강화와 3김 이후에 나타난 각 정당의 내부 파벌 간 경쟁, 그리고 인터넷의 등장이라고 요약할 수 있다. 즉, 정당들이 상향식으로 대통령 후보를 선정하는 것은 민주화라는 정치적 환경의 변화와 경쟁에서 전략적으로 대응해야 하는 정치 행위자들의 의지와 동기, 그리고 대규모의 선거인단을 모집하고 관리할 수 있는 인터넷의 기술적 역량 때문이라고 할 수 있다.

인터넷 활용 수준은 새누리당과 민주통합당 간에 차이가 있었다. 새누리당이 인터넷을 관리의 도구로 활용했다면 민주통합당은 국민 동원의 수단으로 이용했다. 새누리당은 인터넷을 이용해 선거인단을 추천받고 구성했다. 새누리당의 당원 협의회는 인터넷을 통해 선거인단을 뽑았고 중앙당에서는 추천된 인원을 다시 성별, 연령별, 지역별 기준에 따라 관리했

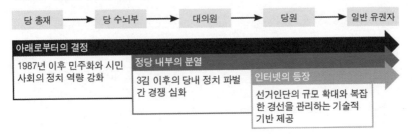

〈그림 4-4〉 공천과 경선 변화 과정

| 당 총재 | → | 당 수뇌부 | → | 대의원 | → | 당원 | → | 일반 유권자 |

아래로부터의 결정
1987년 이후 민주화와 시민 사회의 정치 역량 강화

정당 내부의 분열
3김 이후의 당내 정치 파벌 간 경쟁 심화

인터넷의 등장
선거인단의 규모 확대와 복잡한 경선을 관리하는 기술적 기반 제공

다. 반면 민주통합당은 인터넷과 모바일을 연결해 일반 국민의 선거인단 참여를 동원했다. 한나라당이 인터넷을 관리 측면에 국한해서 활용하다 보니 인터넷에 의한 역동적 참여 효과는 민주통합당이 누렸다. 민주통합당은 2002년 민주당 시절부터 2007년 민주신당과 2012년 민주통합당에 이르기까지 인터넷을 통해 수십만 명의 국민을 동원했다.

이러한 차이는 정당이 인터넷을 어떤 목적으로 사용하는가에 달려 있었다. 즉, 이는 인터넷을 적극적으로 활용할 경우 인터넷의 정치 참여 효과가 크게 나타난다는 선순환 이론으로 설명될 수 있다. 민주통합당은 인터넷을 적극적으로 이용해 국민을 동원했고, 그 결과 민주통합당은 인터넷의 역동적 효과를 더욱 개발해 모바일 투표까지 도입하게 되었다. 새누리당은 한나라당 시절부터 인터넷 사용을 관리 차원에 국한시켰으므로 인터넷에 의한 국민 동원의 단계까지 나아가지 못했다. 인터넷을 이용하는 주체의 동기와 의지에 따라 그 효과가 달리 나타날 수 있다는 점을 보여준 것이다. 인터넷은 관리의 도구이면서 동시에 정치와 시민사회를 매개해 정치 참여를 역동적으로 발현시킬 수 있는 도구이다.

그러나 두 정당 모두 인터넷을 쌍방향 소통의 도구로 활용하지는 못했다. 정당들은 인터넷을 선거인단을 모집하는 관리 도구 또는 동원의 수단으로 사용했다. 지금까지 각 정당은 인터넷을 당원 또는 국민들과 쌍방향 소통하는 정치 참여의 도구로 활용하기보다 당원과 국민을 동원해 권력 경쟁에서 승리하려는 정치인 중심의 일방적 동기로 이용했다. 그것은 한국 정당이 태생적으로 시민사회에 기초해서 아래로부터 만들어지지 않았고 소수 권력자들의 권력 욕망을 실현하는 도구에 그쳤다는 한국 정당정치의 문화 때문이라고 할 수 있다. 총재 중심의 이러한 제왕적 정당의 정치 문화에서는 정당이 자기중심적이고 권력중심적인 특성을 갖는다. 이러한 특성이 인터넷의 잠재력을 제한했다고 할 수 있다.

정당이 국민을 동원의 대상으로 이용하는 한, 인터넷은 정당과 국민을 이어주는 소통의 도구가 되기 어렵다. 인터넷은 정치정보를 제공하고 양방향의 소통을 가능케 하며 쉽고 편리한 토론과 대규모 의사 결정을 가능케 하는 정치 미디어로서의 잠재력을 갖고 있다. 이러한 인터넷은 정당과 국민을 이어줌으로써 정당이 직면한 위기를 극복하게 한다. 그런데도 정당들은 지금까지 인터넷 홈페이지와 모바일 기술을 정당 중심의 일방적 도구로만 활용했다. 참여가 확대되고 경쟁이 심화되면서 정치정보가 쉽고 빠르게 당원과 국민에게 전달되는 네트워크 시대에서 정당들은 인터넷의 쌍방향적인 정치참여 기능을 적극 개발하고 활용해야 할 것이다. 정당이 인터넷 홈페이지와 소셜 미디어 그리고 모바일 기술을 이용해 국민, 시민사회와 소통하고 토론하며 함께 결정할 때 인터넷은 정당이 위기를 극복하는 데 큰 힘이 될 수 있을 것이다.

참고문헌

강원택. 2010. 「정당의 공직후보 선출과 당내민주화」. 심지연 편저. 『현대 정당정치의 이해』. 백
　　산서당.
박수형. 2014. 「대통령 후보선출 제도 변화 연구: 한국정당은 왜 그리고 어떻게 '국민경선제'를
　　도입하게 되었나?」. ≪한국정치학회보≫, 48집 4호, 197~223쪽.
조화순 엮음. 2013. 『소셜 네트워크와 선거』. 한울.

≪경향신문≫. 2007.9.17. "대통합신당 모바일 투표 태풍의 눈 될까".
≪뉴시스≫. 2007.8.20. "한나라당 경선 드라마틱한 1년 레이스. 시작부터 당선까지".
≪데일리팜≫. 2012.9.7. "보건의료단체, 민주통합당 경선 참여로 정치 세력화".
≪동아일보≫. 2002.4.30. "노무현 실제 득표율은 25%. 전체 선거인단 수 기준".
_____. 2012.8.20. "새누리 대선 후보 오늘 확정. 보나마나 朴 뻔한 경선. 투표율 최저".
_____. 2012.9.17. "문재인 56% 득표율로 결선투표 없이 민주 대선 후보 확정".
≪매일경제≫. 2002.4.11. "與 국민 선거인단 190만 명 응모".
≪연합뉴스≫. 1997.5.19. "국민회의 대통령 후보 총재 선출 秒大".
_____. 1997.7.21. "신한국당 경선 치열했던 2위 사투".
_____. 2002.1.14. "시민단체 국민경선 참여운동".
_____. 2002.1.16. "여 국민 선거인단 확보 경쟁".
_____. 2007.8.27. "민주신당 선거인단 6만 명 신청".
_____. 2012.7.18. "민주, 결선제 도입 등 경선률 확정".
_____. 2012.9.16. "민주 경선 숨 가빴던 59일. 흥행은 실패".
≪조선일보≫. 1991.12.25. "민자 민주계 대통령 후보 경선 수용".
_____. 1992.5.20. "민자 대통령 후보 김영삼씨".
_____. 1992.5.27. "DJ 확정 순간 축포 피켓 물결".
≪중앙일보≫. 1987.6.9. "내일 민정 전당대회 노대통령 후보 지명".
_____. 1987.6.10. "팽팽한 긴장 속에 '축제'와 '전대통령이 노후보 손들어 환호에 답례".
_____. 1987.10.30. "3김 대권 경쟁 박차".
_____. 1987.11.9. "김영삼 총재 후보 추대 민주당 전당대회서 만장일치로".
_____. 1987.11.12. "김대중 총재 후보 추대 평민당 창당 전당대회".

_____. 2007.6.7. "한나라 차기 대선 적합 후보 이명박 44.6% > 박근혜 36.1%".

≪파이낸셜뉴스≫. 2002.5.9. "한나라 대선 후보 경선 마감".

≪한겨레신문≫. 2007.10.16. "반한나라 범여 핵심 지지층, 정동영 택했다".

MBC. 2002.5.9. "이회창 대통령 후보 선출".

Bueno de Mesquita, Bruce, Alastair Smith, Randoph M. Siverson and James D. Morrow. 2003. *The Logic of Political Survival*. Hong Kong: MIT.

Dahl, Rober A. 1961. *Who governs? Democracy and power in an American city*. New Haven: Yale University Press.

Hamilton, Alexander, James Madison and John Jay. 1999. *The Federalist Papers*. New York: Penguin Putnam Inc.

Kesler, Charles R. 1999. "Introduction." in *The Federalist Papers*. New York: Penguin Putnam Inc.

Norris, Pippa. 2000. *A Virtuous Circle: Political Communication in Postindustrial Societies*. Cambridge: Cambridge University Press.

5장
모바일 투표와 정당정치 개혁˚

장우영

1. 정보사회 정치 현상의 빛과 그림자

사회현상에는 빛과 그림자가 공존한다. 오늘날 정보사회에서도 정보통
신기술(이하 ICT)이 미래 사회를 빛의 세계로 이끌지 아니면 그림자의 세
계로 이끌지에 대한 전망이 갈린다. 산업화 시대에 비해 정보화 시대의 사
회현상과 이슈는 훨씬 더 복잡다단하다. 이는 대다수의 시민이 시시각각
정보의 유통, 소유, 이용 과정에 활발하게 참여하고 있기 때문이다. 이러
한 사회현상을 관찰할 때 유념해야 할 사항이 있다. 바로 단순히 기술을
찬미하는 것에서 벗어나 냉철하게 성찰하는 안목을 지녀야 한다는 점이

● 이 글은 필자가 ≪한국정당학회보≫ 12권 3호(2013)에 게재한 「모바일 투표 쟁점과 평가:
민주통합당 사례를 중심으로」를 수정한 내용을 포함하고 있다.

다. 즉, 단순히 ICT 발전에 매혹되기보다 그것이 활용되는 동기와 효과를 비판적으로 들여다봐야 한다. 그래야 기술이 사회 변화에 미치는 영향을 균형 있게 파악하고 바람직한 미래상을 조망할 수 있다.

이 장에서는 사례 분석을 통해 정보사회에서 나타나는 정치 현상의 빛과 그림자를 관찰하려 한다. 구체적으로는 민주통합당*의 18대 대통령 선거 후보(이하 '18대 대선 후보'로 표기함) 경선을 중심으로 모바일 투표에서 발생한 이슈와 문제점을 면밀하게 되짚어볼 것이다. 모바일 투표는 '모바일 기기상에서 메시지 송수신을 통해 선거 플랫폼을 탑재한 후 유권자 스스로 본인을 인증한 뒤, 후보나 정책을 선택하는 투표 방식'으로 정의할 수 있다. 그렇다면 모바일 투표가 왜 중요하고 어떤 장단점을 가지고 있는지 간략히 살펴보기로 하자.

첫째, 모바일 투표는 공공 부문 선거에서 시행하는 투표 방식 중에서도 가장 높은 기술 수준이 활용되는 방식이다. 통신, 데이터베이스화, 보안, 인증 등 다양한 기술 장치가 모바일 투표에 구현되기 때문이다. 특히 모바일 투표는 투표소를 벗어나 사적 공간에서 진행된다는 점이 매우 중요하다. 즉, 유권자에게 편의를 제공해 투표 참여를 높일 수 있는 강점이 매우 큰 반면, 투개표 과정에서 기술적인 오류나 부정이 발생할 가능성도 적지 않다. 따라서 기기 오작동, 매표, 해킹 등의 문제가 발생할 경우 선거 결과에 대한 국민들의 불신이 커지고 권력의 정당성이 무너질 수도 있다.

● 대통합민주신당으로부터 유래해서 민주통합당을 거쳐 현재 새정치민주연합으로 당명이 개정되었다. 이 글에서는 편의상 세 개의 당명을 구분하지 않고 민주통합당으로 통칭하기로 한다.

〈표 5-1〉 전 세계 공직 선거의 전자투표 방식

단계	유형	기술 시스템
현장 투표	광학스캔 투표 (optical scan)	카드를 이용해 투표용지에 검정색 잉크로 후보를 표시하면 스캔 리더기(scan reader)에서 내용을 읽어 투표기로 전송하는 시스템
	터치스크린 투표 (touch screen voting)	현금자동입출기(automatic teller machine)처럼 키패드 없이 터치스크린 기기의 해당 부분을 눌러 투표하는 시스템으로 가장 대중화된 방식
	PC 투표 (PC based voting)	컴퓨터 스크린과 키패드의 조합을 활용해 투표권 등록을 하고 투표하는 시스템
	키오스크 투표 (kiosk voting)	투표소를 벗어나 선거구 내의 편리한 장소에 고정식 또는 이동식으로 설치된 키오스크의 키패드나 터치스크린을 활용해 투표하는 시스템
원격 투표	ARS 투표 (telephone voting)	ARS 기능을 이용해 유선전화나 이동전화로 투표하는 시스템
	인터넷 투표 (internet voting)	인터넷을 이용해 선거인 등록·인증을 하고 투표하는 시스템
	디지털 TV 투표 (interactive digital TV voting)	리모컨을 이용해 양방향 디지털 TV로 투표하는 시스템
	모바일 투표 (mobile voting)	문자메시지와 투표자 인증 플랫폼을 이용해 모바일로 투표하는 시스템

자료: 장우영(2006)을 보완해 작성.

둘째, 이처럼 모바일 투표는 기술적 위험도가 매우 크기 때문에 극소수 국가만이 공직 선거에 도입하고 있다. 반면 이러한 점이 모바일 투표에 대한 필요성과 호감도를 높일 수도 있다. 현재 세계 40여 개국이 가장 초보적인 방식인 터치스크린 투표(〈표 5-1〉 참조)를 시행하고 있다. 이와 달리 정보화 강국으로 불리는 한국은 터치스크린 투표를 공직 선거에 도입하지 못하고 있다. 그러나 한국의 일부 정당들은 모바일 투표를 통해 당직·공직 후보를 선출하고 있다. 새정치민주연합의 전신인 민주통합당의 모바일 투표가 대표적인 예이다. 민주통합당은 2007년 17대 대선 후보 경선부터

2012년 18대 대선 후보 경선까지 모바일 투표를 다섯 차례 시행했다. 정당이 모바일 투표를 도입해 공직 후보를 선출한 사례는 민주통합당이 세계 최초인 것으로 파악된다.

이렇듯 한국은 공직 선거에서 초보적인 터치스크린 투표조차 도입하지 못하는 실정이다. 반면 정당의 공직 후보 선출에서는 급진적인 모바일 투표 실험이 이루어지고 있다. 이러한 양극단은 결국 한국 정치가 풀어야 할 숙제이다. 아울러 모바일 투표가 정당정치 발전에 도움이 될지도 탐문해 볼 필요가 있다. 민주통합당의 모바일 투표는 초기에 큰 관심과 호응을 불러일으켰다. 반면 근래에는 빛보다 그림자를 더 많이 만들었다는 평가가 우세하다. 이러한 여론 변화만큼이나 모바일 투표는 한국 정치가 성찰해야 할 중요한 화두이다. 이러한 배경에서 이 글은 민주통합당 사례를 통해 모바일 투표 이슈와 문제점을 진단하고 개선 방안을 발전적으로 고민해보기로 한다.

2. 공직 선거와 모바일 투표

정당은 어느 시대에서나 자신에게 닥친 위기에 적응하고 입지를 강화하려고 애써왔다. 정치적 부패와 무능, 소모적인 정쟁, 유권자의 불신 및 투표율 하락 등 정당정치의 위기는 일상화되었다. 이러한 위기를 벗어나기 위한 방책 중 하나가 정당의 문호를 개방하고 시민 참여를 촉진하는 것이다. 특히 당원들만의 공직 후보 선출 권한을 시민들에게도 나누어준 것은 획기적인 시도였다. 그리고 오늘날에는 ICT를 활용해 경선 제도와 투표 방식을 변화시키는 것이 더욱 활발해지고 있다.

국내 정당들의 공직 후보 선출 개방 또한 정치적 위기에서 비롯되었다. 김대중 정부 후반기에 나타난 집권당의 위기는 국민참여경선을 도입하도록 만든 가장 큰 원인이었다. 2001년 새천년민주당은 16대 대선 후보 경선에서 우편, 전화, 인터넷 등을 통해 국민 선거인단을 모집하고 국내 최초로 국민참여경선을 시행했다. ICT와 새로운 경선 제도의 만남은 극적인 정치 드라마를 연출했다. 당시 군소 후보에 불과했던 노무현이 자신의 팬클럽인 노사모의 선거 캠페인에 힘입어 대선 후보로 선출되는 이변을 불러일으킨 것이다. 노사모는 전체 선거인단 후보의 20%를 차지하는 40만 명을 동원하는 성과를 거둔 것으로 알려져 있다. 그리고 2007년 17대 대선 후보 선출에서 양대 정당 모두 국민참여경선을 시행하는 등 변화가 일어났다.

이러한 변화에서 두 가지 특징을 강조할 수 있다. 첫째, 대선 후보 경선의 개방과 더불어 ICT가 시민들의 대규모 참여를 촉진하는 데 크게 기여했다는 것이다. 2001년 새천년민주당 대선 후보 경선에서 인터넷은 선거인단 모집의 핵심 도구로 활용되었다. 나아가 노사모를 중심으로 인터넷상의 다양한 커뮤니티와 언론 매체들이 온라인 선거운동을 주도했다. 그리고 2007년 대선 후보 경선에서 양당 모두 터치스크린 투표를 도입했다. 이후 양당의 전당대회장 투표 방식은 중앙선거관리위원회가 위탁·관리하는 터치스크린 투표로 대체되었다. 또한 온라인 선거운동도 웹사이트 단계를 넘어 UCC, 블로그, 소셜 네트워크 등 1인 미디어 단계로 발전했다.

둘째, 대선 후보 경선 방식과 ICT의 활용에서 진보정당이 보수정당보다 훨씬 급진적이었다는 것이다. 새천년민주당은 16대 대선 후보 경선에서 국민 선거인단 비율을 50%로 구성한 반개방형 경선을 도입했다. 이어서 대통합민주신당은 17대 대선 후보 경선에서 선거인단 구성 비율을 제한하지 않고 전체 참가자를 수용한 완전 개방형 경선을 도입했다. 반면 한나라당은 17대 대선 후보 경선에서 국민 선거인단 비율을 30%로 제한하는 소극적인 반개방형 경선을 도입했다. 나아가 대통합민주신당은 세계 정당사상 최초로 대선 후보 선출에 모바일 투표를 도입했다. 그 결과 한나라당 선거인단 규모의 약 아홉 배에 달하는 160만 명이 대선 후보 경선에 참가하는 대흥행을 누릴 수 있었다. 이는 지지율에서 열세였던 진보정당이 유권자 참여를 극대화해서 집권하려는 전략의 일환이었다. 이후 민주통합당은 당직·공직 선거에서 모바일 투표를 반복적으로 시행했다.

그러나 한국의 공직 선거는 세계적 동향에 역행하는 흐름을 보였다. 한국은 세계 최상위의 기술력을 보유한 전자투표와 전자정부 수출국이다. 전자투표의 경우 디브이에스(DVS), 삼보컴퓨터, 슈프리마 등 유망 기업들이 전자 투개표 단말기와 솔루션을 수출하고 있다. 국제연합(UN)과 국제전기통신연합(ITU) 평가에서 세계 1위를 차지한 전자정부 시스템은 2002~2012년 34개국을 상대로 8억 7498만 달러의 수출 실적을 올렸다. 이러한 기술력을 바탕으로 정당의 각종 경선 및 조합과 학생회 등 다양한 영역에서 터치스크린 투표가 확산되어왔다. 그럼에도 정작 공직 선거에서는 전자투표를 도입하는 데 실패했다. 여기에는 여러 이유가 있겠으나 무엇보다 정당의 이해득실을 따지는 것과 불신의 정치 문화가 가장 큰 원인으로 꼽힌다.

따라서 터치스크린 투표가 공직 선거에 도입되지 못한 상황에서 민주통합당이 시행해온 모바일 투표는 상대적으로 급진적인 실험이라 할 수 있다. 〈표 5-1〉에 정리되어 있듯이 터치스크린 투표에 비해 모바일 투표의 기술적 위험성과 오류 가능성이 더 크다. 터치스크린 투표는 현장 투표(poll site voting) 방식인 반면 모바일 투표는 원격 투표(remote voting) 방식이다. 따라서 개인의 투표 행위가 전혀 통제받지 않기 때문에 선거 부정 가능성 또한 매우 크다. 이런 탓에 세계 각국의 전자투표 방식은 터치스크린 투표를 중심으로 한 현장 투표 방식이 주종을 이루고 있다. 덧붙이면 모바일 투표는 2002~2003년 영국 지방선거와 2005년 스위스 지방선거 및 2007년 에스토니아 총선에서 제한적으로 시행된 것으로 보고되고 있다.

전자투표를 성공적으로 시행하기 위해서는 다음의 세 가지 조건이 모두 충족되어야 한다. 첫째, 제도의 측면에서 헌법과 선거법을 통해 전자투표의 필요성과 방식을 규정해야 한다. 그리고 정부의 선거 현대화 정책, 정당의 공직 후보 선출 규칙, 선거 관리 기구의 선거 관리가 조화롭게 운영되어야 한다. 둘째, 기술의 측면에서 어떠한 기술도 완전무결하지 않다는 점을 인정해야 한다. 따라서 기본적으로 보다 안전한 전자투표 방식이 선호되기 마련이지만 사회적 역량에 따라 기술 위험성이 높은 전자투표 방식을 시행할 수도 있다. 셋째, 정치 문화는 제도와 기술의 불완전성을 보완해서 사회 통합을 유지하는 데 필수적이다. 즉, 어느 정도 전자투표 오류 가능성에 대해 사회적으로 관용하는 문화가 필요하다는 것이다. 이런 시각에서 민주통합당의 모바일 투표가 제도, 기술, 정치 문화의 측면에서 어떤 빛과 그림자를 드러냈는지 평가해볼 수 있을 것이다.

3. 정당 개방과 모바일 투표

　정당의 대선 후보 선출에 모바일 투표를 제도화한 전 세계적인 사례로 민주통합당이 유일하다. 민주통합당 입장에서는 모바일 투표가 유권자의 지지를 결집해 당직·공직 후보를 선출하는 새로운 정치 실험의 견인차라 할 수 있다. 민주통합당은 2007년 17대 대선 후보 경선을 시작으로 2012년 1·15 전당대회, 19대 총선 후보 경선, 6·9 전당대회, 18대 대선 후보 경선에 이르기까지 모바일 투표를 적극적으로 시행해왔다. 특히 17, 18대 대선 후보 경선은 세계 최초의 모바일 투표를 통한 대선 후보 선출로 기록된다. 또한 민주통합당은 2013년 7월 모바일 기반의 전당원 투표제를 도입해 기초 지방선거 정당 공천제를 폐지하는 당론을 채택하기도 했다. 이러한 수년간의 모바일 투표 실험은 한국 선거 정치사에 흥미로운 한 획을 그었다.

　그러나 한편으로 모바일 투표는 기술적 오류와 불안전한 선거 관리의 문제점을 지속적으로 노출하기도 했다. 19대 총선에서는 광주 동구을° 선거구 사태 등으로 모바일 투표가 선거 부정의 도구로 인식되기 시작했다. 더욱이 19대 총선에서는 대규모의 온라인 선거 부정이 발생했던 통합진보당의 부정적 이미지가 민주통합당에도 덧씌워져 모바일 투표가 진보정당 부패의 온상으로 낙인찍히게 되었다. 나아가 민주통합당 18대 대선 후보

● 19대 총선에서 당내 예비 후보 경선이 치열했던 광주 동구을, 서구갑, 북구을, 광산구갑 선거구에서 선거인단 명부 누락 의혹이 제기되었고 전남 고흥·보성, 나주·화순 선거구에서는 선거인단 불법 동원 의혹이 제기되었다. 이 선거구들에서 고소·고발 사태가 잇달았으며 광주 동구을의 경우 선거인단 모집 관계자가 자살하는 사건이 발생하기도 했다.

〈표 5-2〉 민주통합당의 대선 후보 경선 일반 선거인단의 지역별 규모

지역	일반 선거인단(명)	모바일 투표자 비중(%)	지역	일반 선거인단(명)	모바일 투표자 비중(%)
서울	140,835	92.6	인천	37,494	63.1
경기	139,963	93.2	대전	29,606	92.7
전북	101,346	98.1	충남	24,075	92.4
광주	81,059	89.5	울산	20,543	94.1
전남	68,681	84.5	대구	20,274	94.2
경남	51,803	91.4	경북	16,480	93.5
부산	51,362	92.6	강원	7,942	93.1
제주	40,106	92.5	세종	688	91.7
충북	39,440	93.9	총계: 879,790(91.2%)		

경선 과정에서 모바일 경선 규칙을 둘러싼 후보 간 갈등과 선거 관리 불공정성 시비로 국민적 불신이 가중되었다.

민주통합당이 모바일 투표를 도입한 목표는 다음의 네 가지로 요약된다. 첫째, 완전 개방형 경선을 통해 국민 참여를 극대화하는 것이다. 둘째, 기존에 발생했던 모바일 투표 불안정성을 기술적으로 보완하는 것이다. 셋째, 투표 편의성을 높여 젊은 층 중심의 참여민주주의를 확대하는 것이다. 넷째, 성공적인 경선을 통해 정권 교체를 이루는 것이다.

그렇다면 이를 위해 민주통합당이 어떤 경선 규칙으로 모바일 투표를 진행했는지 살펴보기로 한다. 민주통합당은 완전 개방형 국민참여경선에서 투표소 투표와 함께 모바일 투표, 부분적으로는 인터넷 투표를 시행했다. 18대 대선 후보 경선에서 민주통합당의 선거인단은 〈표 5-2〉와 같은 규모로 구성되었는데 그 특징은 다음과 같다. 첫째, 전체 선거인단 중 국민 비율이 88.3%를 차지해 당원의 의사가 매우 미약하게 반영되었다. 과거에도 국민 선거인단 비중이 훨씬 큰 경우가 있었지만 그러한 경우에는

당원 득표 반영률을 큰 폭으로 상향해 적용하곤 했다. 둘째, 당원과 국민 선거인단은 투표소 투표와 모바일 투표 중에서 선택할 수 있었다. 그 결과 전체 유효 투표 중 95.4%가 모바일을 통한 것이었다. 이는 사실상 모바일 투표에 의해 대선 후보가 결정된다는 것을 의미했다.

이렇듯 모바일 투표는 완전 개방형 국민참여경선의 견인차였다. 17대 대선 후보 경선에서도 민주통합당은 모바일 투표를 시행했으나 모바일 선거인단 규모가 전체 190만여 명 중 약 24만 명에 불과해 18대 대선 후보 경선과 현격한 차이가 있었다. 특히 민주통합당은 17대 대선과 19대 총선에서 잇달아 패배했기 때문에 19대 대선에서 모바일 투표에 당의 운명이 달려 있었다. 그러나 모바일 투표가 민주통합당의 목표를 충족시켜줄 것인지는 의문의 여지가 컸다. 왜냐하면 모바일 투표가 그러한 반전을 일으키기 위해서는 합리적인 경선 제도, 모바일 기술, 정치 문화가 뒷받침되어야 했기 때문이다.

이어서 민주통합당 모바일 투표의 시행 절차와 방식을 살펴보기로 한다. 모바일 투표는 크게 선거인단 신청과 데이터베이스화(1단계) 및 모바일 투개표(2단계)의 과정으로 진행되었다. 먼저 〈그림 5-1〉처럼 1단계의 선거인단 신청은 2013년 8월 8일부터 9월 4일까지 이루어졌다. 모바일 투표 신청은 콜센터나 인터넷을 통해 인증 번호를 받은 뒤 선거인단에 등록하는 방식으로 진행되었다. 콜센터 접수는 신청자의 휴대전화로 콜센터 (1688-2000)에 전화를 걸어 인증 번호를 받은 뒤 선거인단에 등록하는 방식이다. 그리고 인터넷 접수는 민주통합당 홈페이지나 선거인단 신청 사이트에 접속한 뒤 공인 인증 절차를 거쳐 등록하는 방식이다. 그 밖에 중앙당이나 시·도당을 방문해 서류를 접수한 경우는 투표소 투표를 신청한 것

〈그림 5-1〉 대선 후보 경선 선거인단 신청 절차

선거인단 신청 방법(기간: 2013년 8월 8일~9월 4일)

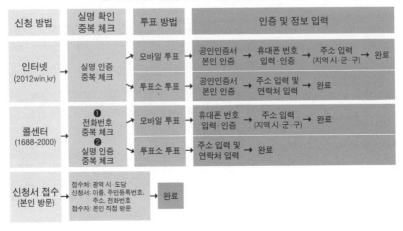

자료: 민주통합당 선거인단 모집 사이트(www.2012win.kr).

으로 간주되었다. 이상의 절차를 거쳐 등록된 신청자는 선거인단으로 데이터베이스화되었다.

다음으로 모바일 투표는 〈그림 5-2〉의 절차로 진행되었다. 즉, 투표 안내 메시지가 발신되면 수신자가 주민등록번호를 통한 본인 인증과 함께 ARS로 투표한 뒤 그 결과를 확인하는 방식이다. 투표 안내 메시지는 5회까지 발신되었으며 이 횟수 안에 수신하지 못하면 무효표로 간주되었다. 모바일 투표는 기술적으로 3G 스마트폰급 이상에서만 작동했는데 기기나 지리적 문제 등의 통신 장애로 투표가 이루어지지 않을 가능성이 적지 않았다. 선거인단의 투표 결과 값은 투개표 관리업체 시스템에 고유치로 저장·집계되었다.

대선 후보 경선 결과 전체 선거인단의 56.7%인 61만여 명이 투표에 참가했다. 투표 방식별 투표율은 〈표 5-3〉처럼 모바일 투표(64.5%)가 투표소

<그림 5-2> 대선 후보 경선 모바일 투표 진행 절차

민주통합당의 모바일 문자메시지 투표 프로세스(일반 휴대폰)

1단계	2단계	3단계	4단계
투표 문자메시지 (투표 URL 주소) 수신	WAP 접속 본인 확인	후보 확인 및 투표	투표 확인

자료: 민주통합당 선거인단 모집 사이트(www.2012win.kr).

<표 5-3> 대선 후보 경선 선거인단 투표 방식별 투표 참가 현황

구분	선거인단 수(명)	유효 투표수(건)	투표율(%)
모바일 투표	908,655	586,008	64.5
투표소 투표	174,924	28,249	16.2
	(14,697)	(7,661)	(52.1)
인터넷 투표	437	220	50.3
총계	1,084,016	614,447	56.7

투표(16.2%)에 비해 네 배 가까이 높았다. 그리고 유효 투표수 또한 모바일 투표가 투표소 투표에 비해 20배 이상 많은 것으로 나타났다. 이는 투표 편의성이 신장되면 투표율이 높아질 수 있다는 기대를 충족시키는 결과이다. 득표 집계 결과 각 후보들의 득표율은 모바일 투표 득표율과 근사하게 나타났다. 즉, 투표소 투표 비중이 매우 낮아 순회 경선을 통한 후보 간 경쟁에 거의 영향을 미치지 못했다고 할 수 있다. 문재인 후보의 경우 당원

<표 5-4> 2012년 민주통합당 모바일 투표 시행 경선 규칙 비교

선거인단	1·15 전당대회		6·9 전당대회		대선 후보 경선	
	국민, 권리당원	대의원	국민, 권리당원	대의원	국민, 권리당원	대의원
투표 방식	모바일 투표 투표소 투표	투표소 투표	모바일 투표 투표소 투표	투표소 투표 인터넷 투표 (재외국민)	모바일 투표 투표소 투표	투표소 투표 인터넷 투표 (재외국민)
투표 반영률	70%	30%	70%	30%	100%	100%
투표 가중치	연령별 시· 도별 인구 비례에 따른 가중치 적용	없음	연령별 시· 도별 인구 비례에 따른 가중치 적용	없음	없음	없음

대상으로는 과반수 득표에 실패한 것으로 예단되었으나 국민 선거인단이 절대다수인 모바일 투표에 힘입어 손쉽게 승리를 거두었다. 그런데 만약 기존과 같이 당원 가중치를 높이는 경선 규칙(〈표 5-4〉 참조)을 적용했다면 2위인 손학규 후보와 결선투표에 돌입했을 가능성도 전혀 배제할 수 없다. 즉, 완전 개방형 국민 경선과 모바일 투표의 만남은 상대적으로 문재인 후보에게 더 많은 수혜를 안겨주었다.

4. 모바일 투표 이슈와 평가

1) 제도

헌법과 공직선거법은 한국의 공직 후보 선출 방식을 규정한 제도이다. 현행 헌법 41조·67조와 공직선거법 146조는 선거의 4대 원칙인 보통·평등·직접·비밀선거를 공직 후보 선출에서 지켜야 할 투표 방식으로 규정하고 있다. 그런데 모바일 투표는 원천적으로 직접·비밀투표를 위배할 가능성을 내포하고 있다. 모바일 투표는 선거 관리 기구의 감독에서 벗어나 개인의 사적 공간에서 이루어진다. 따라서 의도적 부정행위 또는 기술적 오류에 의한 직접·비밀투표 원칙의 침해 소지가 적지 않다. 구체적으로 선거부정의 경우 매표 및 대리 접수와 대리투표 등 부적격 투표의 가능성이 대두된다. 그리고 기술적 오류의 경우 서비스 거부 공격(DDOS)을 비롯해 해킹, 서버 데이터 조작, 시스템 관리상의 정보 누출, 취약한 이용자 리터러시(literacy)에 의한 사표 발생과 검표 불가능성이 우려된다.

첫째, 실제로 민주통합당 18대 대선 후보 경선 과정에서 이와 관련한 실체적이거나 잠재적인 문제 사례들이 잦은 논란을 불러일으켰다. 그리고 민주통합당 선거관리위원회의 평가 또한 "아무리 보완 장치를 마련한다 해도 선거 4대 원칙에 위배되는 행위를 차단하기는 어렵다"고 인정했다. 또한 민주통합당으로부터 선거 관리 사무를 위탁받은 바 있는 중앙선거관리위원회도 "모바일 투표가 선거의 4대 원칙에 부합하는지 여부가 결론이 나지 않은 상태에서 중앙선거관리위원회가 적용할 법령이나 근거가 전혀 없으므로 사무 위탁을 할 수 없다"고 회신한 바 있다.

반면 세계 각국에서 다양한 투표 방식이 공직 선거에 도입됨으로써 선거의 4대 원칙이 점차 완화되고 있는 것이 현실이다. 가령 대리투표나 원격 투표를 시행하는 국가들은 직접·비밀투표 원칙에 대한 융통성을 가지고 있다. 이러한 면에서 정당이 개별적으로 시행하는 모바일 투표의 위헌성은 문제되지 않는다는 반론이 가능하다. 그렇지만 이 경우 전제 요건들이 선거제도상에 충족되어야 한다. 첫째, 모바일 투표 오류가 선거 결과에 영향을 미치지 않을 정도의 안정적인 기술 시스템이 구축되어야 한다. 둘째, 모바일 투표 부정과 오류에 대한 관리 체계 및 그에 따른 적절한 책임이 제도화되어야 한다. 셋째, 모바일 투표 결과에 승복하는 정치 문화가 정착되어야 한다.

민주통합당의 모바일 투표와 관련해서 2007년 10월 11일 전국의 헌법학 교수 52명에 대한 ≪국민일보≫의 의견 조사는 주목할 만하다. 의견 조사 결과 명백한 위헌이라고 답한 사람이 9명(17.3%), 경선 과정상의 부작용 등에 따른 조건부 위헌이라고 답한 사람이 16명(30.8%), 자율성을 가진 정당의 고유 활동이므로 합헌이라고 답한 사람이 24명(46.2%), 입장 유보를 택한 사람이 3명(5.8%)으로 나타났다. 즉, 위헌론 측에서는 모바일 투표를 정당의 대선 후보 선출을 위한 공직 선거의 일환으로, 그리고 합헌론 측에서는 이를 정당 활동 업무로 인식했다. 이러한 법리적인 이견에도 불구하고 대선 후보 경선이 '국가의 최고 리더십을 쟁취하기 위한 공직 후보 선출'이라는 본질은 명확하게 유념되어야 한다. 즉, 공직 후보 선출의 정당성을 확보하기 위해 민주주의 선거의 4대 원칙이 최대한 지켜져야 한다. 그러나 민주통합당 대선 후보 경선의 모바일 투표가 이러한 원칙에 충분하게 부합한 것은 아니었다.

둘째, 모바일 투표 선거인단 대표성과 정체성이 취약해 정당정치를 제약하는 결과를 초래했다. 세계적으로 개방형 예비경선(open primary)은 지지자들에게 정당의 문호를 열어줌으로써 정당정치를 개혁하려는 취지에서 확대되었다. 따라서 선거인단의 대표성과 정체성은 민주적인 후보 경선의 시발점이다. 그러나 민주통합당의 대선 후보 경선 규칙은 선거인단 구성 분포와 득표 배분을 보정하지 않아 대표성이 훼손되었다. 우선 전체

<표 5-5> 대선 후보 경선 국민 선거인단의 지역별 규모

지역	국민 선거인단 수(명)	모바일 투표자 비중(%)	지역	국민 선거인단 수(명)	모바일 투표자 비중(%)
서울	140,835	92.6	인천	37,494	63.1
경기	139,963	93.2	대전	29,606	92.7
전북	101,346	98.1	충남	24,075	92.4
광주	81,059	89.5	울산	20,543	94.1
전남	68,681	84.5	대구	20,274	94.2
경남	51,803	91.4	경북	16,480	93.5
부산	51,362	92.6	강원	7,942	93.1
제주	40,106	92.5	세종	688	91.7
충북	39,440	93.9	총계: 879,790(91.2%)		

선거인단 비중이 당원 11.7%, 국민 88.3%로 구성됨으로써 당원의 표심이 무색하게 되었다.

그리고 인구통계학적 분포를 고려하지 않고 국민 선거인단의 득표 반영률을 100%로 정함으로써 특정 집단과 연령대의 표심이 왜곡되었다. 가령 호남 선거인단 규모가 수도권 선거인단에 육박할 정도로 과대 대표된 것은 모바일이 특정 지역의 지지를 과대 수용하는 장치로 활용되었음을 나타낸다. 아울러 세대별 성별로 어떤 유권자들이 모바일 투표에 참가했는지를 확인하기가 어렵다. 따라서 20~30대 젊은 층을 중심으로 참여민주주의를 촉진했다는 민주통합당의 주장은 사실상 추정에 불과하다.

이와 함께 국민 선거인단의 정체성이 밝혀지지 않았기 때문에 정치적 역선택이 나타났다는 주장도 제기되었다. 국민참여경선은 기본적으로 지지층을 대상으로 한 경쟁 방식이기 때문에 선거인단이 지지자들로 구성되었는지 사전에 확인해봐야 한다. 그 예로 2011년 프랑스 사회당·좌익급진당 연합의 완전 개방형 국민참여경선을 들 수 있다. 이 경선에서 양당 당원과 유권자 등 300만 명의 선거인단이 좌파의 가치를 공유한다는 서약과 함께 1유로 이상의 분담금을 내고 경선에 참가해 세계적으로 주목을 끈 바 있다. 이는 국민참여경선이 지향해야 할 하나의 모델이며 이렇게 선거인단이 지지자들로 구성되어야 정치적 역선택을 미연에 방지할 수 있다.

셋째, 민주통합당은 선거 관리 역량이 취약해 모바일 투표 갈등을 예방하는 데 실패했다. 즉, 문제 상황에 대한 사전 예측과 대책 결여, 외부 선거관리업체에 대한 감독 미비, 선거관리위원회의 책임성 부족 등 여러 문제점이 드러났다. 덧붙이면 모바일이라는 수단을 목표로 여기고 흥행 몰이에 치중한 민주통합당의 관행이 더욱 본질적인 문제였다. 만약 중앙선거관리위원회가 관리하는 공직 선거에서 이러한 문제 사례들이 발생했다면 회복하기 어려운 사회 혼란이 야기되었을 것이 자명하다. 결국 경선 초기부터 불거진 선거 관리 공정성 논란과 더불어 후보 간의 갈등 봉합이 미봉에 그쳐, 민주통합당은 경선 이후 단합된 선거운동을 펼치지 못하고 대선에서 패배했다.

2) 기술

다음으로 모바일 투표의 기술적 측면 문제를 고찰할 것이다. 모바일 투표는 크게 선거인단 모집·데이터베이스화 및 모바일 투개표의 양 단계로 진행된다. 그런데 민주통합당의 모바일 투표는 양 단계 모두에서 문제가 발생해 경선이 중단되는 상황에 이르기도 했다. 그 결과 국민들은 물론 지지층 내부에서도 모바일 투표에 대한 부정적 인식이 확산되었고 대선 이후에는 심각한 계파 갈등을 겪었다. 〈표 5-6〉은 모바일 투표 과정에서 불

〈표 5-6〉 기술적 측면의 모바일 투표 문제 사례

현실화된 논란	선거인단 모집·데이터베이스화 단계 • 선거인단 모집 시스템 오작동 • 선거인단 명부 열람 의혹
	모바일 투개표 단계 • 투표 안내 프로그램에 따른 사표 발생 • 투표 안내 전화 미수신 • 투표자 인증 오류
잠재적 논란	• 투개표 시스템 불안전성 • 부정 투개표 가능성 • 모바일 이용 격차(mobile divide)

거진 문제 사례의 개요를 정리한 것으로 현실화된 문제와 잠재적 문제로 구분할 수 있다.

우선 선거인단 모집 및 데이터베이스화 단계에서의 문제 사례를 살펴보면 다음과 같다. 첫째, 선거인단 모집 단계에서 신청 시스템이 오작동했다. 선거인단 신청 시스템이 오류를 일으켜 모바일 투표를 신청한 450여 명이 현장 투표 신청자로 등록되는 사태가 발생한 것이다. 민주통합당은 대리투표 행위를 차단하기 위해 인터넷 공인인증서로 선거인단 신청을 받았는데 모바일 투표 신청자들이 현장 투표 신청자로 등록된 것이었다. 이는 콜센터 DB 시스템과 선거인단 모집 DB 시스템 간의 통신 오류에서 기인한 것으로, 이후 선거관리위원회가 모바일 투표 신청자에게 직접 신청을 받는 방식으로 문제를 해결했다. 이 문제는 의도하지 않은 기술적 오류로 발생했으며 경선 초기부터 신청 시스템의 불안정성을 드러냈다.

둘째, 선거인단 모집 업체가 모바일 투표 신청자 개인 정보를 저장하면서 암호화 조치를 하지 않았고 명부를 관리하는 과정에서도 적절한 정보 보호 조치를 하지 않아 문제가 발생했다. 이와 함께 업체 관계자가 선거인단 명부를 수시로 열어보았다는 의혹도 제기되었다. 이로 인해 선거인단 명부가 특정 후보에게 유리하게 활용되었을 가능성이 논란을 불러일으켰다. 이에 대해 선거관리위원회는 DB 관리를 위해 초기부터 개인 정보를 암호화할 수 없었으며 선거인단 신청자의 이의 제기에 대응하기 위해 선거인단 명부 확인이 불가피했다고 주장했다. 그럼에도 업체의 로그 내역을 파악할 수 있는 접속 관리 대장이 존재하지 않았고 선거관리위원회의 관리 매뉴얼과 체계적인 감독이 결여되어 논란을 불식시키기가 어려웠다.

다음으로 모바일 투개표 단계에서의 문제 사례를 살펴보면 아래와 같다. 첫째, 미비한 투표 안내 프로그램으로 인해 무효표가 발생했다. 투표 과정에서 투표자가 음성 안내를 끝까지 듣지 않고 후보를 선택한 뒤 전화를 끊게 되면 무효 처리가 되었다. 이 때문에 마지막 순번(4번)이었던 문재인 후보는 더 많은 이득을 누릴 수 있었던 반면, 손학규·김두관·정세균 후보에게는 이러한 점이 불리하게 작용했다. 투표 프로그램상 기호 1~3번 후보 안내만을 청취하고 투표하면 기권 처리되었기 때문이다. 이 문제는 기술적인 오류라기보다 투표자의 통신 방식을 간과한 프로그램 설계상의 문제였다. 그럼에도 경선 규칙 제정 과정에서 투표 안내 프로그램 효과를 면밀히 점검하지 않아 후보 간 분란이 발생했다.

둘째, 투표 안내 전화 미수신으로 투표권이 박탈되는 사태가 있었다. 경선 규칙은 모바일 투표 신청자에게 5회의 전화 통화를 시도하도록 되어 있었다. 그러나 제주·울산 경선에서 3653명이 5회의 전화를 수신하지 못했다는 주장이 제기되었다. 이에 대해 선거관리위원회는 선거인단 모두에게 다섯 번 전화를 걸었지만 통신 장애나 수신자 문제(꺼짐, 수신 불가능, 거절 등)로 인해 투표가 성립되지 못했다고 반론했다. 그러나 손학규·김두관 후보 측은 모바일 투표 진행 도중 통화가 끊기거나 통신사 기록에서 실종된 선거인단이 투표권을 박탈당했다고 맞섰다. 조사 결과 이는 짧은 신호음에 의한 미수신과 통화 끊김(통신 장애) 및 통신기기 오작동으로 인한 것이었다는 사실이 밝혀졌다. 이러한 문제는 모바일 투표가 지불해야 하는 불가피한 대가라 할 수 있다. 그럼에도 모바일 투표가 성립되지 못한 경우의 투표권이 보장되지 않은 것은 심각한 결함이었다.

셋째, 투표 인증 오류로 인해 무효표가 발생했다. 본인 인증 단계에서 주민등록번호 뒷자리 입력 절차가 생성되지 않았던 것이 주원인이었으며, 이 때문에 일시적으로 400여 표의 무효표가 발생했다. 이는 원천적인 기술 오류가 아니라 투개표 관리업체의 실수에 기인한 것이었다. 이 논란은 추후 기술적 보완 조치를 통해 재투표 기회를 부여함으로써 대부분 해소되었다. 그러나 이 과정에서 투표 포기자가 발생했으며 다른 형태의 투표 인증 오류가 발생했을 수도 있어 논란이 지속되었다.

마지막으로 실제로 문제가 불거지거나 확인되지 않는 잠재적 논란들이 끊이지 않았다. 우선 투개표 시스템에 대한 외부 공격으로부터의 방어 체제나 백업 시스템의 보완 능력에 대한 의문이 제기되었다. 이와 관련해 이미 중앙선거관리위원회와 정당 웹사이트에 대한 디도스 공격, 해킹이 수차례 감행된 바 있어 경선 기간 내내 우려가 멈추지 않았다. 이어서 선거인단 대리 접수나 대리투표 및 선거 결과 조작(관리자가 은폐된 접속 루트를 통해서 DB를 수정하는 방식 등) 가능성도 제기되었다. 이러한 부정행위 또한 확인된 바는 없으나 후보 간의 반목이 격해지면서 그럴듯한 의혹으로 확산되었다. 또한 모바일 이용 격차(mobile divide) 문제도 제기되었다. 앞에서 모바일 투표 과정에서의 본인 인증이나 수신 실패 사례를 언급한 바 있다. 사실 이러한 오류의 원인은 모바일 기기, 통신 환경, 관리업체 등 다양한 측면에 걸쳐져 있다. 그런데 특히 개인 차원에서 통신기기 활용 능력이 뒤처진 노장년층의 투표 실패가 많았다는 점은 개선되어야 한다.

지금까지의 내용들을 정리해보면 민주통합당의 모바일 투표에서 얻을 수 있는 기술적 측면의 교훈은 다음과 같이 요약할 수 있다. 첫째, 대개의 문제들이 사전에 예방할 수 있는 범주 안에서 발생했다는 것이다. 가령 선거인단 모집 시스템 오작동, 선거인단 명부 열람 의혹, 투표 안내 프로그램의 비형평성, 투표 인증 오류 등은 어쩔 수 없이 발생한 문제라기보다 충분히 사람의 능력으로 대응할 수 있었던 문제들이다. 즉, 이 문제들은 원천적으로 기술상의 오류라기보다 대개 허술한 선거 관리 능력 때문에 발생했다. 따라서 이를 보완한다면 모바일 투표를 보다 안정적으로 시행할 수 있는 여지가 있다.

둘째, 그럼에도 원천적으로 예방할 수 없는 기술적인 문제들이 상존한다. 가령 불안정한 모바일 통신 환경이나 모바일 이용 격차는 단기간에 해소되기 어려운 문제이다. 더욱 심각하게는 외부 침입에 의한 투개표 시스템 불능, 선거인단 정보 유출, 대리 신청과 매표, 투개표 조작 등도 언제든지 발생할 수 있는 문제들이다. 따라서 기술적 위협을 최소화하면서 최대의 정치적 실익을 산출하는 최적의 모바일 투표는 항구적인 딜레마로 남을 수밖에 없다.

3) 정치 문화

민주통합당의 모바일 투표는 제도적·기술적으로 여러 문제를 안고 있지만 당내 기율이나 건강한 정치 문화를 통해 극복할 수 있는 소지도 매우 컸다. 그러나 19대 총선의 패배 후 열린 6·9 전당대회에서 비주류파가 당권을 장악하지 못하자 모바일 투표 회의론이 들끓기 시작했다. 당대표 선출에서 비주류파인 김한길 후보가 대의원 득표에서 앞섰으나, 모바일 득표 및 반영률 적용에서 역전당해 주류파인 이해찬 후보에게 불과 0.4% 차이로 석패한 것이다. 이를 계기로 모바일 투표를 둘러싸고 소위 '국민 중심론(주류)' 대 '당원 중심론(비주류)'이라는 계파 대립이 수면 위로 드러나기 시작했다.

민주통합당의 모바일 투표는 이와 같은 배경 속에서 대선 후보 경선에 도입되었다. 그렇다면 모바일 투표를 둘러싸고 각 후보들은 어떤 행태를 보였을까? 첫째, 경쟁 구도는 선출이 유력한 문재인 후보 대 열세인 비문[비(非)문재인] 후보들(손학규·김두관·정세균) 간의 대결 양상을 띠었다. 양 진영 간의 대립은 경선 규칙 형성에서부터 시작되었다. 문 후보는 모바일 투표를 앞세운 완전 개방형 국민참여경선을, 비문 후보들은 모바일 투표 축소 또는 폐지를 주장했다. 이렇듯 경기에 임박해서 선수들이 자신의 이익에 따라 규칙을 거래하는 행위는 후진적인 정치 관행으로 비추어졌다.

둘째, 후보별로 사활적인 조직 동원이 횡행했다. 모바일 선거인단이 91.2%에 달해 모바일 투표는 사실상 당락을 결정짓는 요인이 되었기 때문이다. 게다가 새누리당 지지자들도 선거인단에 유입되어 정치적 역선택이 허용되는 문제가 발생하기도 했다. 이는 완전 개방형 경선의 성격상 불가피한 측면이 있었으나 지지층에 대한 확인 없이 무작위로 선거인단 모집 경쟁을 펼침으로써 정당정치가 왜곡되는 맹점이 드러났다.

셋째, 기술적 오류들이 불거지면서 경선이 파행되는 사태가 발생했다.

첫 경선지였던 제주 순회 경선에서부터 모바일 투표 집계 오류 등 여러 문제가 돌출되었다. 그러자 비문 후보들은 경선을 거부하고 재투표를 요구했다. 이러한 파국은 가까스로 막았지만 연이어 선거인단 관리업체 선정 및 선거관리위원회의 문재인 후보 지원에 대한 의혹이 제기되었다. 그 결과 모바일 투표는 사실상 경선을 망치는 결과를 낳았다. 그리고 경선 이후에도 갈등이 치유되지 않아 선거운동에도 폐해를 입혔다. 이러한 갈등은 관용과 승복이 결여된 민주통합당의 정치 문화를 고스란히 드러내며 모바일 투표 회의론을 가중시켰다.

결과적으로 모바일 투표 갈등은 일반 국민은 물론 지지층의 민심조차 심각하게 이반시켰다. 특히 안철수 후보가 등장한 시점에서 모바일 투표 갈등이 표출됨으로써 무당파와 소극적 지지층이 이탈하는 일이 적지 않았다. 즉, 모바일 투표는 지지층의 외연을 확대하기보다 분열을 촉진했다. 소셜 미디어 트래픽 분석 기관인 소셜 메트릭스(Social Metrics)의 분석 결과는 당시의 여론을 보여준다. 모바일 투표에 대해 2012년 8월 8일부터 9월 20일까지 총 13만 9451건의 트위터·블로그 메시지가 발생한 것으로 집계되었다. 이 중 3만 5755건을 추출해 내용을 분석한 결과 부정적 메시지가 82.25%로 압도적으로 많은 분포를 보였다. 즉, 진보의 바다라고 할 수 있는 소셜 네트워크 공간에서조차 모바일 투표 갈등에 지지층 여론이 크게 악화되었던 것이다. 특히 모바일 투개표 오류, 경선 중단, 경선 관리 의혹 등 파행 국면에서 부정적인 메시지가 급상승했다.

아울러 대선 후보 경선 당시의 언론 보도 또한 모바일 투표 갈등에 대해 매우 비판적인 것으로 나타났다. 한국언론진흥재단의 기사 검색 서비스인 카인즈(KINDS)와 포털 사이트 네이버 등을 통해 취합한 신문 기사를 분석

〈그림 5-3〉 대선 후보 경선 모바일 투표에 대한 소셜 네트워크 여론 동향

전체 탐색량

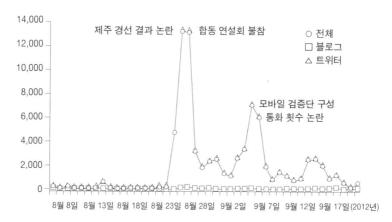

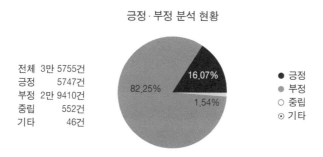

긍정·부정 분석 현황

자료: 소셜 메트릭스(www.socialmetrics.co.kr).

〈표 5-7〉 대선 후보 경선 모바일 투표에 대한 신문 보도 분석

(단위: 건)

유형	건수	이슈에 따른 입장		
		옹호	비판	단순 사실 보도
기사	72	1	40	31
사설·칼럼	26	2	21	3
기타	0	0	0	0
합계	98	3(3.1%)	61(62.2%)	34(34.7%)

해 〈표 5-7〉에 정리된 결과를 얻었다. 2012년 8월 1일~9월 30일의 신문 보도 98건 중 모바일 투표를 옹호하는 보도물은 3건에 불과한 반면, 61건의 보도들은 부정적인 입장을 보였다. 특히 세 진보 매체(≪경향신문≫, ≪오마이뉴스≫, ≪한겨레신문≫)의 보도조차 1건만 모바일 투표에 우호적이었으며 21건이 부정적이었다. 이는 소셜 네트워크 공간의 지지층 여론과 같은 맥락을 보여주는 결과로서 이를 통해 국민 여론도 크게 악화되었음을 알 수 있다.

그렇다면 당내 여론은 어떻게 나타났을까? 민주통합당 대선평가위원회가 2013년 2월 한국리서치에 의뢰해 당내 주요 인사들을 대상으로 실시한 설문 조사 결과도 앞선 결과들과 일맥상통했다. 구체적으로 살펴보면 응답자 602명 중 모바일 투표의 부작용이 커서 차기 전당대회에서 이를 사용해서는 안 된다는 의견이 53.5%, 모바일 투표의 부작용을 개선하는 개선책이 필요하다는 의견이 74.7%로 나타났다. 모바일 투표의 부작용과 이에 따른 개선을 요청하는 당내 여론이 확인된 것이다. 결국 민주통합당은 2013년 5·4 전당대회에서 국민 대상 모바일 투표를 폐지한 데 이어, 같은 해 8월 당혁신위원회가 모바일 경선을 완전히 폐지하는 안을 제출하는 제도 철회 국면에 이르렀다.

5. 모바일 투표와 정당정치의 바람직한 만남

민주통합당의 모바일 투표를 통한 당직·공직 후보 선출은 세계 정당사에서 유례를 찾기 어려운 정치적 실험이었다. 민주통합당으로서도 당의 문호를 개방하고 대규모 유권자를 흡인해 국민 여론에 부응하는 후보를 선출하는 성과를 거두었다. 또한 기술적 위험도가 가장 높은 전자투표 방식을 운용함으로써 그것이 어떠한 정치적 손익을 초래하는지를 실증적으로 보여주었다. 나아가 ICT와 정당정치의 만남이 시너지를 만들어내기 위해서는 그에 상응하는 조건들이 충족되어야 한다는 교훈을 일깨워주었다. 이러한 측면은 모바일 투표 실험이 빚어낸 빛이라 할 수 있다.

반면 지금까지 살펴본 것처럼 모바일 투표의 빛보다 그림자가 훨씬 짙다. 우선 제도적 측면에서 보면 직접·비밀투표 원칙의 위배, 당원의 소외와 대표성의 침해, 정체성의 왜곡과 정치적 역선택, 취약한 선거관리의 문제점 등이 있다. 이러한 문제들은 정당정치에 대한 위협으로 여겨진다. 기술적 측면에서 볼 때 투개표 시스템의 불안정, 기술적 오류와 의혹, 모바일 이용 격차의 문제점이 나타났다. 이보다 중요한 문제는 당내에 만연한 기술만능주의 사고로서 민주통합당은 모바일 흥행 몰이에 탐닉한 선거 머신(electoral machine)으로 전락했다. 마지막으로 정치 문화의 측면에서 경선 규칙의 거래, 정략적인 계파 갈등, 결과에 대한 승복 결여 등의 문제점이 나타났다. 이러한 문제점은 고스란히 국민과 지지층의 모바일 투표 회의 여론으로 옮겨갔다. 사실 정치 문화는 제도와 기술의 취약점을 보완할 수 있는 유력한 방편이었으나, 민주통합당의 정치 문화 수준은 그 정도로 성숙되지 않았다.

〈표 5-8〉 중앙선거관리위원회가 위탁 전자투표 참가자의 의견을 조사한 결과

구분	조사 대상	조사 결과(%)			조사 기관
		투표 편의 만족도	투표율 기여도	공직 선거 도입 찬성	
열린우리당 지도부 선출 (2006.2.18)	전당대회 참가자 (1140명)	96.3	94.3	95.5	한국정치학회
한나라당 제주도지사 후보 선출 (2006.4.12)	경선 참가자 (500명)	90.2	88.4	89.8	월드리서치
지방선거 모의 투표 (2006.5.31)	지방선거 투표자 (7150명)	88.2	81.2	90.6	월드리서치
한나라당 지도부 선출 (2006.7.11)	전당대회 참가자 (1170명)	97.9	92.9	89.7	월드리서치
순회 체험 투표 (2008.9~10)	지방의원 및 유권자 (1만 5316명)	85.0	78.9	75.8	월드리서치

자료: 이두호(2012).

민주통합당의 모바일 투표 실험은 국내 전자투표 정책에도 시사하는 바가 적지 않다. 한국은 2011년 전기통신연합의 정보통신발전지수(ICT Development Index)에서 1위를 차지한 국가이며 전자투표 수출국이다. 그리고 전자투표에 참가한 정당의 참가자들은 대다수가 공직 선거 도입을 찬성하고 있는 것으로 조사되어왔다. 그러나 한국은 최상위의 기술력에도 불구하고 전자투표를 시행하지 못하고 있는 예외 국가이다. 이러한 가운데 주요 정당이 모바일 투표로 공직 후보를 선출하는 아이러니가 나타나고 있는 것이다. 이러한 현상은 전자투표 정책이 단순히 기술 발전 수준에 좌우되지 않는다는 것을 알려준다.

그렇다면 모바일 투표와 정당정치의 만남은 지속되어야 할 것인가? 결론부터 말하자면 모바일 투표는 정당정치를 부흥시키기보다 저해했다고 볼 수 있다. 따라서 적어도 현시점에서 모바일 투표는 유보되어야 한다.

그것은 앞서 살펴본 것처럼 모바일 투표가 빛보다 그림자를 훨씬 더 짙게 드리웠기 때문이다. 또한 민주 선거의 4대 원칙과도 부합하지 않기 때문이다. 다만 모바일 투표가 공직 선거가 아닌 정당 사무에서 시행되기 때문에 충분한 보완을 거친 후 재도입할 수 있는 여지가 있다. 따라서 모바일 투표와 정당정치의 바람직한 만남을 위해서는 민주통합당의 사례에서 나타난 여러 문제점들을 꼼꼼하게 개선하는 것이 우선이다.

그리고 모바일 투표에 매달리기보다 합리적인 전자투표 정책을 발전시키는 것이 급선무이다. 이를 위해서는 첫째, 정당의 이해타산을 극복하는 것이 가장 중요하다. 과거 한나라당의 경우 젊은 층 유입과 투표율의 상승을 우려해 전자투표 도입에 반대해왔다. 그러면서도 당내 행사에서는 터치스크린 투표를 시행하는 이율배반적인 행태를 보여왔다. 반면 민주통합당은 공직 선거법에서 허용하지 않는 모바일 투표를 시행해왔다. 그럼에도 파행적인 문제점을 개선하기보다 여전히 계파 이익을 중심으로 찬반 갈등을 빚고 있다.

둘째, 갈등의 정치 문화를 개선해야 한다. 전자 개표와 관련한 악순환의 일화를 들어보자. 16대 대선에서 예상을 뒤엎고 노무현 후보가 승리하자 한나라당은 헌정 사상 처음으로 당선 무효 소송을 제기했다. 그 결과 전국 80개 개표구 1104만여 표에 대한 재검표가 실시되었으나 후보 간 득표 증감은 920표에 그쳤다. 이러한 비극이 반복되어 18대 대선에서도 문재인 후보 지지자 일부가 전자 개표 부정 의혹을 제기했다. 결국 중앙선거관리위원회가 국회에서 개표 과정 시연회를 열기도 했으나 일부 지지자들은 여전히 대선 무효 소송을 진행하고 있다. 이러한 이해타산과 정치 문화를 청산하지 않고서는 바람직한 전자투표 정책도 건강한 정당정치도 요원할 것이다.

셋째, 이러한 노력과 함께 모바일 투표의 취지와 순기능을 살려나가려는 지혜가 필요하다. 가령 기관의 의사 결정이나 주주총회 등 현장에서 모바일 투표를 실험하고 노하우를 축적해가는 것도 한 방편이다. 정당 또한 모바일 투표 문제점을 면밀히 개선해 의사 결정에 활용할 수 있는 역량을 갖추는 것이 우선이다. 이를 통해 국민의 신뢰가 확보되고 체계적인 선거 관리가 이루어진다면 추후 정당의 공직 후보 선출에 재도입할 수 있다. 모바일 투표 실험이 한국 정치에 던지는 교훈은 이러한 지혜와 준비를 먼저 갖추라는 것이다.

참고문헌

민주통합당 대선평가위원회. 2013. 『18대 대선 평가 보고서: 패배 원인 분석과 민주당의 진로』. 민주통합당 대선평가위원회.

이두호. 2012. 「전자투표 수용 영향 요인에 관한 연구」. 중앙대학교 대학원 박사학위논문.

장우영. 2006. 「국가정책과 거버넌스: 영국의 선거현대화 전략을 중심으로」. ≪21세기정치학회보≫, 16집 3호, 291~318쪽.

6장 /
정당 민주화와
정보통신기술의 역할˙

송경재

1. 현대 정당과 민주주의

정당은 오늘날 민주주의 국가에서 정치가 작동하는 데 있어서 가장 기본적인 토대이다. 정치학자들은 정당이 서로 경쟁하면서 정치를 하는 것을 민주주의의 중요한 요소로 간주한다. 권위주의 국가나 독재국가에서 정당이 존재하지 않거나 일당독재를 할 경우 이를 민주주의 국가라고 하지 않는 이유도 여기에 있다. 이 때문에 정당은 현대 민주주의의 실현과 발전에서 중요한 구성 요소이며 민주주의 발전에서 정당을 생각하지 않고

● 이 장은 필자가 ≪21세기정치학회보≫ 17집 1호(2007)에 발표한 「e-party, 정당위기의 대안인가?」의 선행 연구의 일부 내용과 연구 방법론을 적용해 스마트 네트워크 환경에 부합되게 재구성해 작성한 것이다.

는 민주정치를 논할 수 없다.

　일반적으로 정당의 사전적 의미는 '선거나 다른 수단을 통해 정부 권력을 획득하고자 하는 사람의 집단'을 지칭하며, 정당은 정부의 권력 획득을 1차적 목적으로 구성된 모임이자 결사체라고 할 수 있다. 그리고 대중들의 정치 참여를 증진시키는 조직으로서의 의미도 가지고 있다. 정당이 정부 권력을 획득하는 것은 존재 가치이기 때문에 자신들의 정책을 홍보하고 국민들의 참여를 유도해 정당의 지지 기반을 강화하려는 것은 필연적인 일이라 할 수 있다.

　민주주의 조직이자 도구인 정당이 서구에서 등장한 것은 19세기 초의 일이다. 물론 동양에서도 파벌과 붕당이 오래전에 형성되었지만 근대적인 의미에서 민주주의적인 정당의 발전은 서구 정당을 기준으로 하면 이 시기부터라고 할 수 있다. 민주주의 정당은 영국과 미국에서 처음 등장했다. 18세기 말, 영국의 에드먼드 버크(Edmund Burke)는 오늘날과는 다른 비공식적이며 유동적인 집단을 지칭하면서 정당과 유사한 개념으로 "사람들이 모두 동의하는 어떤 특별한 원칙을 토대로 …… 결합된 인간 집단"으로 묘사했다. 그 후 미국에서 정당을 중심으로 주기적인 대통령 선거와 의회 선거가 실시되었고 정부 권력을 얻기 위한 지지 집단이 형성되었다. 영국 또한 보수정당과 노동당 구조가 자리를 잡으며 민주적인 선거를 통해 권력을 획득했다. 이들은 결국 선거에서 국민들의 지지를 얻어 집권하기 위한 대중적인 정당으로 발전했다.

　하지만 역사적으로 정당이 항상 지지만 받은 것은 아니다. 정당에 대한 비판의 목소리도 존재해왔다. 대표적인 것으로 정당 내부에서 파벌의 발생을 경고한 것을 들 수 있다. 정치학에서 파벌은 '각자의 이해관계에 따라

갈라진 사람들의 집단'이다. 정치적 파벌이란 정당 내부에 이해관계, 정책의 지지 여부, 이데올로기, 인간관계 등에 의해 형성된 소집단인데 자칫 파벌 간의 경쟁이 격화될 경우 민주주의의 협의와 토론이 어려워질 수도 있다. 미국 건국의 아버지들 중 한 명으로 추앙받는 제임스 매디슨(James Madison)은 정당 간의 파벌이 갈등을 증대시키고 사회 통합을 파괴할 것이라고 우려했다. 즉, 정당이 내부적 갈등을 겪어 파벌로 치달을 경우, 자칫하면 민주주의의 기초인 정당이 일부 집단에 의해 좌지우지될 수도 있다는 것을 이미 오래전에 예견한 것이다.[*]

그런데도 정당은 현대 민주주의 체제, 특히 대표를 선출하는 대의제 민주주의에서 중요하다. 국민의 대표를 선출해서 그들이 정치를 책임지게 하는 대의제 민주주의의 발전은 정당의 기능을 강화시켰고 정당을 통해서 국민들은 자신들의 이해관계를 실현하려 했다. 만약 정당이 존재하지 않는다면 국민들은 자신의 정치적 지향과 이해관계, 정책의 호불호를 직접 표현해야 하는데 오늘날과 같은 거대한 영토와 많은 인구를 가지고 있으며 다양한 이해의 조정이 필요한 국민국가 구조 속에서 이러한 직접적 형태의 의사 표현은 힘든 것이 사실이다. 물론 아직도 스위스에서는 직접민주주의적 요소가 남아 있지만 그것은 주로 한국의 지방자치단체에 속하는 칸톤(Kanton)이나 자치제(Gemeinde)라고 할 수 있는 도시 공동체 등에 한해서 제한적으로 이루어지고 있다. 이 때문에 현대 민주주의에서 국민들은 정당을 통해 정치에 참여하고 자신의 이해관계를 해결하는 것이다.

---

[*] 정당의 발전 과정에 대한 논의는 Heywood(2013)의 12장을 참조했다.

3김 정치

3김이란 1970년대부터 2000년대까지 정치인 중에서 자신의 지지자 집단을 이끌었던 정치인을 지칭한다. 이들은 영어로도 널리 알려져 있는데 김영삼(약칭 YS), 김대중(약칭 DJ), 김종필(약칭 JP)을 가리키는 정치적 용어이다. 이들 모두 김 씨라는 점에서 3김이라 부른다. 이들은 한국 정치발전과 민주화에 큰 기여를 했다는 평가도 받았지만 자신의 정치적 목적만을 위해 정당을 만들고 해체하는 일을 반복했다는 등의 비판도 받았다. 이들 중 김영삼과 김대중은 모두 대통령이 되었다.

이러한 조건에도 불구하고 현대 정당은 여전히 많은 숙제를 가지고 있다. 권력의 획득과 함께 외부적으로 대의제 민주주의가 작동하기 위해서는 정기적인 선거가 실시되어야 하고 내부적으로도 경쟁과 협력을 통해 정당 내의 민주적인 의사 결정이 이루어져야 한다. 하지만 많은 나라에 정당이 있어도 그 정당들이 모두 내부에 민주적인 규칙을 가지고 있는지는 의문이다. 물론 민주주의가 발전한 국가들에서는 이미 오랜 역사 속에서 당내 민주주의가 어느 정도 정착했지만, 제2차 세계대전 이후에 독립한 신생 민주주의 국가에서는 오히려 정당이 군부독재나 권위주의 정권의 부속물로 전락하는 경우도 있다. 그런 비정상적인 정당 내부에서 민주적인 의사 결정이 이루어질 수도 없다. 심지어 일부 국가의 정당들은 정당한 수단을 통한 민주주의적 의사 결정은커녕 특정 정치인의 권력욕이나 정치적 야심 실현을 위한 수단으로 전락하기도 한다.

한국에서도 이러한 문제점들은 이른바 3김 정치 때 절정에 달했다. 한국 정치를 40년 동안 좌지우지했던 3김은 민주화에 큰 공헌을 했지만 자신들의 정치적 목표를 실현하기 위해 정당을 좌지우지했고 이합집산을 거듭하기도 했다.

1987년 민주화 이후, 소선거구제의 도입은 각각 지역적인 지지 기반을 가지고 있는 3김에게 유리하게 작용했으며 지역 정당(local party)의 등장을 야기했다. 지역 정당의 색채를 가진 3김의 정당은 각기 명칭은 달랐지만 영남과 호남, 충청권을 기반으로 한 정당이 되었다.

지역 지지 기반을 가진 정당이 모두 나쁜 것은 아니다. 이탈리아 북부 지역이나 스코틀랜드의 경우, 지역의 지지를 바탕으로 지역 문제(자치, 경제발전, 독립 등)를 해결하기 위한 정당이 등장한 지 오래되었으며 오히려 지역의 이해관계를 대변해 지역민의 민주주의적인 권리 신장과 지역의 이해관계를 지키는 데 공헌하기도 한다.

그렇지만 일부 정치인이 장악한 정당이나 지역에 기반을 둔 정당의 출현은 정당의 내부 민주주의에서 약점이 되기도 한다. 정당의 지도자가 일부 지역에서 압도적인 지지를 받기 때문에 그들의 의견이 절대적인 것으로 여겨지기도 하고 곧바로 당론이 되기도 한다. 특히 국회의원이나 지방선거 공천권을 가지고 있기 때문에 당내의 견제 세력이 성장할 수 없어 내부의 건강한 토론과 논의가 사라질 수도 있다. 한국의 3김 정치가 가진 문제점은 바로 지역 정치라는 점이 아닌, 정당 지도자들의 제왕적인 권한 행사로 인해 정당 내부에 민주적인 의사 결정이 이뤄지지 못했다는 점이다.

정당은 민주주의 제도하에서 합법적인 선거라는 방법으로 정부 권력을 획득하기 위한 집단인 만큼, 당 내부에서도 민주주의적인 제도를 통해 당내의 민주주의를 확립해야 한다. 고로 정당은 민주주의의 토대인 만큼 당내의 민주주의 역시 지켜져야 할 것이다. 여기서 주목할 점은 정보통신기술(Information and Communication Technology, 이하 ICT) 발전이라는 환경의
변화이다. ICT는 이미 정치 영역뿐 아니라 경제, 사회, 문화, 미디어 측면
에서 다양한 변화를 주도하고 있다. 물론 변화의 과정에는 부정적인 것도
있지만 아직은 긍정적인 면들이 더 많다. 무엇보다 정당들이 정보화 시대
에 맞춰 홈페이지를 구축하거나 당원과 시민들과의 전자 게시판 또는 이
메일, 전자투표 등의 방식을 활용하고 있다는 점은 ICT가 정당정치에도 변
화를 주고 있음을 의미한다. 그뿐만 아니라 2008년과 2012년의 미국 대선
과 2012년 한국 대선에서도 정당은 ICT를 적극적으로 활용해 지지자들을
결집하는 데 이용했다.

이 장에서는 이런 ICT의 민주적 변화 가능성에 주목해서 정당 내의 민
주화에 인터넷이나 소셜 미디어 등의 ICT가 어떤 역할을 수행하고 있는지
를 살펴볼 것이다. 세부적으로는 ICT가 만든 정당의 변화를 살펴보고 이
를 정당의 민주화 부분에 주목해서 구체적으로 살펴볼 것이다. 그리고 주
요 정당의 사례를 파악해 한국 정당정치에서 ICT를 이용한 당내 민주화에
관한 내용을 살펴볼 것이다.

2. 기술 발전과 정당의 변화

ICT가 발전하면서 정당은 전통적인 정당의 역할과 함께 기술 발전 환경
에 따라 새로운 변환을 시도하고 있다. 이미 20세기 후반까지 정당은 이른
바 국민과 정치를 연결해주는 정치적인 매개 집단 역할을 수행했다. 정치
매개 집단은 정치과정상에서 국민들의 이해와 요구를 전달하는 역할을 하

는 집단이다. 대표적으로 정당과 노동조합, 시민단체, 언론사들이 이러한 정치 매개 집단에 속한다.

ICT가 발전하면서 정치 매개 집단으로서의 정당의 역할과 기능은 변화를 맞이하고 있다. 이런 현상이 발생하게 된 것은 이른바 국민의 대표 기관이라고 할 수 있는 정당의 대표성이 약화되면서부터이다. 대표적인 것이 당적 소속감의 쇠퇴, 당원 감소, 지지 기반 위축이다. 이를 정당에 대한 참여의 위기 또는 대표성의 위기라고 부른다. 실제 정당에 대한 참여의 위기와 당원의 감소는 심각하다. 이는 비단 한국만이 아니라 전 세계적으로 동일하게 나타나는 현상이며, 정당을 기반으로 한 대의제 민주주의의 위기로까지 불렸다.

정당의 위기에 대응하기 위한 고민의 과정에서 자연스럽게 제기된 것 중 하나가 인터넷 네트워크를 활용한 해법이다. 2000년대 초반에 전 세계적으로 1000여 개가 넘는 정당이 인터넷 홈페이지를 운영하고 있었고 최근에 다양한 웹 기반 서비스를 실시했다. 오늘날에는 전 세계적으로 정당의 홈페이지와 블로그, 동영상 서비스가 보편화되었다. 이는 주요 정당만이 아니라 군소 정당들 역시 마찬가지이다. 특히 군소 정당에서는 부족한 조직력과 인적·물적 자원 때문에 직접 유권자들에게 접근하기 힘든 조건이었지만 ICT가 활용되면서 이러한 불리함이 사라졌다. 특히 최근에는 스마트 기기가 확산되고 무선 모바일 기술이 발전하면서 정당이 더욱 적극적으로 ICT를 활용하기 시작했다. 주요 정당들은 이러한 변화의 조류에 맞춰 적극적으로 스마트폰용 앱을 개발하거나 웹 2.0 기반의 소셜 미디어인 페이스북과 트위터 등에 정당의 계정과 정치인 계정을 개설하고 있다.

그렇다면 왜 정당은 ICT를 적극적으로 활용하게 되었을까? 단순히 ICT

의 발전에 대응하기 위한 정당의 전략일까? 그 이유는 세 가지로 살펴볼 수 있다.

첫째, 정당은 선거운동의 도구로 ICT를 활용한다. 정당은 권력을 장악하기 위한 결사체이기 때문에 새로운 방식의 선거운동에 관심을 가지는 것은 당연지사이다. 특히 인터넷을 위시한 스마트 기기 등의 ICT는 네트워크적인 특성으로 인해 다대다(many to many)의 커뮤니케이션이 가능한 수단이다. 이 때문에 정당에서 직접 유권자들을 찾아다니는 것도 중요하지만 ICT를 이용해 한꺼번에 많은 사람들과 만날 수 있다는 장점이 있다. 선거 기간에 ICT는 주요 정당들이 시민들에게 지지를 독려하고 유권자들과 만날 수 있는 공간이 되기도 한다. 특히 최근 소셜 미디어가 급격히 보급되면서 정당과 유권자, 그리고 후보자와 유권자 간의 소셜 미디어 네트워크가 형성되어 이를 활용하는 정치인들의 수가 증가하고 있다.

둘째, 정당에 ICT가 도입되면서 정당 운영이 좀 더 효율적으로 바뀔 수 있다. 정당은 일반인들이 아는 것과 달리 복잡한 조직과 운영 체계를 가지고 있다. 역사가 오래된 선진 민주주의 국가들의 정당을 제외하고 대부분의 국가에서 정당의 생존 주기는 그리 길지 않은 편이다. 특히 한국에서는 주요한 선거를 전후해서 정당이 이합집산 하는 경우가 다반사다. 실제로 지난 2012년 대통령 선거를 앞두고 보수 성향의 정당과 진보 성향의 정당들이 각각 합당과 후보 단일화를 하기도 했다. 그러다 보니 정당의 운영 과정이 자료로 축적되지 못했고 당원 명부나 정당 자료들을 정리하기가 어려웠다.

각 정당 조직국의 업무는 매우 복잡하고 방대하다. 한국의 경우에도 원내 교섭단체권을 가진 주요 정당은 단순히 몇 명만 움직이는 작은 조직이

사례: 새누리당의 중앙 사무처 구성

새누리당의 당규 제2장 당무 집행 기구, 제1절 중앙 사무처의 제3조(부서)에 따르면 중앙 사무처에 10개 국과 비서실로 구성되어 있다. 주요 국과 비서실은 ① 기획조정국, ② 총무국, ③ 조직국, ④ 여성국, ⑤ 직능국, ⑥ 청년국, ⑦ 재외국민국, ⑧ 국제국, ⑨ 연수국, ⑩ 사무총장 비서실로 구분된다. 이를 다시 각국에 따라 팀별로 구분해 업무를 분장하고 있다. 새누리당의 조직도는 〈그림 6-1〉과 같다.

아니며 사무처 직원들과 의원, 보좌진 그리고 당원들이 유기적으로 업무를 수행하는 단체이다. 교섭단체는 국회에 일정 수 이상의 의석을 가진 정당에 소속된 의원들로 구성되는 원내의 정당을 의미하며 현재 한국의 국회법은 20인 이상의 소속 의원을 가진 정당이 하나의 교섭단체가 된다고 규정하고 있다. 교섭단체가 구성되면 각기 여러 위원회에 소속되어 국정업무 전반에 대한 입법권을 가지게 된다. 그러다 보니 정당의 업무도 점차증가하는 실정이다. 실제 주요 몇 개 부처의 업무만 살펴보더라도 정당 업무의 양을 짐작할 수 있다. 여기에 17개 시·도당 사무처의 업무를 감안하면 정당의 업무는 상상을 넘어선다.

따라서 정당 업무의 효율을 높이기 위해 ICT의 활용은 중요하다. 이러한 이유 때문에 과거의 종이 기반 문서들을 사용했던 일들이 최근에는 전자 결제 시스템으로 대체되었으며 각종 보고 양식을 전자화하고 있는 정당이 늘고 있다.

셋째, ICT는 정당과 유권자, 정당원들의 정치정보 소통 창구가 되기도

〈그림 6-1〉새누리당 조직도

자료: 새누리당 홈페이지, http://www.saenuriparty.kr/web/intro/web/organizationView.do(검색일: 2015.6.2).

한다. 1990년대 초반에 인터넷이 정당에 보급되면서 가장 기대를 모았던 것은 의사소통 채널로서의 역할이었다. 실제 많은 정당과 유권자, 당원들과의 소통 방식이 과거에는 유인물인 당보나 전화 등에 국한되어 있었다. 심지어는 정당원이나 당직자가 직접 발로 뛰어다니면서 정당 소식을 전하거나 관련 일정을 알려주었다. 하지만 ICT의 보급은 이러한 정치 소통 방식을 바꾸었다. 이메일과 휴대폰의 단문 문자메시지 등이 보편화되었고 블로그, 홈페이지, 트위터, 페이스북, 카카오스토리 등을 활용한 정치정보 소통도 활발하게 되었다.

한국에서도 2002년 16대 대선 이후 노사모 등이 중심이 된 정치적 네티즌의 역동성이 확인되었고 이후 정당에서는 인터넷을 활용한 정치 소통에 관심을 기울이게 되었다. 그 후 정당 내부 소통과 민주적 의사 결집에 ICT 활용이 증가했다. 2000년대 이후 각 정당과 정치 조직 차원에서 선거나 정치 이슈가 제기될 때마다 홈페이지나 블로그, 소셜 미디어 공간에서 활발한 소통과 토론, 정책 제언 등이 진행된다. 이 때문에 ICT의 보급으로 인해 많은 이들에게 정치정보가 유통되고 이야기된다는 것이야말로 정당의 ICT 활용이 가져온 중요한 변화일 것이다. 최근에는 트위터와 페이스북으로 상징되는 소셜 미디어와 스마트폰이 등장하면서 네트워크로 연계된 다양한 방식의 정치정보 소통이 가능하게 되었다. ICT 정치정보 소통은 선거 시기에도 영향력이 있지만 일상생활에도 큰 변화를 만들고 있다. 과거에는 쉽게 만나지 못했던 지역구의 정치인이나 정당 당직자, 정치인들과 시민, 유권자가 직접 소통하게 된 것이다. 실제 이러한 장점으로 유명 정치인들이 너나할 것 없이 소셜 미디어 계정을 개설하고 있다. 심지어 정당 내부에서 소속 정치인들과 당직자들에게 소셜 미디어를 활용해 유권자들과 소통하는 방법들을 알려주기도 한다.

이와 같이 ICT가 확산되면서 정당 내외에서 다양한 변화가 발견되고 있다. 하지만 정당과 관련한 구조적인 문제라고 할 수 있는 정당 민주화 차원에서 볼 때도 ICT가 변화를 가져왔을까? ICT 활용이 당 외부와 당 내부에서 민주주의 효과를 가져왔을까? 그리고 마지막으로 현대 정당이 안고 있는 당원의 감소, 정당의 민주적 운영 등에 어떤 영향을 주게 될까?

3. ICT의 역할과 논쟁들

앞서 살펴본 바와 같이 현대 정당은 인터넷과 스마트 기기를 활용해 시민들과 만난다. 특히 네트워크적 속성으로 인터넷상의 정보들이 서로 연결되면서 많은 이들에게 정치정보를 제공할 수 있게 되었다는 장점이 있다. 그리고 최근 소셜 미디어는 사회 관계망을 이용해 '친구의 친구'까지 연결된다는 장점을 가지고 있어 정당 입장에서는 좋은 정당 운영 도구이다. 앞서 살펴본 바와 같이 ICT는 선거운동의 도구, 저비용의 효율적인 정당 관리 도구, 정치 소통의 도구로서 이미 여러 정당에서 널리 활용되고 있다. 일부 정치인들은 개인적인 소셜 미디어(블로그, 트위터, 페이스북, 인스타그램 등) 등을 활용해 정당의 공식적인 의견과 함께 자신의 개인적인 의견을 지지자들과 나누기도 한다.

하지만 정당에서 사용되는 ICT의 역할에 대해서는 몇 가지 논쟁이 존재한다. ICT가 선거운동이나 정당 관리의 효율성 제고, 정치 소통의 도구로 활용되고 있지만 근본적으로 정당의 민주화라는 차원에서 과연 도움이 되는지에 대해서는 학자마다 견해가 다르다. ICT의 도입으로 정당 운영의 효율성이 증대되고 시민이나 유권자들과의 소통은 강화되었지만 "당원들의 의견이 당 지도부에 얼마나 반영될까?"라는 질문에는 시원한 답을 내놓기 어려운 것이 사실이다. 이에 대해 학자들마다 대답이 다르지만 개괄적으로 보면 학자들의 시각을 ICT의 정당 민주주의 강화론, ICT의 정당 민주주의 약화론, 그리고 유보적인 입장 등으로 요약할 수 있다.

1) ICT의 정당 민주주의 강화론

스마트폰과 무선 인터넷이 발달한 첨단 네트워크 사회의 정당정치에서 ICT를 활용함으로써 정당 운영의 민주화가 확대될 수 있다는 낙관론이 있다. 무엇보다 20세기 이후에 당원의 감소와 소통의 부재로 인해 어려움을 겪고 있는 정당들이 ICT를 활용해서 당원들의 관심과 지지를 유도하고 유지시킬 수도 있다고 본다. 또 ICT의 편리성을 접목한 민주주의적 도구가 가능하다고 보는 시각이다.

이미 20세기에 대중정당이 새로운 환경에 직면해 포괄정당으로 발전했듯이 네트워크 사회에서 ICT는 정당 조직과 운영의 민주화 그리고 정당의 효율적인 운영, 선거운동, 정책 생산에 긍정적인 효과를 갖는 도구가 될 수가 있을 것이라는 설명이다. 일반적으로 포괄정당은 1명의 유권자도 배제하지 않고 국민 전체를 대표하려는 정당을 지칭한다. 제2차 세계대전이 발발하기 전에는 각각의 계급을 대표하는 정당이 서로 대립하는 구조였다. 제2차 세계대전이 끝난 뒤 이 경험에 의거해 보다 넓은 지지를 얻을 수 있는 정당이 시도되었다. 포괄정당은 이후 20세기를 관통하는 정당의 흐름이 되었다.

최근 포괄정당 중에서도 ICT 기반의 새로운 정당 유형이 등장하고 있고 명칭은 다르지만 각 당마다 '네트워크 정당' 또는 '모바일 정당' 등을 표방한다. 이는 ICT의 민주적인 기능에 주목한 것이다. ICT를 통해 온라인상에서 보다 많은 사람들이 상호 소통하고 전자투표가 이루어지며 온라인 게시판 등을 통해 토론함으로써 정당의 민주적인 운영이 가능하게 될 것으로 기대한다. 이처럼 ICT의 정당 민주주의 강화론은 ICT를 활용한 정당 운영을 통해 시민과 당원들 간의 정치정보 교환이 활발해지고 토론이 증대되며 직접민주주의 요소가 확대되는 등 ICT가 긍정적인 차원에서 정당의 민주주의에 기여할 것으로 본다.

첫째, ICT의 정당 민주주의 강화론에서 많은 학자들은 저렴한 거래 비용(transaction cost)으로 당내 민주화가 가능하다고 생각한다. 거래 비용은 어떠한 재화 또는 서비스 등을 거래하는 데 수반되는 비용을 지칭한다. 이는 단순히 물질적인 비용만이 아니라 행위를 하기 위해 노력한 수고와 시간, 에너지 등을 합한 것이다. 이러한 거래 비용이 줄어들면 정당이 최소한의 자원을 가지고도 다른 정당 업무에 몰입할 수 있는 기회가 확대될 것이다. 과거에 정당을 운영할 때 소모되던 자원을 절약할 수 있는 것이다. 실제 강화론을 주장하는 학자들은 거래 비용의 감소로 정치정보가 투명하게 공개될 수 있으며 정당 기구의 효율적인 작동이 가능하고 나아가 당원들의 정당 관심도가 제고될 것이라고 기대한다.

둘째, ICT의 정당 민주주의 강화론은 ICT가 가진 속성과도 연계되어 있다. 사람이 수공업적으로 수행하는 전통적인 방식의 정당 업무가 아닌 기술에 의한 정당 업무가 진행될 경우, 당직자들이 기본적인 매뉴얼만 가지고도 투명하게 정보를 공유할 수 있다. 이를 정보의 투명성이라 한다. 자격을 갖춘 당원들이 손쉽게 정당의 각종 정보를 이용할 수 있는 시스템이 구축된다면 당원들의 관심과 만족감은 향상될 것이다. 현대 정당들이 정당의 모든 운영 정보를 공개하는 이유도 이러한 방식이 당원들이 만족감과 소속감을 향상시키는 데 효과가 있기 때문이다.

과거 당원들이 정당 운영의 투명성 문제를 거론할 때는 권위주의 정권의 탄압이나 핍박 때문에 묵살되기 일쑤였다. 또한 실제 정당 지도부 입장에서 당원 명부가 공개되는 것을 꺼리는 경우도 있었다. 한국과 같이 지역주의가 잔존하는 나라에서 특정 지역 출신이 정당을 지지하는 것이 밝혀지면 사회적·경제적 피해를 볼 수 있기 때문이다. 하지만 민주화 이후, 한국은 이미 정당 결사의 자유와 제도적·절차적 정당 운영의 독립성이 보장되는 나라이다. 다만 선거운동 비용이나 국가가 지원하는 보조금에 국민의 세금이 사용된 것이므로 중앙선거관리위원회 또는 법률적인 조건하에서 감사를 받을 수 있다. 근본적으로 민주주의 국가에서는 정당 활동을 제약할 수 없다.

당원들이나 정치인들이 자유로이 정당을 선호하고 지지 여부를 공개하는 것이 큰 문제가 되지 않게 되자 정당 운영의 투명성도 정치 개혁의 중요한 화두가 되었다. 정당의 투명한 운영은 당원들과 정치인 또는 당원들과 정당 지도부 간의 소통을 강화시켜 강한 정당 일체감을 형성할 수 있다. 특히 당원들이 당에 대한 지지를 지속적으로 보내고 그들의 소속감과 일체감이 강해지기 위해서는 선호 정책과 인물에 대한 평가도 중요하지만 정당의 민주성도 중요한 평가 기준이 되기 때문이다. 이런 조건에서 정당의 ICT 활용은 기업의 운영과 마찬가지로 시민들과 당원들에게 정당 운영을 공개해 투명한 정당을 만들 수 있다는 기대감을 높인다. 그런 차원에서 볼 때 ICT 정당 민주주의 강화론은 ICT의 기술적인 강점에 주목한 낙관론적 시각이라고 할 수 있다. 특히 소셜 미디어를 위시한 참여·개방·공유의 웹 2.0이 보편화되면서 개방과 공유를 기반으로 한 정당 운영에 대한 기대감이 높아지고 있다.

실제 정당들도 시민들과 당원들의 뜻에 부응하기 위해 정당 운영과 관련한 주요 내용과 사항을 모두 공개하고 있다. 정당 운영의 투명성 제고가 신뢰를 형성하고 지지 집단을 강화시켜 정당원들의 참여 만족감이라고 할 수 있다는 효능감(efficacy)을 높일 수 있을 것이다. 일반적으로 효능감은 참여를 통해 얻을 수 있는 만족도를 지칭하는 것으로 정치학에서는 참여의 효능감으로 표현된다. 따라서 정당 운영의 개방과 공유는 시민들과 당원들의 정치 효능감을 강화하고 정치 참여를 증가시킨다. 나아가 더욱 강한 정당 일체감을 고취시킬 수 있다. 실제 많은 연구자들이 정당의 ICT 도입으로 인한 민주주의 참여와 효능감 증가에 주목하고 있다. 이러한 이유로 ICT의 정당 민주주의 강화론은 단순히 낙관적인 전망이 아니라 실제 시민들과 당원들의 정당 운영 참여를 확대시키고 있다. 그리고 이러한 참여의 확대는 정당 일체감이나 효능감의 강화로 이어져 정당 운영의 동력이 될 수 있다.

2) ICT의 정당 민주주의 약화론

그러나 앞서 본 낙관적인 입장과 달리 ICT의 정당 민주주의 약화론은 ICT가 기존 정당 활동을 더욱 쇠퇴시킬 가능성을 경고하고 있다.

첫째, 이들은 ICT가 정당 조직의 기존 구조를 해체시키고 정당 없는 정치 또는 정당을 우회(bypass)하는 방식의 참여가 증가할 경우 전통적인 정치 매개 집단으로서의 정당이 가진 역할이 축소될 것이라고 우려한다. ICT의 정당 민주주의 약화론을 주장하는 학자들은 ICT를 통해 시민들과 당원들이 많은 정치정보를 얻을 수는 있지만 정당 지도부 또는 행정부와 직접 소통하는 방식도 증가하기 때문에 정당 고유의 기능인 이해관계 조절 기능이 떨어질 수 있다는 점을 지적한다. ICT의 참여, 개방, 공유 등의 기능을 통해 정당의 정치정보를 많이 얻을 수 있는 반면 시민들이 절차와 조직을 거치지 않고 정당 지도자들과 소통하거나 정당을 거치지 않고 직접 행정부만을 대상으로 한 정치 활동을 할 수도 있다는 것이다. 그럴 경우 정당의 ICT 활용으로 시민과 정치를 연결해주는 정당의 매개 기능이 약화될 수 있다. 정당의 ICT 활용이 정당의 체질 개선이나 전반적인 활력을 증진시키는 것이 아니라, 유력 정치인들이 당원을 거치지 않고 우회해서 직접 유권자들이나 시민들과 접촉할 수도 있다. 그럴 경우 정당의 역할은 제한되고 ICT는 캠페인 도구로 전락할 것이다.

둘째, 주요 정당에서 ICT를 활용하면 정당의 위상이 강화되고 대국민 소통에 기여하기도 하지만, 실제 과거 정당원이 직접 활동했던 분야의 상당수를 ICT가 대체하면서 정당원의 역할이 줄어들 수도 있다. ICT가 정당 운영의 효율성을 가져올 수는 있지만 상당수의 업무를 ICT에 의존할 경우 기존의 정당원들이 했던 역할을 대체해버릴 수도 있다. 당원들이 정당 업무로부터 배제될 수도 있다는 의미다. 하지만 이러한 비판에 대해 일부 학자들은 다른 견해를 내놓기도 한다. 그것은 ICT를 이용해 정당 구조의 비정상적인 것이 효율적으로 정비된다고 보아야 한다는 것이다. 실제 과거의 정당은 비정상적인 조직 체계라는 비판을 받은 것이 사실이다. 이 때문에 다른 견해를 내놓는 학자들은 정당 조직이 가진 관료화의 문제를 ICT로 극복할 수 있다고 말한다. 그러나 정당에서의 ICT 활용으로 인해 정당원들의 역할이 감소하고 이탈이 있을 것이란 지적은 여전히 ICT 정당 민주주의 쇠퇴론을 강조하는 이들의 주된 논의이다.

3) 유보론적 시각

이상의 두 가지 입장과 달리, ICT 정당 민주주의 강화론과 약화론적 시각이 지나치게 낙관과 비관으로 이분되어 있다는 비판도 있다. 유보적인 입장을 강조하는 학자들은 정당에서 ICT를 활용한 긍정적인 효과도 존재하지만 부정적인 문제점도 동시에 나타난다고 설명한다. 기술이란 것이 원래는 가치중립적(value free)이기 때문에 이를 활용하는 사람에 따라 다르게 사용될 수 있다. 선의의 목적으로 기술을 사용할 경우 좋은 방향으로 발전하지만 악의를 가지고 사용한다면 반대의 결과가 초래될 수도 있다. 인류의 진화 과정 중 등장한 철기 문명은 한편으로는 인류 문명 발전에 커다란 공헌을 했지만, 강력한 철제 무기의 등장으로 인해 정복 전쟁이 확산되었다는 점은 기술 진보가 반드시 긍정적인 측면만을 상정하지 않고 이중성이 있다는 것을 보여준다.

이전의 두 시각과 달리 유보론적 시각은 정당의 활용법에 따라 ICT 활용 결과가 다르게 나타날 수 있다고 주장한다. 예를 들어 ICT를 선거 캠페인 도구로만 활용할 경우 ICT의 민주주의 효과는 선거에 집중되어 나타날 것이고, 이에 대한 평가 역시 다르게 나타난다. 하지만 현대사회에서 실제로 많은 정당들은 ICT를 어떤 특정 목적을 가지고 도입하기보다 필요에 따라 적용해왔다. 그렇기 때문에 종합적으로 ICT가 정당의 정치과정을 얼마나 변화시켰는지에 대한 분석이 어려운 것이 사실이다. 예를 들면 정당 운영의 민주화에 주안점을 두고 ICT를 도입했다면 그 과정에서 평가가 이루어져야 하지만, 현실적으로 정권을 획득하기 위한 과정을 제1의 목표로 삼는 정당에서는 선거 결과에 따라서 일희일비할 수밖에 없다. 이 때문에 지금까지 정당에서 ICT는 선거 캠페인 도구로서 주로 활용되었고 그다음으로 정보 제공과 소통, 정당 운영의 효율화와 투명성을 통한 민주성의 기여라는 단계를 거치게 된 것이다. 이런 이유 때문에 현 단계에서 정당의 ICT 도입의 효과를 논하기에는 아직 이르다는 주장이다.

이처럼 기존의 연구들을 평가한다면 ICT를 통한 정당 민주주의 강화론과 약화론, 그리고 유보(또는 단계)론은 각각의 논리적인 이유를 가지고 있다. 하지만 이러한 ICT의 정당 민주주의 시각들은 사회현상을 지나치게 단순화하고 있다는 비판을 받을 수 있다. 현대사회의 복잡한 현상을 지나치게 획일적으로 단순화시켜 ICT가 지닌 정당 운용의 민주적 효과를 단정 지으려 한다는 것이다.

ICT는 기술이라는 특성 때문에 다양한 면을 포함하고 있다. 그것이 긍정적인 역할을 수행하든 부정적인 역할을 수행하든 여러 가지 주변적인 상황과 특히 정치적인 조건에 따라 다르게 사용될 수밖에 없다. 획일화된 구분을 하는 것은 ICT가 가진 기술적인 특성에 대한 이해 부족과 정치과정의 역동성 결여, 선택의 부재에 대한 복합적인 고려를 하지 못한 것이다.

이러한 지나친 단순화는 정당의 ICT 활용이 가진 한 단면을 보여줄 수는 있지만 그 과정에서 파생되는 장점과 단점, 개선 과제에 대한 복잡한 측면에 대해서는 모두 설명할 수 없을 것이다. 그럼 구체적으로 한국 정당이 ICT를 어떻게 활용하고 있는지 살펴보고 정치발전에 도움이 되고 있는지를 세부적으로 살펴보는 것이 필요하다. 그런 다음 한국 정당의 ICT 도입이 정당 민주화에 제도적으로나 실질적으로 얼마나 기여하고 있는지를 다시 평가해야 할 것이다. 이에 다음 절에서는 한국 정당의 ICT 활용의 사례에 대해 살펴보려 한다.

4. 한국 정당의 ICT 활용과 제도화 사례

이 절에서는 정당이 ICT를 활용한 여러 분야 중에서도 ICT가 정당의 민주화에 얼마나 기여했는지를 중심적으로 살펴볼 것이다. 분석을 위해 한국의 주요 정당이라고 할 수 있는 새누리당과 새정치민주연합이 정당 운영에 ICT를 활용한 사례를 살펴볼 것이다.

앞서 선행 연구에서도 지적했듯이, ICT는 선거 캠페인이나 정치정보 제공을 통해 시민이나 일반 유권자들의 관심을 제고하기도 하고 참여 효능감을 강화하기도 한다. 또 반대로 정당을 우회해 직접적으로 정치인이나 정책 결정권자와의 접촉이 강화되어 정당의 정치 매개 기능이 약화될 수도 있다. 그러나 한국의 사례를 중심으로 ICT가 정당의 민주화에 얼마나 기여했는지를 구체적으로 살펴보니 상이한 결과가 도출되었다. 여기서는 ICT의 정당 도입 효과를 당원의 정치정보 소통, 정당 운영과 재정의 투명성, 정당의 의사 결정 과정에서 보이는 민주성 등 세 가지 차원에서 비교하려 한다.

1) 새누리당과 새정치민주연합의 ICT 활용 개요

먼저 한국의 주요 정당인 새누리당과 새정치민주연합의 ICT 활용에 대해 살펴보자. 한국 의회 내에서 원내 교섭단체를 이루고 있는 정당은 새누리당과 새정치민주연합 등 두 개 정당이다. 현재 두 정당은 적극적인 ICT 활용 전략을 꾀하고 있다. 특히 24시간 열려 있는 창구들을 통해 실시간 대국민 소통과 당원들과의 정치정보 공유를 시도하고 있다.

〈그림 6-2〉 새누리당의 ICT 활용 채널

(검색일: 2015.3.5)

먼저 새누리당의 주요 채널은 〈그림 6-2〉와 같다. 첫째, 전통적인 방식의 인터넷 홈페이지(http://www.saenuriparty.kr)와 블로그(http://blog.naver.com/saenuriparty)가 있다. 홈페이지는 기본적인 웹 서비스의 일종이고 블로그도 이미 정당에서 보편화된 지 오래다.

또한 소셜 미디어를 활용한 채널들이 있다. 공식 매체로 페이스북(https://

www.facebook.com/saenuridang)과 트위터(https://twitter.com/saenuridang)가 있고 새누리 TV인 유튜브(https://www.youtube.com/user/SaenuriTV)와 카카오스토리(https://story.kakao.com/$djF8Vl9FQzlYYWNLV1VmQlNMQ khSanJ0QQ) 등 4개를 운영하고 있다.

새누리당의 ICT 활용 채널을 살펴보면 공식 홈페이지는 가장 중요한 허브 역할을 하면서 가장 많은 인터넷 콘텐츠를 제공하고 있다. 홈페이지는 일반적으로 소셜 미디어의 제한점이라고 할 수 있는 140자 내외의 단문과 이미지, 동영상 중심의 문제점을 보완하기 위한 통로이자 주요한 정당의 정치정보를 제공하고 토론을 유도하는 공간이다. 새누리당은 세부적인 각 위원회와 조직 내부의 정당 정보를 제공하는 목적으로 공식 홈페이지를 활용하고 있다. 공식 홈페이지는 리뉴얼 시기마다 차이가 있지만 대략적인 기본 구성은 소개, 소식, 정책, 누리터 등 네 가지 메뉴를 기본으로 하고 있으며 하위에 회원가입, 입당·당비, 사이트 안내, 기타 등의 메뉴로 구성되어 있다. 그리고 홈페이지는 새누리당 정당 조직의 소개와 함께 당원 및 인터넷 회원을 대상으로 한 누리터 등의 공간을 별도로 운영하고 있다. 공식 홈페이지는 다양한 정당의 운영 정보를 제공하고 있으며 사업 제안 등을 받는 서비스 메뉴로 잘 구성되어 있다.

특기할 만한 것은 상향식 정책 제언 공간인 누리터이다. 이곳은 이른바 열린 토론장으로서 정치 문제에 관심을 가진 정당원이나 시민들이 로그인한 뒤 글을 게시할 수 있는 공간이다. 일부 정치 현안에 대한 토론에서 격정적인 문장도 있지만 상향식 정책 수렴의 통로이자 민심의 척도를 살펴볼 수 있다는 점에서 의미 있는 공간이라 할 수 있다. 게시자의 글에 찬성하는 경우 '공감' 표시를 해서 동조의 입장도 밝힐 수 있는 상호작용적인

<그림 6-3> 새누리당 공식 홈페이지 누리터

▶▶ 최저임금 문제에서 나타난 극우 성향 언론의 꼼수 보도와 현실 왜곡

🔍 조회 11 | 공감 0 | 2015-04-12 | shonchor

▶▶ 최저임금 - 극우 성향 비양심 언론의 몰염치한 추태, 언제부터 당신들이 중소기업, 영세 ……

🔍 조회 8 | 공감 0 | 2015-04-12 | shonchor

성완종 메모, 일고의 가치도 없다. 죽은 자가 무슨 짓을 못해?

🔍 조회 12 | 공감 0 | 2015-04-12 | sung36

검찰은 노무현 때 성완종이가 왜 두번씩이나 사면되었는지 샅샅이 밝혀라. 새누리당도 좀 당 ……

🔍 조회 11 | 공감 0 | 2015-04-12 | senuri0513

담배를 돌려다오

🔍 조회 21 | 공감 1 | 2015-04-12 | turbo5675

피로톳고 죽을 노릇 무섭은 겁나는 세상 돌아왔는데 인자는 전부 바꿔야 된다. 그 시대가 돌아왔 ……

🔍 조회 7 | 공감 0 | 2015-04-12 | yunja0714

국민 위에 놓고 있는 청와대를 하루 빨리 없애도록 전 국민이 참여하는 내각제 개헌을 빨리 추진하 ……

🔍 조회 12 | 공감 0 | 2015-04-12 | k57885788

청소년 보호법과 문화에 관련하여 제안을 하려 합니다. 새누리당 여러분 읽어주시지 않겠습니 ……

🔍 조회 9 | 공감 0 | 2015-04-12 | runj14

경남기업 성완종 회장이 남긴 메모의 진실성은..??

🔍 조회 23 | 공감 1 | 2015-04-12 | alwwpw1

"노사정 대타협과 해고 요건의 완화 가능성"

🔍 조회 10 | 공감 1 | 2015-04-11 | park7522934

(검색일: 2015.3.5)

공간으로 구성되어 있다.

다음으로 새누리당 공식 블로그는 홈페이지의 구성과 달리 정보와 이미지 중심의 정책 소개를 하고 있으며 정당의 업무를 공개하고 있다. 새누리당 블로그는 2012년 2월 18일 개설되어 2015년 3월까지 965개의 게시글이 등록되었다. 블로그의 특성에 따라 시기별로, 주요 이슈별로 정당의 정책을 소개하고 홍보하는 공간으로 활용되고 있다. 공식 홈페이지는 다양한

〈표 6-1〉 새누리당의 주요 ICT 채널

구분	특징	비고
홈페이지	• 소개, 소식, 정책, 누리터 등 주요 메뉴 구성을 기본으로 회원가입, 입당·당비, 사이트 안내, 기타 등의 하위 메뉴 구성 • 주요 정당 업무와 사업 공개 • 회원가입과 입당, 당비 납부 가능	• 누리터라는 별도의 토론방을 운영 • 연고자 추천 기능 • 다양한 스핀오프 사이트 연계
블로그	• 2012년 2월 18일 개설 • 2015년 3월 현재 965개의 게시글 • 주요 정책을 소개하고 홍보하는 공간으로 활용	• 트위터, 페이스북과 연계
트위터	• 2010년 8월 개설 • 2015년 3월 현재 2088개의 사진 및 동영상 게시 - 트윗: 9263건 - 팔로잉(타 계정 연계): 3만 4760건 - 팔로워(연계된 계정): 3만 7831건	
페이스북	• 소셜 미디어를 이용한 정보 제공 • 좋아요: 1만 876건 • 이야기하고 있는 사람: 387명	
새누리 TV	• 유튜브를 이용해 주요 회의와 정당의 일정 제공 • 정기적인 업로드 기간은 정해져 있지 않으나 1일에 1건 정도 업로드 • 조회 수는 명절 인사가 1000건을 넘으나 대부분이 100건 이하	• 주요 정치 메시지 전달이나 동영상 기자회견 등을 게시하는 채널
카카오스토리	• 한국인들이 많이 사용하는 스마트폰 앱인 카카오스토리를 활용 • 2015년 3월 현재 1만 4747명이 연계	• 스마트폰에 최적화된 정보 제공 서비스 실시

스핀오프 사이트(spin-off site)로 연계되어 있다. 스핀오프는 경영학 용어로서 기업에서 사업 영역을 분할하는 것을 지칭하는데, 미디어 영역에서는 이전에 발표된 콘텐츠를 바탕으로 새롭게 다른 콘텐츠를 만드는 것을 의미한다. 드라마에서 대표적으로 〈CSI〉 시리즈를 들 수 있는데, 인터넷 관련 용어로는 필요에 따라 사이트를 별도로 구축하는 것을 지칭한다.

한편 새누리당은 많은 젊은 층의 이용자를 가지고 있는 소셜 미디어인 트위터와 페이스북도 운영하고 있다. 특히 스마트 기기 사용자가 증가함에 따라 당에서도 홈페이지나 블로그보다 사용하기 편리하다는 장점 때문에 소셜 네트워크 서비스의 활용을 늘리고 있으며 이러한 소셜 미디어 콘텐츠를 확대하고 있다. 이때 소셜 미디어의 특성을 잘 활용한 정보 전달과 친구 추천, 연계 기능 등이 주를 이룬다. 하지만 정당의 소셜 미디어 이용자들은 그리 많지 않은 것으로 나타났다. 대표적인 소셜 미디어인 트위터는 2010년 8월에 개설되었다. 2015년 3월 기준 2088개의 사진 및 동영상이 게시되어 있으며 트윗은 9263건, 팔로잉(타 계정 연계)은 3만 4760건, 팔로워(연계된 계정)는 3만 7831건이다.

마지막으로 새누리 TV와 카카오스토리는 한국적인 특성에 맞는 동영상 서비스를 제공하고 친구들과의 연계를 위한 채널이다. 새누리 TV는 유튜브를 이용해 주요 회의와 정당 일정을 제공하고 있다. 정기적인 동영상 업로드 기간은 정해져 있지 않으나 1일에 1건 정도 업로드되고 있다. 그리고 새누리당은 한국인들이 많이 사용하는 스마트폰 앱인 카카오스토리를 활용하고 있으며 2015년 3월 기준 1만 4747명이 연계되어 있다.

한편 새정치민주연합의 ICT 활용 채널은 공식 홈페이지(www.npad.kr)와 트위터(https://twitter.com/npad_kr), 그리고 페이스북(https://www.facebook.com/NPADkr)이다.

먼저 공식 홈페이지는 블로그 형태의 홈페이지로서 핵심적인 정보 공유와 주요 정당 일정을 소개하는 방식으로 구성되어 있다. 소개, 소식, 소통, 주요 일정, 당원 가입 안내 등 다섯 가지 주요 메뉴로 구성되어 있으며 주요한 정책과 토론, 시·도지부 등은 새누리당과 마찬가지로 별도의 스핀오프 사이트로 분리되어 있다.

〈표 6-2〉 새정치민주연합의 주요 ICT 채널

구분	특징	비고
홈페이지	• 소개, 소식, 소통, 주요 일정, 당원 가입 안내 등 다섯 가지 주요 메뉴로 구성 • 나열형 홈페이지 구성이 아닌 블로그형 홈페이지를 구성 • 온라인 소통 채널인 〈나는 정치다〉 운영	• 〈나는 정치다〉의 경우 주요 의제에 대해 국회의원이 토론하고 이에 대해 국민이 투표해 정책을 결정하는 방식

트위터	• 2009년 8월 개설
	• 2015년 3월 현재 2919개의 사진 및 동영상 게시
	  - 트윗: 3만 7354건
	  - 팔로잉(타 계정 연계): 3만 5956건
	  - 팔로워(연계된 계정): 4만 4452건	

페이스북	• 소셜 미디어를 이용한 정보 제공 • 좋아요: 7251건 • 이야기하고 있는 사람: 570명	

〈그림 6-4〉 〈나는 정치다〉 메인 페이지 및 운영 방식

[검색일: 2015.3.5]

　　트위터는 2009년 8월 개설되었으며 2015년 3월 기준 2919개의 사진 및 동영상이 게시되어 있다. 트윗은 3만 7354건, 팔로잉은 3만 5956건, 팔로워(연계된 계정)는 4만 4452건이다. 페이스북은 '좋아요'가 7251건, '이야기하고 있는 사람'은 570명으로 집계되었다. 트위터와 페이스북은 스마트폰 사용자와의 소통을 강화하기 위한 채널로서 아직 전면적으로 활성화되지

〈그림 6-5〉 새정치민주연합 ICT 활용 채널

[검색일: 2015.3.5]

못한 수준이다.

새정치민주연합의 ICT 활용 사례에서 주목할 만한 것은 온라인 참여·소통 채널인 〈나는 정치다〉(http://www.najungchi.com)이다. 이는 공식 홈페이지를 분화시킨 형태로서, 새정치민주연합 홈페이지가 정당에서 제안하는 정책을 홍보하는 데 중점을 둔 창구라면 〈나는 정치다〉는 주요 정책에 대한 결정 권한을 국민들이 하는 방식으로 운영되는 채널로서 시민들과 당원들로부터 정책을 제안받는 기능도 갖춘 상향식 정책 생산을 위한 채널이다. 특히 〈나는 정치다〉는 주요한 입법 현안에 대해 국회의원들이 참여해 토론하고 그 내용에 대해 국민들 또는 당원들과 소통한다는 점에서 신선한 시도라고 할 수 있다.

주로 사회적인 이슈가 되고 있는 사안에 대해 국회의원 간의 토론을 먼저 진행하고 다시 이 내용을 시민들과 당원들이 시청한 다음, 찬성과 반대 또는 보완해야 할 부분에 대해 의견을 나누는 구조다. 주요 이슈마다 쟁점 토론이 진행되며 정당이 당원 또는 시민들과 소통하기 위한 쌍방향 정치

정보 제공 및 의견 수렴 서비스로서 기능한다.

2) 정당의 ICT 활용 제도화

다음으로 새누리당과 새정치민주연합이 정당의 운영에서 ICT 활용 근거를 제도화했는지 살펴볼 필요가 있다. 제도화되지 않은 ICT 도입은 상황에 따라 변할 수 있기 때문에 당의 공식 제도화 여부는 정당이 얼마나 안정적으로 ICT를 활용할 수 있는지 살펴보는 척도가 된다.

먼저 새누리당은 당헌 제3장 당기구의 제17절 57조에 디지털정당위원회와 제28절 제67조 2(구성 및 기능)의 모바일 정당을 구현하기 위한 특별위원회 구성 및 기능을 규정하고 있다.

우선 디지털정당위원회에 관한 규정은 제17절 디지털정당위원회 57조(구성 및 기능)에 "당의 디지털 정당 구현 및 인터넷에서의 당 지지세 확산, 네티즌 정치 참여 기회를 확대하기 위해 디지털정당위원회를 둔다(①)"고 규정했다. 그리고 구성 면에서도 디지털정당위원회는 최고위원회의의 의결을 거쳐 대표최고위원이 임명하는 위원으로 구성(②)해 권한을 위임받게 했다. 아울러 ⑤에서는 디지털정당위원회에 관한 기타 필요 사항은 당규로 정해 시행할 것이 명시되어 있다.

이에 디지털정당위원회 당규의 핵심 내용을 살펴보면 다음과 같다. 먼저 위원회는 디지털정당위원장의 추천과 최고위원회의의 의결을 거쳐 대표최고위원이 임명하는 100인 이내의 위원으로 구성된다. 그리고 인터넷상의 정치 활동을 촉진하기 위해 위원회 산하에 소위원회와 자문위원회, 시·도 디지털정당위원회를 두고 당원 협의회 디지털정당위원회를 구성한다. 아울러 위원회 산하에 별도의 대학생 디지털정당위원회와 국민소통위원회를 둘 수 있다. 위원회의 기능은 (1) 디지털 정당 구축을 위한 지원 및 자문, (2) 당 인터넷 지지세 확산을 위한 인터넷 활동 관련 지원 및 자문, (3) 당 인터넷 활동, 인터넷 정치 등의 발전 방안에 대한 연구 및 토의, (4) 네티즌 여론을 수렴해 당에 전달하기 등 포괄적으로 규정하고 있다.

그리고 제28절 모바일 정당을 구현하기 위한 특별위원회를 설치하기로 했는데 제67조의 2(구성 및 기능)에 국민이 직접 참여하는 모바일 정당을 구현하기 위한 특별위원회를 두고(①), 모바일 정당을 구현하기 위한 특별위원회에 위원장 1인과 부위원장 약간 명을 두며 위원 중에서 최고위원회의 의결을 거쳐 임명하는 것으로 했다(②). 이를 통해 디지털정당위원회와 모바일 정당을 구현하기 위한 특별위원회의 제도적인 근거를 마련했다.

모바일 정당을 구현하기 위한 특별위원회의 규정은 디지털 정당에서 한 발 더 나아가 2014년 5월 13일 스마트 네트워크 환경에 적응하기 위한 방안으로 마련되었다. 이 특별위원회의 명칭은 '크레이지 파티위원회'였으며 20인 이내로 구성되었다. 또 국회의원 및 당원협의회 운영위원장 위원, 민간 혁신전문가 위원 등으로 구성된다. 주요 기능은 (1) 국민이 직접 참여하는 모바일 정당 구현, (2) 정당과 정치, 사회 전체에 대한 혁신 어젠다 발굴 및 제안 (3) 혁신 어젠다에 대해 국민이 참여할 수 있는 방법으로 공개적으로 논의, (4) 위원회 논의 결과와 국민의 의견을 수렴해 최고위원회의에 보고한다 등이다. 주목할 만한 것은 특별위원회가 비례대표 국회의원 추천 권한을 가진다는 점인데, 국회의원 선거 시 비례대표 국회의원 후보자 남녀 각 1인을 추천할 수 있도록 했다.

새정치민주연합도 당헌 제51조(특별위원회) 규정을 두고 세부적인 ICT

활용 전략을 당규에서 다루고 있다. 당규 제6호 중앙조직규정의 제59조(상설특별위원회)의 2에서는 네트워크 정당특별위원회 구성을 명문화하고 있다. 이 조항은 2015년 2월 2일 신설된 것이며, 이 특별위원회는 네트워크 정당 구현을 위한 플랫폼 구축 방안, 네트워크 정당에 관한 조사·연구·정책 수립에 관한 사항을 전담한다.

그리고 정당에서 일상적으로 ICT를 활용하는 것은 제69조의 2(디지털소통본부)에 근거를 둔다. 디지털소통본부장은 디지털 소통, 네트워크, 전략 등에 관한 업무를 지휘·총괄해 각종 디지털 미디어 전반의 업무를 관장하도록 했다. 그리고 제70조(디지털소통위원회)와 제71조 2(디지털미디어국)에서 설치를 명문화했다. 주로 디지털소통위원회와 디지털미디어국은 시민들과 유권자, 당원을 대상으로 한 미디어 소통을 담당하고 있으며 일반 신문과 방송 이외에도 소셜 미디어 전략까지 담당하고 있다.

두 정당 모두 디지털 정당과 네트워크 정당, 모바일 정당 등 명칭은 다르지만 ICT 기반 정당 운영을 상정하고 준비 중이다. 당내에 주요한 의사 결정을 하는 데 전자 결재가 도입되었으며 자체 메신저를 보급하거나 소셜 미디어 소통 방식의 전환도 준비 중에 있다.

5. 공개성, 재정의 투명성, 민주성 평가

이상에서 살펴본 바와 같이 한국의 주요 정당이라고 할 수 있는 새누리당과 새정치민주연합은 모두 ICT를 정당 운영의 각 분야에 활용하고 있다. 역시 정당에서 가장 ICT를 적극적으로 활용하고 있는 분야는 바로 선거 캠페인이다. 또 시민·당원들과의 소통, 정치정보 제공 공간 필요, 그리고 당원 조직화 도구의 필요 때문에 ICT 활용이 더욱 증가하고 있다. 그뿐만 아니라 정당 내부에서의 투명한 정치정보의 공개와 재정 운영의 투명성이 제고되면서 정당 민주화에 기여하고 있는 측면도 있다.

여기에서는 정당의 민주적 운영에 소셜 미디어를 위시한 ICT가 어떤 역할을 하고 있는지를 중점적으로 살펴볼 것이다. 이를 위해 ICT가 구체적으로 정당 민주화에 어떤 기여를 했는지를 첫째, 정당 및 정치정보의 공개성, 둘째, 재정의 투명성, 셋째, 의사 결정 과정의 민주성 강화 등으로 구분해서 살펴보고자 한다.

먼저, 정당의 정치정보 공개성 측면에서 새누리당과 새정치민주연합 두 주요 정당 모두 당원과 시민의 참여를 강화하기 위한 여러 방안을 제시하고 있다. 사례에서도 확인할 수 있지만 인터넷 공식 홈페이지와 트위터, 페이스북 등 소셜 미디어를 활용해 정당 지도부의 일정, 회의 내용, 안건, 결정 사항 등이 거의 실시간으로 공개되고 있다. 중요한 당직자 회의인 경우 아예 공개 중계를 통해 진행하기도 한다. 그리고 이러한 ICT 도구를 활용해 정당 지도부와 정치인들은 시민들과 당원들과의 활발한 정치적 소통을 꾀한다. 또한 다양한 방식으로 정치 서비스와 정보 제공량을 늘리고 있다. 또 당원들과 시민, 사이버 회원들을 대상으로 한 정치정보 전달 방식도 과거 당보나 문자메시지 중심에서 이메일 소식지, 전자 당보, 게시판, 지역·세대·취미 커뮤니티, 카카오스토리 등의 커뮤니티를 이용하는 것으로 바뀌고 있다. 이는 ICT가 정당의 활동 영역을 변화시키고 있음을 의미한다.

정당 정치정보의 공개성은 과거에 비하면 비약적으로 증가한 것이라고 평가할 수 있다. 과거에는 소수의 정당 지도부가 정당 정책을 결정하는 경우가 많았다. 그러나 ICT의 등장은 과거의 잘못된 관행을 바꾸는 데 중요한 공헌을 했다. 사실 정당 운영의 민주성을 강화하기 위해서 당원들이 먼저 관련 정보를 잘 알아야 한다는 점을 고려하면 현 단계에서의 ICT 적용을 통한 공개성 확대는 정당 민주화에 일정한 기여를 한 것으로 평가된다. 그리고 이러한 정치정보가 단지 당원들을 대상으로 한 것이 아니라 일반 시민들에게까지 제공된다는 점에서 볼 때 저렴한 거래 비용으로 ICT를 효과적으로 잘 활용하는 것이라 할 수 있다.

둘째, 정당 재정의 투명성으로 ICT 도입 효과와 정당법, 선거법의 제도 개선 효과가 동시에 나타나고 있다. ICT를 통해 정당 재정의 투명한 공개가 이루어지는 가운데 법·제도적인 규정으로 재정의 투명성이 더욱 확대된 것이다. 제도와 ICT를 결합시켜 더욱 큰 시너지 효과를 거두고 있다. 현행 정당법과 선거법에서 정당은 국고로부터 지원받은 정치자금을 투명하게 공개하고 이를 중앙선거관리위원회에 제출하게 되어 있다. 여기에 ICT를 통해 정치정보와 정치자금 관련 정보를 당원들과 지지자, 유권자들에게 공개할 수 있어 투명성이 증가한 측면이 강하다. 과거에 정치자금이라는 말 자체가 어두운 이미지를 풍겼던 데 비해, 최근의 정치자금은 양성화되어 개인이나 단체가 합법적인 방식으로 제공하고 이 사용처를 공개함으로써 검증받은 자금으로 인식된다. 많은 정당에서 재정의 투명성이 향상된 데에는 이러한 제도적인 차원의 보완이 중요한 역할을 했다. 그뿐만 아니라 ICT를 통해 정당은 세부적인 항목에 이르기까지 주기적으로 시민들과 당원들에게 재정을 공개해 불투명한 자금 거래나 부정한 자금의 전달 등을 사전에 차단할 수 있다. 이는 정당의 신뢰감을 더욱 향상시키는 데 도움이 된다. 사례에서도 확인되지만 새누리당과 새정치민주연합 모두 재정 운영을 공개적으로 하고 있으며 별도의 예산결산위원회 등을 구성해 내부적으로도 검증하고 있다. 과거와 같은 부정한 정치자금의 유입과 사용은 근본적으로 차단되는 구조가 만들어진 것이다. 그런 차원에서 본다면 ICT 활용과 함께 정치 관련 법의 개정을 통해 재정의 투명성을 상당 부분 제고한 측면이 있다. 여기에 ICT는 인터넷 홈페이지나 소식지, 이메일, 웹진 등을 통해 재정의 투명한 사용을 공개할 수 있는 채널을 만들었다는 점에서 의미가 있다.

셋째, 의사 결정 과정의 당원 또는 시민 참여와 정당 민주화는 다음과 같은 세 가지 차원에서 세밀한 접근이 필요하다. 먼저 참여 확대와 일상적 차원에서의 여론 수렴은 ICT를 활용함으로써 더욱 증가하고 있다. 새누리당과 새정치민주연합 모두 시민 및 당원 참여 수준이 높으며 의사소통 활성화를 위한 게시판이나 토론장이 잘 마련되어 있다. 새누리당의 누리터, 새정치민주연합의 정책 제언 코너나 토론방, 〈나는 정치다〉에서 정책과 토론을 제안하는 기능 등이 활성화되어 있다. 기존의 정당 시스템과 비교해 종합해보면 소셜 미디어 등 다양한 ICT 채널을 활용해서 이전과 비교할 수 없을 정도로 시민과 당원에게 정당의 내·외부 정보를 제공하고 있으며 정치 커뮤니케이션을 위한 쌍방향적인 토론 공간이 확대되는 것으로 볼 수 있다.

그다음으로 당원의 조직화 부분에서 아직 소셜 미디어나 ICT 시스템을 전격적으로 활용하지 못하고 있다. 이는 제도적인 미비 때문이기도 하다. 새누리당이나 새정치민주연합은 둘 다 현재 홈페이지를 통한 입당 서비스가 지원되지 않는다. 다만 사이버 회원으로 가입해 홈페이지에 글을 쓰거나 의견을 게시할 수는 있다. 하지만 현 정당법에서 당원이 되기 위해서는 서명 또는 날인한 입당 원서를 제출하거나 공인전자서명이 있는 전자문서를 제출해야 한다(정당법 제23조 ①). 따라서 홈페이지상의 회원 가입은 1차 창구 역할을 할 뿐이다. 그런 차원에서 보면 유권자들의 지지를 얻기 위한 채널은 다양한 데 반해, 정당원들이나 준정당원이라고 할 수 있는 사이버 당원들을 위한 배려나 유인책이 상대적으로 부족하다고 볼 수 있다.

마지막으로 정당의 ICT 활용 확대와 전면적이 아닌 제한적으로 이루어지는 당원의 의사 결정 과정 참여 측면이다. 한국의 두 주요 정당 모두 대통령 후보나 서울시장 후보와 같은 주요 공직 후보자와 당대표 및 최고위원 선출 선거에서 적극적으로 ICT를 활용하고 있다. 심지어 새정치민주연합은 2007년에 모바일 투표를 도입해 이미 네 차례에 걸친 실험을 진행한 바 있다. 물론 모바일 투표의 문제점도 발견된다. 이 과정에서 새정치민주연합은 허술한 보안, 이중 등록 등의 운영 과정상 문제점 등이 발견되기도 했다. 그렇지만 인터넷 투표와 터치스크린은 이미 두 정당의 공직 후보 선출이나 주요 정책 결정에서 많이 활용되고 있다. 서울시장 후보, 대통령 후보, 정당 대표위원 선출에서 두 정당 모두 터치스크린 방식의 전자투표와 인터넷 투표, 모바일 투표를 활용하고 있다.

그러나 정책 결정에서는 제한적인 측면도 발견된다. 두 정당 모두 ICT를 효과적인 소통 도구로 활용하고 있지만 상향식 도구로서 정책 결정 과정에 활용하는 단계까지는 이르지 못하고 있다. 다만 과거와 다른 방식의 상향식 정책 수렴 과정이 이뤄지고 있다. 새누리당은 토론방과 게시판을 통해, 그리고 새정치민주연합은 〈나는 정치다〉 등의 사이트를 통해 중요한 의사 결정에 시민 참여를 확대시키고 있다. 하지만 당원들만을 대상으로 한 정책 결정 과정의 참여는 아직 제한적이기 때문에 진정한 의미에서의 ICT를 통한 정당 민주화 효과가 나타났는지는 좀 더 고민해봐야 할 것이다.

요컨대 정당의 ICT 활용이 정당 내의 민주화 분야에서는 제한적인 효과를 거두고 있다. ICT가 정보 공개성이나 재정 투명성 면에서는 기여를 하고 있으나 아직 전반적인 당원의 의사 결정 참여 확대나 ICT 시스템을 활용한 상향식 의사 결정은 활발하지 않다. 다만 우리가 주목해야 할 점은 각 정당이 추진하고 있는 정당의 ICT 전략이다. 이미 새누리당과 새정치민주연합 두 주요 정당은 전통적 미디어 매체인 신문이나 라디오, TV 등과 함께 ICT를 적극적으로 활용함으로써 대국민 소통을 증가시키고 있다. 이를 위한 당헌·당규상의 ICT 관련 위원회를 제도화하고 있으며 그 권한도 강화하고 있다. 하지만 진정한 의미에서 볼 때 당원들의 참여에 제한적인 부분이 존재한다. ICT 정당 민주주의 강화론에 따르면 정당이 ICT를 통해 활발한 정치정보를 공개하고 투명성을 바탕으로 토론과 숙의를 통한 상향식 의사 결정을 할 수 있지만 아직 한국에서는 ICT를 활용한 정당 운영이 낮은 수준에 머물러 있다.

그러나 정당의 ICT 활용이 정당 내의 민주화에 제한적인 효과만 거둔 것은 아니다. 장기적으로 본다면 정당도 더욱 많은 당원들과의 소통 채널을 강화할 것이고 시민들의 의견을 반영하기 위한 ICT 채널이 증가할 것이기 때문이다. 정당이 ICT를 이용하게 됨에 따라 당원과 중앙당과의 관계가 원활하게 연계되고 있으며, 이러한 사이버 정당 활동을 통해서 친밀감과 연대감이 더욱 강화될 수 있다. 그리고 실제 일상적인 정책 결정은 아니더라도 당직자나 공직 후보자 선출 과정에서 ICT가 활발하게 적용되고 있는 점을 고려하면 정당의 ICT를 통한 정당 민주화는 여전히 진행 중에 있다고 볼 수 있다.

6. 정당 민주화의 과제, 그리고 ICT의 역할

소셜 미디어 이용 등 정당이 ICT를 활용하는 방식은 점차 다양해지고 있다. 다양한 소셜 미디어가 등장하면서 정당에서는 새로운 ICT 전략을 세우고 있다. 특히 선거가 이루어지는 시기에는 정당과 후보자 모두 ICT 전략을 수립해 이를 투표로 연결시키기 위한 노력을 계속하고 있다. 이 과정에서 ICT를 활용하면서 시민들과 당원들 그리고 정당과 정치인 간의 소통이 확대되고 있다.

그러나 앞선 분석에서 확인했듯이 전통적인 의미에서 정당 민주화에 ICT가 얼마나 기여했는지를 평가해보면 제한적인 효과만 있는 것으로 나타난다. 무엇보다 중요한 것으로 정당의 정치정보 공개성을 높이고 투명성을 제고해 이전과 다른 방식의 정당 운영을 하고 있다는 것이고 이에 시민과 당원의 정치에 대한 관심이 증가했다는 점이다. 정당은 딱딱한 정치이야기가 아니라 동영상이나 이미지, 알기 쉬운 방식의 법안 토론 등으로 더욱 시민들과 당원들에게 다가서고 있다. 특히 준당원 또는 예비당원이라고 할 수 있는 사이버 당원들을 모집하거나 소셜 미디어를 통해 소통의 범위를 확대함으로써 장기적으로 볼 때 정당의 지지자 집단 그리고 정당원을 확충할 수 있다는 점에서 의의가 있다. 그리고 정당 운영의 민주화 측면에서도 당원들과 준당원들은 당의 정책 결정 과정에는 아직 제한적으로만 참여하고 있으나 선거를 앞둔 공직 후보자 선출이나 당대표 선출 과정에서 적극적으로 ICT를 적용하고 있다. 그럼에도 정당의 ICT 활용은 네트워크, 그리고 스마트화된 사회의 변화에 비해 뒤처지는 것이 사실이다.

이상의 분석을 바탕으로 정당의 ICT 활용이 정당 민주화에 어떤 역할을 할 것인지에 대해서는 부정적인 의견도 있지만 긍정적인 모습도 동시에 발견된다. 결과를 요약하면 다음과 같다. 첫째, ICT의 정당 운영 민주주의 강화론에서 확인된 바대로 실제 소셜 미디어 등의 ICT를 적용한 정당도 장기적으로는 더욱 민주성을 확대할 것이라는 가능성·잠재성을 파악할 수 있었다. 이와 동시에 일부 낙관적인 가능성에도 불구하고 구체적으로 ICT 도입을 통해서 제시할 수 있는 정당의 민주화 증진이나 당원의 확대 등 정당 내적인 발전에 대한 전망 및 제도화 방안은 아직 부족한 것도 사실이다. 그런 측면에서 ICT는 현대 정당의 위기로 인식되는 당원과 시민의 참여 확대와 정치 커뮤니케이션의 확대, 그리고 민주적 운영에 기여하는 등 정당 개혁에 도움을 주고 있다. 하지만 이를 잘 살릴 수 있느냐는 결국 정당의 선택에 달려 있다. 지금까지의 성과로 본다면 향후 네트워크로 연계된 방식을 통해 시민과 당원의 참여가 증가하고 정치 커뮤니케이션이 점차 증가할 가능성이 크다.

둘째, 정당의 ICT 활용이 당원 참여의 안정적인 일상화와 제도화를 보장할 수 있는가라는 문제도 있다. 민주주의에서는 참여가 중요하고 참여에서 중요한 기능이 심리적 측면과 민주적 기술 및 절차 실행, 그리고 이것을 획득할 수 있는 교육적 기능이라는 점을 고려할 때 참여를 위한 일상적인 정치적 관심과 단련이 필수적이다. 그러나 현 단계 정당의 ICT 도입을 통한 정당 민주화 제고는 정당 활동 전반에 걸친 것이 아니라는 데 구조적인 문제점이 있다. 엄밀히 말한다면 현재 주요 정당의 ICT 도입 방식은 선거 캠페인 중심적이며 지지 집단의 확산에만 주안점을 둔 것이다. 경우에 따라서는 장기적인 전략 목표보다 단기적인 인기영합주의, 즉 포퓰리즘(populism)에 빠질 가능성도 그만큼 높아진다.

셋째, 정당의 ICT 활용에 있어서도 단계적인 적용이 필요하다. 한국의 정보화 수준이 높아져서 첨단 스마트 사회라고는 하지만 여전히 정보로부터 소외된 계층이 존재한다. 특히 나이 든 당원들의 경우 상대적으로 젊은 세대보다 ICT에 둔감할 수 있다. 일차적으로는 정보격차의 문제가 발생할 수 있으며 심한 경우에는 전통적인 오프라인 기반의 기존 정당 조직과 충돌할 위험도 있다. 대표적인 예로 당직 선출과 의사 결정 과정에서 사이버 등록 당원의 비중이 확대되는 것을 들 수 있다. 이러한 현상이 계속될 경우 기존에 오래전부터 활동하던 당원들 간의 상대적 박탈감과 심리적 괴리 현상이 우려된다. 장기간 당원으로 활동한 이들과 선거 시기에만 바짝 관심을 갖고 가입한 당원 간의 괴리감이 생길 수 있다. 이를 위해 제도적인 개선책으로서 표의 대표성을 향상시키는 1인 2표제를 도입하는 등 기존 당원들과 새롭게 유입된 지지자들 간의 차이를 최소해야 할 것이다.

넷째, 정당의 ICT 활용이 갖는 제도적인 측면도 논의해야 할 것이다. 현재 새누리당과 새정치민주연합은 모두 당헌·당규에서 ICT의 활용을 보장하고 있지만 아직까지 정당 전반의 운영에 전략적으로 ICT 활용을 적용할 만한 제도적인 보장이 안 된 상태다. 새누리당의 경우 디지털 정당과 모바일 정당을 위해 연구·진행을 담당하는 위원회에 권한이 제한되어 있고, 새정치민주연합은 네트워크 정당에 대해 논의하고 있으나 아직 당헌·당규 상에서는 권한과 기능이 제한적이다. 따라서 정당의 당원과 준당원들이 참여할 수 있는 정당 민주화 차원에서 볼 때 정당의 ICT 활용이 더디다고 볼 수 있으며, 아직 정당 운영의 편의주의적인 것부터 발전하고 있는 수준이다. 따라서 공직 후보자 선출이나 당 지도부 선출 등에서만 당원의 상향식 참여를 보장하기보다 장기적으로 당의 정책 결정 과정에도 참여할 수 있는 기술적·제도적 보완이 필요하다.

이상의 과제에도 불구하고 지금까지 정당의 ICT 활용은 전통적인 정당 체계와 운영에 큰 변화를 가져온 것이 사실이다. 아직 보완해야 할 점이 있지만 그렇다고 성과를 모두 저평가해서도 안 된다. 현재 나타난 문제점들은 정당 내에서 충분히 해결 가능한 것들이며 그동안의 변화 과정을 거치면서 상당 부분 정당 운영에 도움을 주었던 것들이다. 앞서 지적한 바와 같이 ICT를 활용함으로써 공직 후보자를 투명한 방식으로 선출하는 것이 더욱 빨리 실현되었다. 또한 과거 일부 당원들만을 통한 선출이 아니라 많은 시민들과 지지자들도 참석할 수 있는 시스템이 구축되었다는 것은 매우 놀라운 변화다. 이는 정당 운영 중에서도 공직 선출자 부분에서 획기적인 변화가 있었다는 것을 의미한다. 그리고 한번 정착된 제도는 앞으로 더욱 많은 시민들과 당원들의 참여를 통한 공직 후보자 선출을 가능하게 할 것이다. 실제 주요 정당들은 앞으로 당원과 일반 시민들도 공직 후보자를 선출할 수 있는 방식인 미국식의 오픈 프라이머리 도입을 논의하고 있다. 이 역시 ICT를 활용할 경우 보다 저렴한 비용으로 가능하게 될 것이다.

그리고 무엇보다 그동안 베일에 가려졌던 정치인들의 일상과 정당 운영 과정이 시민들에게 공개되었다는 점은 ICT 도입의 중요한 성과이다. 정당 운영은 과거에 소수의 당직자들이 주도했지만 ICT가 도입되면서 회의 장면이 공개되었고 투명하게 당원들이 감시할 수 있게 되었다. 이를 통해 정당 내에서의 감시와 견제가 가능하고 민주적인 토론이 가능하게 된 점은 정당의 ICT 도입이 갖는 큰 성과라고 할 수 있다. 실제 많은 정당들이 ICT 활용의 첫 단계를 소통에서 찾고 있는 것은 더욱 많은 시민들과의 관계를 강화해 지지를 얻으려는 것도 있지만 그만큼 정당 운영에서 민주성·투명성이 향상되었다는 것을 의미한다. 이 역시 정치 관계법의 개혁이라는 제도적인 요인도 있지만 ICT가 이를 활성화시킨 측면도 있다. ICT가 정당에 도입되면서 이를 활용한 정보 공개가 주류를 이루고 있으며 정당의 재정이나 조직 운영의 모든 측면이 인터넷에 게시되고 있다. 이러한 투명성은 정당의 민주적인 운영에 장기적으로 긍정적인 효과를 나타낼 것이다.

이상의 과제와 평가를 종합해보면 정당의 ICT 활용에 대한 중·장기적인 계획이 중요함을 알 수 있다. 정당의 입장에서는 단순히 ICT를 선거 캠페인의 도구로 생각할 것이 아니라 네트워크를 통해 연계된 당원들과 지지자 집단, 나아가 시민들과의 활발한 토론과 논쟁의 공간을 만들 필요가 있다. 그리고 모든 정당의 의사 결정에 참여할 수는 없겠지만 주요 의사 결정에 ICT를 활용해서 보다 많은 당원들의 의사를 수렴할 수 있어야 한다. 또 정당 지도부가 그렇게 수렴된 의사를 반영해 정책을 결정할 수도 있을 것이다. 현재 정당 정책결정과정에서 활용되는 여론조사 방법도 의미가 있지만 정당원들의 의견을 수렴하고 그 의견을 하나로 결집하는 것도 정치 활동의 중간 매개자로서의 정당이 갖는 기능이다. 이런 점이 보완된다면 ICT가 선거 캠페인의 도구에 그치는 것이 아니라 실질적인 정당 내부의 변화라고 할 수 있는 정당 민주화에도 기여할 수 있을 것이다.

참고문헌

김용철·윤성이. 2005. 『전자 민주주의: 새로운 정치패러다임의 모색』. 오름.
송경재. 2007. 「e-party, 정당위기의 대안인가?」. ≪21세기정치학회보≫, 17집 1호, 21~44쪽.

새누리당 공식 홈페이지, http://www.saenuriparty.kr.
새정치민주연합 공식 홈페이지, http://npad.kr.

Campbell, Angus, Gerald Gurin and Warren E. Miller. 1954. *The Voter Decides: A Study of the Voter's Perceptions, Attitudes, and Behaviors...Based on a Survey of the 1952 Election.* Evanston: Row, Peterson.
Gibson, Rachel, Paul Nixon and Stephen Ward. 2003. *Political Parties and the Internet: Net Gain?* London: Routledge.
Heywood, Andrew. 2013. *Politics.* Palgrave Foundations.

찾아보기

ㅎ

기타

엮은이

조화순

연세대학교 정치외교학과 교수로 재직 중이며 동 대학교 정보사회연구센터장을 겸하고 있다. 연세대학교 정치외교학과를 졸업하고 미국 노스웨스턴 대학교에서 정치학 박사 학위를 받았다. 정보사회진흥원 책임연구원, 서울과학기술대학교 IT정책전문대학원 교수, 하버드 대학교 방문교수를 역임했다. 주요 관심사는 정보 기술의 발전에 의해 추동되는 정치와 사회의 패러다임 변화이며 정보혁명과 국제·국내 거버넌스의 변화, 권력 변화와 미래 통치 질서, 정치경제적 갈등과 협력 등을 연구하고 있다. 최근에는 세계적 연구자들과 함께 '쏠림과 불평등: 네트워크 사회의 민주주의와 사회통합' 팀을 이끌며 소셜 미디어, 빅데이터 연구를 진행하고 있다. 주요 저서로는 *Building Telecom Markets: Evolution of Governance in the Korean Mobile Telecommunication Market*, 『디지털 거버넌스: 국가·시장·사회의 미래』, 『정보시대의 인간안보: 감시사회인가? 복지사회인가?』, 『소셜네트워크와 정치변동』(공저), 『집단지성의 정치경제: 네트워크 사회를 움직이는 힘』(공저), 『소셜 네트워크와 선거』(공저) 등이 있으며, 다수의 논문을 집필했다.

지은이(수록순)

조화순

미국 노스웨스턴 대학교에서 정치학 박사 학위를 받았으며, 현재 연세대학교 정치외교학과 교수와 동 대학교 정보사회연구센터장을 겸하고 있다. 정보사회진흥원 책임연구원, 서울과학기술대학교 IT정책전문대학원 교수, 하버드 대학교 방문교수를 역임했다.

송지향

연세대학교 정치외교학과를 졸업한 뒤 현재 동 대학원 정치학과 석사·박사 통합 과정 중에 있다.

금혜성

미국 플로리다 주립대학교 정보학 박사 학위를 받았으며, 현재 SBS 편성전략본부 편성기획팀 전문연구위원으로 있다. 주요 저서 및 논문으로는 『소셜 네트워크와 선거』(공저), 「한국과 미국의 정치인 팬 커뮤니티 비교연구: 인터넷 팬덤의 정치적 효과를 중심으로」(공저), 「정치인의 SNS 활용: 정치적 소통 도구로서의 트위터」 등이 있다.

이소영

연세대학교 정치외교학과와 동 대학원을 졸업한 후 미국 텍사스 대학교 정치학 박사 학위를 받았다. 현재 대구대학교 국제관계학과 교수로 재직 중이다. 주요 저서 및 논문으로는 『소셜 네트워크와 정치변동』(공저), 「웹 2.0 시대 온라인 미디어의 정치적 역할: 대학생 유권자의 정치행태를 중심으로」, 「대의민주주의와 소통: 미국 오바마 행정부하의 의료보험개혁 사례를 중심으로」 등이 있다.

김범수

연세대학교 정치외교학과를 졸업한 후 동 대학교 정치학 박사 학위를 받았다. 현재 연세대학교 국가관리연구원 연구원과 SSK 쏠림과 불평등 연구단 전임연구원을 겸하고 있다. 주요 논문으로는 「뉴 미디어의 특성과 투표참여: 2014년 서울시장선거 온라인 설문조사」, 「인터넷의 등장과 정치변동: 정보화시대 국민참여경선의 등장의 의의와 한계」, 「한국 투표용지 기호배정 제도변화에 나타난 권력관계」 등이 있다.

장우영

건국대학교 대학원 정치학 박사 학위를 받았으며, 현재 대구가톨릭대학교 정치외교학과 교수로 재직 중이다. 주요 저서 및 논문으로는 『인터넷 규제와 거버넌스의 정치』, 『한국 정당정치 연구방법론』(공저), 「소셜네트워크 캠페인의 정치적 효과: 19대 총선의 트위터 빅데이터 분석」(공저) 등이 있다.

송경재

경희대학교 정치학 박사 학위를 받았으며, 현재 경희대학교 인류사회재건연구원 교수로 재직 중이다. 주요 논문으로는 「정보화 시대의 여성 정치참여: 행동하는 여성의 등장?」, 「한국과 미국의 정치인 팬 커뮤니티 비교연구: 인터넷 팬덤의 정치적 효과를 중심으로」(공저), 「소셜 네트워크 서비스(SNS) 사용자는 참여적인가?: 미국의 정치참여 유형과 SNS」 등이 있다.

한울아카데미 1798

한국 정당의 미래를 말하다

ⓒ 조화순 외, 2015

엮은이 | 조화순
지은이 | 조화순·송지향·금혜성·이소영·김범수·장우영·송경재
펴낸이 | 김종수
펴낸곳 | 한울엠플러스(주)

편집책임 | 이수동
편집 | 허유진

초판 1쇄 발행 | 2015년 6월 30일
초판 2쇄 발행 | 2016년 9월 30일

주소 | 10881 경기도 파주시 광인사길 153 한울시소빌딩 3층
전화 | 031-955-0655
팩스 | 031-955-0656
홈페이지 | www.hanulmplus.kr
등록번호 | 제406-2015-000143호
Printed in Korea.
ISBN 978-89-460-5798-2 93340 (양장)
        978-89-460-6015-9 93340 (반양장)

* 책값은 겉표지에 표시되어 있습니다.